Licitação Pública

Compra e venda governamental

Para leigos

Licitação Pública

Compra e venda governamental

Para leigos

Luiz Claudio Azevedo Chaves

ALTA BOOKS
EDITORA
Rio de Janeiro, 2016

Licitação Pública — Compra e venda governamental Para Leigos®

Impresso no Brasil — 1ª Edição, 2016 - Edição revisada conforme o Acordo Ortográfico da Língua Portuguesa de 2009.

Obra disponível para venda corporativa e/ou personalizada. Para mais informações, fale com projetos@altabooks.com.br

Produção Editorial
Editora Alta Books

Produtor Editorial
Claudia Braga
Thiê Alves

Produtor Editorial (Design)
Aurélio Corrêa

Gerência Editorial
Anderson Vieira

Supervisão de Qualidade Editorial
Sergio de Souza

Assistente Editorial
Juliana de Oliveira

Marketing Editorial
Silas Amaro
marketing@altabooks.com.br

Gerência de Captação e Contratação de Obras
J. A. Rugeri
autoria@altabooks.com.br

Vendas Atacado e Varejo
Daniele Fonseca
Viviane Paiva
comercial@altabooks.com.br

Ouvidoria
ouvidoria@altabooks.com.br

Equipe Editorial Bianca Teodoro, Christian Danniel, Luciane Gomes Correia, Renan Castro

Revisão Gramatical
Mônica Scheer

Diagramação
Daniel Vargas

Erratas e arquivos de apoio: No site da editora relatamos, com a devida correção, qualquer erro encontrado em nossos livros, bem como disponibilizamos arquivos de apoio se aplicáveis à obra em questão.

Acesse o site www.altabooks.com.br e procure pelo título do livro desejado para ter acesso às erratas, aos arquivos de apoio e/ou a outros conteúdos aplicáveis à obra.

Suporte Técnico: A obra é comercializada na forma em que está, sem direito a suporte técnico ou orientação pessoal/exclusiva ao leitor.

Dados Internacionais de Catalogação na Publicação (CIP)
Vagner Rodolfo CRB-8/9410

C512l Chaves, Luiz Claudio Azevedo

Licitação pública: compra e venda governamental para leigos / Luiz Claudio Azevedo Chaves. - Rio de Janeiro : Alta Books, 2016.
240 p. ; 17cm x 24cm.

Inclui índice e apêndice.
ISBN: 978-85-508-0029-5

1. Licitações. 2. Contratos administrativos. I. Título.

CDD 351
CDU 658.715

ALTA BOOKS EDITORA
Rua Viúva Cláudio, 291 — Bairro Industrial do Jacaré
CEP: 20970-031 — Rio de Janeiro - RJ
Tels.: (21) 3278-8069 / 3278-8419
www.altabooks.com.br — altabooks@altabooks.com.br
www.facebook.com/altabooks

Licitação Pública

Compra e venda governamental

Para leigos

QUAIS ÓRGÃOS E ENTIDADES SÃO OBRIGADOS A LICITAR

- **Ministérios, Secretarias estaduais e municipais.**
- **Órgãos do Poder Judiciário:** Tribunais de Justiça dos Estados e do Distrito Federal, TREs, TRTs, TRFs, Tribunais Militares, Conselho Nacional de Justiça e Escolas da Magistratura.
- **Órgãos do Poder Legislativo:** Câmara e Senado Federal, Assembleias Legislativas dos Estados e do DF, Câmaras Municipais, Tribunais de Contas.
- **Unidades das Forças Armadas:** Marinha, Exército e Aeronáutica.
- **Órgãos vinculados aos Ministérios e Secretarias estaduais e municipais:** hospitais, museus públicos, Fundações Públicas.
- **Empresas Públicas e Sociedades de Economia Mista:** Petrobras, ECT, Banco do Brasil, etc.
- **Serviço Social Autônomo:** Senac, Sesi, Senai, Sebrae, Sescoop, IEL.

PASSO A PASSO DA LICITAÇÃO (PREGÃO PRESENCIAL)

- **Credenciamento:** os representantes das empresas entregam os envelopes para o Pregoeiro, bem como a procuração com poderes para representar a empresa durante a sessão e a declaração de cumprimento das exigências de habilitação e, se for o caso, a declaração de que a empresa se enquadra como ME ou EPP.
- **Abertura dos envelopes de proposta:** o Pregoeiro revelará o conteúdo dos envelopes de proposta, examinará os critérios de aceitabilidade e decidirá quais as propostas permanecem aptas a prosseguir na licitação.
- **Seleção das propostas mais vantajosas:** em seguida, o Pregoeiro selecionará, dentre as propostas classificadas, a proposta de menor preço e todas as que estiverem até 10% acima aptas a participar da etapa competitiva, ou as três melhores ofertas, caso não haja três propostas dentro daquela faixa percentual.
- **Etapa Competitiva:** o Pregoeiro convidará as empresas selecionadas para ofertarem lances sucessivos, do maior para o menor preço, até que se esgotem as possibilidades de lances.
- **Aplicação das regras de preferência para MEs e EPPs:** encerrada a disputa, se a colocada em primeiro lugar não for uma ME ou EPP e, caso haja alguma empresa assim enquadrada

com preços acima até 5% da de menor valor, o Pregoeiro abrirá oportunidade para que a ME/EPP com preços na faixa de 5% oferte um lance que bata o de menor preço.

- **Exame de Habilitação:** encerrada a etapa competitiva, o Pregoeiro abrirá e examinará o envelope de habilitação apenas da empresa classificada em primeiro lugar. Caso a empresa não atenda às condições do edital, procederá à abertura do segundo classificado e assim sucessivamente até encontrar uma empresa apta.
- **Declaração de Vencedor e Fase Recursal:** após habilitar a empresa classificada em primeiro lugar, o Pregoeiro declarará a empresa vencedora do certame e, em seguida, perguntará a todos os presentes se têm interesse em recorrer.
- **Fase recursal:** se interposto o recurso de forma imediata, verbal e motivada, o Pregoeiro abrirá prazo de 03 dias para apresentação de memoriais e prazo de mais 03 dias para os demais participantes apresentarem contrarrazões.
- **Homologação:** após o julgamento dos recursos, a autoridade superior publica o ato de homologação da licitação, adjudicando o objeto da licitação ao vencedor.
- **Convocação para assinar contrato:** o setor competente convoca o vencedor.

PASSO A PASSO DA LICITAÇÃO (PREGÃO ELETRÔNICO)

- **Credenciamento:** a empresa se cadastra junto ao provedor do sistema de pregão eletrônico e preenche o formulário eletrônico de proposta.
- **Abertura das propostas:** na hora determinada no edital, o Pregoeiro acionará o dispositivo que tornam públicas as propostas, e examinará os critérios de aceitabilidade fixados no edital. A seguir, decidirá quais propostas permanecem aptas a prosseguir na licitação.
- **Etapa Competitiva**: o Pregoeiro acionará o comando que abre a sala de disputa e iniciará a disputa do primeiro lote, os licitantes que tiveram suas propostas aceitas poderão oferecer lances;
- **Encerramento da Disputa:** o Pregoeiro acionará o encerramento da disputa e o sistema entra no chamado "tempo randômico" ou "tempo aleatório". Esse período pode durar até 30 minutos, em que os licitantes poderão ofertar novos lances, porém a disputa poderá se encerrar a qualquer momento.
- **Exame de Habilitação:** encerrada a etapa competitiva, o Pregoeiro solicitará ao vencedor que encaminhe, os documentos exigidos no edital. Caso a empresa não atenda às condições, procederá à abertura do segundo classificado e assim sucessivamente até achar uma empresa apta.

Sobre o Autor

Graduado em Administração e Direito, Especialista em Direito Administrativo, o Prof. Luiz Claudio Chaves alia elevado conhecimento técnico à uma sólida experiência profissional, tanto no exercício de funções públicas como na esfera privada.

É servidor do quadro efetivo do Tribunal de Justiça/RJ, contando com 25 anos de carreira, onde, dentre outras atividades, exerceu as funções de Diretor do Departamento Administrativo, Pregoeiro presencial e eletrônico, Presidente da Comissão Permanente de Licitação e Fiscal de contratos de serviços terceirizados. Coordenou a equipe de revisão dos modelos padrão de Projeto Básico e Termos de Referência.

Na atividade docente, é Professor Convidado da Fundação Getúlio Vargas e da Pontifícia Universidade Católica do Rio de Janeiro (PUC-RIO), além de diversas instituições de ensino e Escolas de Governo do País, dentre as quais destacam-se: Escola Nacional de Administração Pública – ENAP, Escola de Administração Judiciária – ESAJ/TJRJ, Escola Nacional de Serviços Urbanos – ENSUR/IBAM.

É também articulista nos seguintes periódicos: Revista do Tribunal de Contas da União, ed. TCU; Revista RJML de Licitações e Contratos, ed. JML; Revista Infraestrutura Urbana, ed. PINI; Revista dos Municípios, ed. IBAM; e, Revista do Administrador Público, ed. Governet. Autor das seguintes obras: *Licitações e Contratos da Administração Pública – Legislação Básica Reunida, Expressão Gráfica*, 2009; *Curso Prático de Licitações*, os segredos da Lei 8.666/93, Lumen Juris, 2011; e, *Diálogos de Gestão – Novos ângulos, Várias Perspectivas*, Ed. JML, 2013.

Dedicatória

À minha amada Keila, preciosa fonte de inspiração e entusiasmo, pelo incondicional companheirismo e carinho com que sou presenteado todos os dias; também pelo auxílio no desenvolvimento deste trabalho que, em inúmeras passagens, recebeu o seu arguto olhar e crítica sempre percuciente;

Às minhas, Laura, Luiza (*in memorian*) e Mariana, filhas maravilhosas que não fazem outra coisa na vida senão se ocuparem em inundar de orgulho seu pai, pela compreensão ante as incontáveis horas roubadas ao seu convívio.

À Luana, doce filha de coração que, apesar de tão tenra idade, se mostrou paciente e amorosa com as limitações por mim impostas para que este trabalho pudesse ser desenvolvido.

Sumário Resumido

Introdução 1

Parte 1: O que é Licitação Pública 7

CAPÍTULO 1: Fundamentos da Licitação Pública 9
CAPÍTULO 2: Conhecendo as Modalidades e Tipos de Licitação 37
CAPÍTULO 3: A Quem Compete Julgar as Licitações 55
CAPÍTULO 4: Vendendo ao Poder Público sem Licitar 59

Parte 2: Desvendando o Edital de Licitações 79

CAPÍTULO 5: Documentos que Integram o Edital 81
CAPÍTULO 6: Principais Regras do Edital 89
CAPÍTULO 7: Alterações do Edital Após sua Divulgação 113

Parte 3: A Licitação Passo a Passo 123

CAPÍTULO 8: Na Concorrência, Tomada de Preços e no Convite 125
CAPÍTULO 9: No Pregão Presencial 147
CAPÍTULO 10: No Pregão Eletrônico 163

Parte 4: As Vantagens para as Microempresas e Empresas de Pequeno Porte 171

CAPÍTULO 11: As Facilidades para a Fase de Habilitação 173
CAPÍTULO 12: Preferência de Contratação das MEs e EPPs na Licitação 181
CAPÍTULO 13: Outras Regras de Preferência para as MEs e EPPs 187

Parte 5: A Parte dos Dez 193

CAPÍTULO 14: Dez Passos para se Obter sucesso nas Licitações 195
CAPÍTULO 15: Dez Assuntos que Você Precisa Saber 203

Apêndice 213

GLOSSÁRIO 213

Índice 215

Sumário

INTRODUÇÃO 1
Sobre o Autor v
Dedicatória vii
Sobre Este Livro 2
Como Usar este Livro 2
Convenções utilizadas Neste Livro 2
Só de passagem 3
Penso que... 3
Como Este Livro Está Organizado 4
Parte I: O Que É Licitação Pública 4
Parte II: Desvendando o Edital de Licitações 4
Parte III: A Licitação Passo a Passo 5
Parte IV: As Vantagens para Microempresas e Empresas de Pequeno Porte 5
Parte V: Parte dos Dez 5
Apêndice 5
Ícones Usados Neste Livro 5
Além Deste Livro 6
De Lá para Cá, Daqui para Lá 6

PARTE 1: O QUE É LICITAÇÃO PÚBLICA 7

CAPÍTULO 1: **Fundamentos da Licitação Pública** 9
O que é Licitação e Porque Ela É Obrigatória? 10
Quais os Objetivos Principais da Licitação Pública? 12
Quais Entidades e Órgãos Públicos Estão Obrigados a Promover a Licitação? 13
Quais as Vantagens da Obrigação de Licitar? 16
Como Participar das Licitações 18
Quem Não Pode Participar de Licitações 20
O autor do projeto 20
A empresa que pretende apresentar duas propostas na mesma licitação 21
Servidor público ou dirigente do órgão promotor da licitação 22
As Regras Fundamentais da Licitação Pública — Os Princípios Orientadores da Licitação 22
Princípio da legalidade 24
Princípio da igualdade 26
Princípio da publicidade 27

Princípio da competitividade. . . . 30
Princípio da vinculação ao edital 33
Princípio do julgamento objetivo 35

CAPÍTULO 2: **Conhecendo as Modalidades e Tipos de Licitação** 37

O Que São e Quais São as Modalidades Licitatórias? 38
Características da Concorrência 40
Características da Tomada de Preços. 41
Características da Modalidade Convite 42
Pregão Presencial e Eletrônico. 44
O que é considerado bens e serviços comuns 46
O Que São e Quais São os Tipos de Licitação. 47
Menor preço 48
Menor preço por item 49
Menor preço global e por lotes de itens. 51
Melhor técnica. 53
Melhor técnica e preço 53
Melhor lance ou oferta. 54

CAPÍTULO 3: **A Quem Compete Julgar as Licitações** 55

Comissão Permanente (CPL) e Especial de Licitação (CEL). 56
Como funcionam as comissões 57
A Comissão Especial de Licitação. 57
Pregoeiro e Equipe de Apoio 58

CAPÍTULO 4: **Vendendo ao Poder Público sem Licitar** 59

O Que É Dispensa de Licitação 60
O Que É Inexigibilidade de Licitação. 61
Casos Mais Comuns de Contratação Sem Licitação por Dispensa . 62
Compras, serviços e obras de pequeno valor (art. 24, I e II). . . . 62
Contratações emergenciais (art. 24, IV). 64
Licitações sem interessados (art. 24, V) 65
Aquisição ou locação de imóvel (art. 24, X). 66
Remanescentes de contratos não acabados (art. 24, XI). 66
Outros casos de dispensa de licitação 68
Casos Mais Comuns de Inexigibilidade de Licitação 70
Aquisição de produtos com fornecedor exclusivo 70
A comprovação de exclusividade. 71
Contratação de serviços prestados em caráter de exclusividade 72
Contratação de serviços profissionais com notório especialista. 72
Contratação de profissionais do setor artístico. 72

Como "Vender" Sem Licitar . . . 73
A Cotação Eletrônica de Preços . . . 74
Vencendo a Licitação em um Órgão e Vendendo para Outros . . . 75

PARTE 2: DESVENDANDO O EDITAL DE LICITAÇÕES . . . 79

CAPÍTULO 5: **Documentos que Integram o Edital** . . . 81
Termo de Referência . . . 82
Indicação de Marca Específica . . . 84
Projeto Básico . . . 85
Minuta de Contrato . . . 85
Obtendo Acesso ao Edital . . . 86

CAPÍTULO 6: **Principais Regras do Edital** . . . 89
Regras de Apresentação de Envelopes nas Licitações Presenciais . . 90
Peculiaridades no pregão presencial . . . 92
Regras de Apresentação de Propostas nas Licitações Eletrônicas . 93
Exigências de Habilitação (documentação) . . . 94
Habilitação jurídica . . . 94
A questão do registro ou autorização para funcionamento . . . 95
Regularidade fiscal e trabalhista . . . 96
Qualificação técnica . . . 98
Registro em entidade profissional . . . 99
Comprovação de aptidão para desempenho da atividade . . . 99
Indicação de instalações e equipamentos . . . 102
Visita técnica . . . 102
Qualificação econômico-financeira . . . 103
A forma de apresentação da documentação nas licitações presenciais . . . 105
A forma de apresentação da documentação na licitação eletrônica . . . 106
Critérios de Aceitação de Propostas . . . 107
Documentos que podem ser exigidos junto com a proposta . . . 108
Preço máximo . . . 109
Exigência de amostra do produto . . . 110

CAPÍTULO 7: **Alterações do Edital Após sua Divulgação** . . . 113
Alteração do Edital e Republicação . . . 114
Alterações do Edital que Não Obrigam a Republicação . . . 115
Alteração em Razão de Pedidos de Esclarecimento ao Edital . . . 116
Procedimentos . . . 117
Recurso de Impugnação ao Edital . . . 118

PARTE 3: A LICITAÇÃO PASSO A PASSO 123

CAPÍTULO 8: **Na Concorrência, Tomada de Preços e no Convite** 125

Abertura da Sessão de Julgamento – Recebimento dos Envelopes 126
Fase de Habilitação 128
Corrigindo as falhas na documentação 128
Fase de recurso e encerramento da fase de habilitação 130
Como são processados os recursos 132
Fase de Propostas 135
Situações que podem causar a desclassificação da proposta . 136
Não atendimento às exigências do edital 137
Prática de preço excessivo 138
Formação de preço inexequível 139
Corrigindo as falhas nas propostas 141
Procedimento no caso de empate entre duas ou mais propostas 142
Nova fase de recursos e encerramento da licitação 143
Procedimentos de Julgamento no Tipo de Licitação "Melhor Técnica" e "Técnica e Preço" 145
Peculiaridades em Relação à Modalidade Convite 145
Efeito Vinculante das Propostas Após o Encerramento da Licitação 146

CAPÍTULO 9: **No Pregão Presencial** 147

Credenciamento e Abertura das Propostas 148
Fase Competitiva: Recebendo Lances Verbais 152
A negociação com o Pregoeiro 154
Julgando o pregão com critério de preço máximo 155
Exame de Habilitação 157
Fase de Recursos 158
Processamento e efeitos do recurso 159
Encerrando a Licitação 160

CAPÍTULO 10: **No Pregão Eletrônico** 163

Credenciamento, "Abertura" das Propostas, Início da Disputa ... 164
Fase Competitiva: Formulando Lances 166
A Negociação com o Pregoeiro 168
Exame de Habilitação e de Recurso 169

PARTE 4: AS VANTAGENS PARA AS MICROEMPRESAS E EMPRESAS DE PEQUENO PORTE 171

CAPÍTULO 11: **As Facilidades para a Fase de Habilitação** 173
Porque as MEs e EPPs Têm Tratamento Diferenciado? 174
Porque as MEs e EPPs têm preferência nas licitações? 175
Demonstração de Enquadramento como ME/EPP 177
A Habilitação com Regularidade Fiscal Facilitada 178
Necessidade de regularização da situação fiscal 179

CAPÍTULO 12: **Preferência de Contratação das MEs e EPPs na Licitação** 181
Empate Ficto: Última Oportunidade de Oferecer Lance 182

CAPÍTULO 13: **Outras Regras de Preferência para as MEs e EPPs** 187
Licitações de participação exclusiva de ME e EPP 188
Cota exclusiva para MEs e EPPs nas grandes licitações. 190
Obrigatoriedade de Subcontratação de MEs e EPPS nos Contratos de Grande Complexidade 190
Limitações ao Tratamento Favorecido para as MEs e EPPs 191

PARTE 5: A PARTE DOS DEZ 193

CAPÍTULO 14: **Dez Passos para se Obter sucesso nas Licitações** 195
Leia Atentamente Todos os Documentos que Integram o Edital . 196
Na Dúvida, Formule Pedido de Esclarecimento por Escrito 197
No Pregão Eletrônico Fique Atento às Mensagens do Sistema, e no Presencial Acompanhe Pessoalmente 197
Mantenha Sempre Atualizados os Documentos de Habilitação .. 198
Evite Chegar com Atraso na Sessão Presencial 199
Prefira o Preenchimento dos Formulários-padrão que Seguem como Anexo ao Edital. 199
No Pregão Eletrônico, Altere a Chave e a Senha Sempre que Substituir o Representante da Empresa 200
Dispute a Licitação Procurando Terminar na Melhor Classificação Possível 200
Evite Lances Muito Curtos Durante o Tempo Randômico 201
Prepare-se! Participe de Cursos e Treinamentos e de Grupos de Discussão nas Redes Sociais 201

CAPÍTULO 15: **Dez Assuntos que Você Precisa Saber** 203
O Pregoeiro/Comissão Não tem Autoridade para Cancelar a Licitação 204
O Licitante Não É Obrigado a Reduzir Seus Preços a Pedido do Pregoeiro 204
Documentos que São Emitidos pela Internet Podem Ser Consultados em Tempo Real para Facilitar a Habilitação 205
Formular a Proposta Acima do Valor Estimado Não É Motivo para Desclassificação da Proposta 206
O Órgão/Entidade Contratante Tem o Direito de Rescindir o Contrato Antes do Prazo por Ato Unilateral 207
As Quantidades Licitadas Podem Ser Alteradas Durante a Execução do Contrato por Imposição do Órgão Contratante . . 208
Muitos Contratos de Prestação de Serviços Admitem Prorrogação, Tornando-se Mais Vantajosos 209
No SRP, se o Preço Registrado ficar defasado, o Beneficiário Deve Solicitar o Cancelamento do Registro 209
A Inabilitação no Pregão Pode Gerar Sanção Administrativa ao Licitante 210
O Vencedor da Licitação Não Pode Recusar a Convocação 211

APÊNDICE 213

Glossário 213

ÍNDICE 215

Introdução

As pessoas, de modo geral, ignoram completamente como um hospital público faz para comprar equipamentos ou medicamentos, ou ainda como uma escola adquire livros didáticos ou os alimentos para o preparo da merenda escolar. Ao ouvirem falar em licitação acabam não entendendo o que se passa dentro das repartições públicas. Por outro lado, são incontáveis os casos de empresas e empresários que se lançam a vender seus produtos e serviços para entidades públicas e sofrem enormes dificuldades no trato dos negócios desenvolvidos no segmento governamental.

Não é de se estranhar, considerando o fato de tratar-se de assunto técnico-jurídico dos mais complexos. Todas as publicações desse tema são voltadas principalmente para juristas ou estudantes de Direito, ou ainda a candidatos a concurso público e, mesmo para estes, as dificuldades na compreensão das filigranas das licitações públicas e toda a sorte de variações de procedimentos que elas carregam são enormes.

Nesta obra, você não precisará de conhecimentos jurídicos para aprender o que é licitação pública e poder lançar-se neste mundo de negócios para aproveitar as várias oportunidades que o mercado oferece. Assim, evitará prejuízos por desconhecimento de conceitos e situações típicas, que os livros carregados de "juridiquês", o idioma dos Juristas, não conseguem tornar claros.

É com imenso orgulho que faço minha estreia na Alta Books, trazendo para a Série Para Leigos uma obra que pretende desmitificar esse procedimento que todos os órgãos da Administração Pública realizam e do qual, de alguma forma, você certamente já ouviu falar, mas nunca soube exatamente do que se tratava: a licitação pública.

Espero que após "devorar" as próximas páginas, você tenha esclarecido todas as suas dúvidas. Espero mais ainda. Que ao chegar à última página, passe a admirar e se apaixone, como eu mesmo me apaixonei, por essa matéria tão instigante e desafiadora.

A todos uma boa leitura.

O AUTOR

Sobre Este Livro

Escrito da maneira mais simples possível, sem o rebuscamento usual que os livros jurídicos carregam e ilustrado com vários casos práticos, este livro foi pensado em você, que gostaria de saber como os órgãos usam o dinheiro público para comprar coisas, contratar obras e serviços, ou ainda, você que pretende participar de licitações ou já participa, mas está longe de dominar o tema.

Procurei evitar ao máximo as citações de textos de lei e, principalmente, de outros autores, por entender que essa sistemática acabaria por afastar o livro de seu principal objetivo. A pretensão é de que a leitura seja leve, fácil e que, principalmente, traga as informações mínimas necessárias ao mesmo tempo que desperte no leitor maior curiosidade sobre o tema e que, a partir desse despertar, vá em busca de outras fontes de conhecimento. Não por outro motivo, ao final deste livro, o amigo Leitor encontrará indicações de livros e sites que serão muito úteis para os que desejarem maior aprofundamento.

Como Usar este Livro

O livro foi pensado para ser uma espécie de filme escrito, em que narra o transcurso de uma licitação pública, passo a passo, desde a elaboração do edital, passando pela divulgação até o encerramento com a declaração de vencedor.

Assim, de Parte a Parte, o leitor irá desvendando o procedimento em seus pormenores. Dedicamos as duas primeiras Partes para conhecimentos básicos as quais interferirão no restante da obra, como os conceitos básicos e as informações necessárias para a correta leitura de um edital de licitação. Em seguida, trataremos da competição propriamente dita entre os empresários.

Convenções utilizadas Neste Livro

Todos os livros da série *Para Leigos* empregam convenções similares para fins de continuidade e familiaridade. Este livro inclui as seguintes:

- Sites aparecem em uma fonte chamada `monofont`. Se a URL for quebrada para a próxima linha, digite-a exatamente como está apresentada. Hífens são incluídos apenas quando fazem parte do próprio endereço.
- Texto em negrito indica palavras-chave, frases ou conceitos.
- Quando um novo termo for apresentado, aparecerá itálico e será seguido por uma frase ou sentença explicativa.

» **Administração** — esta expressão refere-se aos órgãos ou entidades que operam e atuam concretamente para o Poder Público. Ou seja, refere-se ao órgão promotor da licitação (ou da contratação por dispensa ou inexigibilidade de licitação).

» **Administração Pública** — essa expressão refere-se ao conjunto de órgão que integram o poder público.

Só de passagem

Há dois apêndices. No primeiro você encontra um guia dos principais termos técnicos usados no processo licitatório, e no segundo, você encontrará uma série de modelos de petições que normalmente são utilizados pelos licitantes, tais como recursos e contrarrazões, impugnações aos editais, pedidos de esclarecimentos, entre outros.

Penso que...

Escrevi essa obra com um personagem especialmente em mente: o representante comercial ou o empresário. Pessoas comuns, com as mais diversas formações que transitam (ou pretendem transitar) em um mundo muito complicado, por envolver matéria jurídica muito específica.

Não significa que os servidores públicos ou o estudante de Direito, Administração ou outras disciplinas correlatas não se aproveitarão do conteúdo deste livro. Ao contrário disso, penso que, ao ler estas linhas com atenção, agregarão enorme quantidade de novas informações, notadamente, por enxergar o mesmo problema sob outro ângulo. Mas, para esse público, há uma infinidade de oportunidades de treinamentos e livros dedicados a eles. Daí minha especial preocupação de atender ao particular que vende ou pretende vender para os órgãos públicos. Na Primeira e na Segunda Parte deste livro, essa inclinação será muito mais sentida, pois, ao tratar do desenvolvimento da sessão de julgamento, conversarei diretamente com o indivíduo que participa da licitação, apresentando documentos e proposta para vender produtos ou serviços para os órgãos. Quando trato sobre o Pregão Eletrônico, optei por apresentar lições com base nos tutoriais do Fornecedor para ilustrar as lições que se seguirão.

Sempre que desenvolvo algum projeto no campo de minhas especialidades, seja um curso, um artigo, uma palestra ou um livro, tenho sempre a preocupação de ser o mais didático e prático possível, a fim de que o leitor não só possa compreender as lições, como também possa saber bem aplicá-las em seu dia a dia.

Este livro permitirá que o Leitor, agora familiarizado com a matéria, possa alvitrar maior sucesso sempre que lançar uma proposta em uma licitação. Também terá condições de evitar (ou, pelo menos, discutir) eventual ilegalidade cometida pelos órgãos públicos (infelizmente, isso ocorre com alguma frequência) e possibilitar a defesa de seus interesses..

Como Este Livro Está Organizado

Conforme dito antes, as duas primeiras Partes podem ser consideradas introdutórias, porém, não menos importantes. Falaremos dos conceitos fundamentais da Licitação Pública, quais entidades e órgãos estão obrigados a realizar licitações e os casos em que a licitação poderá ser evitada. Na Parte II, estudaremos o edital de licitações e, da Parte III em diante, trataremos do procedimento propriamente dito, com todas as suas possíveis variações.

A seguir, um guia mais detalhado para melhor manuseio da obra.

Parte I: O Que É Licitação Pública

Esta Parte explicita o que é licitação, quais órgãos e entidades estão obrigadas a realizar licitação para comprar produtos, contratar serviços e obras. Abordaremos as vantagens para o empresário em participar de licitações e como proceder para começar a participar dessas oportunidades de negócio, bem como quem estará impedido de participar. Falaremos sobre modalidades licitatórias, critérios de julgamento de proposta e apresentaremos os agentes públicos a quem compete receber e julgar as propostas.

Por fim, trataremos dos casos em que a empresa poderá realizar negócios com órgãos públicos sem necessitar participar de licitação. Nesse Capítulo vamos falar sobre contratação direta, ou seja, os casos de dispensa ou inexigibilidade de licitação, bem como sobre a "famosa" Ata de Registro de Preços.

Parte II: Desvendando o Edital de Licitações

Nesta Parte, vamos cuidar de esmiuçar o edital de licitações, explicitando seus principais pontos. Explicar quais documentos integram um edital de licitações e as funções específicas do Projeto Básico, Termo de Referência e demais anexos.

Cuidaremos, de forma especial, sobre os documentos que podem ser exigidos do licitante e sobre os critérios que são utilizados para a aceitação das propostas. Terminamos essa Parte esclarecendo como podem ser alterados os termos do edital após sua publicação e como o interessado poderá provocar essa alteração.

Parte III: A Licitação Passo a Passo

Aqui vamos "passear" pelo procedimento licitatório (a sessão de licitação), explicitando todas as fases, desde o credenciamento e recebimento das propostas e documentação, passando pelo julgamento até a declaração de vencedor. A abordagem incluirá tanto as licitações presenciais como as licitações julgadas por meio eletrônico (pregão eletrônico).

Parte IV: As Vantagens para Microempresas e Empresas de Pequeno Porte

Trataremos aqui especialmente das condições e vantagens que a legislação concede às micro e pequenas empresas. A possibilidade de participar de licitações mesmo estando em débito com o fisco; licitações de participação exclusiva para essas empresas e cotas de itens nas grandes licitações.

Parte V: Parte dos Dez

Procuramos dar, nesta parte, dicas que não podem ser esquecidas para o fim de o licitante ver aumentada a sua chance de vitória quando participar das licitações. Um guia rápido que possibilitará rever rapidamente todo o conteúdo do livro.

Apêndice

O apêndice trata-se de um glossário com expressões usadas na licitação pública.

Ícones Usados Neste Livro

Se você já leu outros livros For Dummies (*Para Leigos*), vai reconhecer os ícones usados neste livro, mas aqui está a informação interna rápida com a qual alguns de vocês não estão familiarizados:

CUIDADO

Sempre que aparecer este ícone, leia-o com extrema atenção. Ele indicará situações que costumeiramente geram fracasso nas licitações ou indicam uma possível ilegalidade que pode ser cometida pelos órgãos públicos.

PAPO DE ESPECIALISTA

Este ícone indicará uma citação de mestres do Direito Administrativo que também adotam a posição que defendemos neste Livro. É apenas um complemento da ideia já explicitada no Livro.

CASOS E CAUSOS

Este ícone indica uma situação vivenciada por mim no dia a dia das licitações, notadamente como Presidente de Comissões de Licitação ou Pregoeiro. Sempre estará relacionada ao tema onde o ícone está inserido.

DICA

Ícone usado neste livro para indicar uma artimanha que pode ser muito útil nas licitações.

ENTENDA MELHOR

Este ícone indica um reforço da matéria apresentada ou a definição de um conceito.

LEMBRE-SE

Indica uma revisão de assunto importante já tratado.

Além Deste Livro

Você pode acessar a Folha de Cola Online, através do endereço: `www.altabooks.com.br`. Procure pelo título do livro/ISBN.

Na página da obra, em nosso site, faça o download completo da Folha de Cola, bem como de erratas e possíveis arquivos de apoio.

De Lá para Cá, Daqui para Lá

O leitor mais familiarizado com o tema, considerando aquele que já participa de licitações e vive amargando problemas e insucessos, poderá avançar diretamente para a Parte III em diante para retirar suas dúvidas mais imediatas, como também utilizar imediatamente os modelos do Apêndice B.

Mas não deve deixar de dedicar leitura às Partes introdutórias, visto que boa parte dos temas nelas abordados são as principais causas de fracasso e ilegalidades cometidas nas licitações.

1 O que é Licitação Pública

NESTA PARTE . . .

Você terá uma visão inicial, porém ampla, da Licitação Pública como regra obrigatória.

Saberá quais órgãos devem realizar licitações e em que casos poderão ser dispensados os procedimentos de licitação.

Saberá como proceder para iniciar-se nesse mercado tão peculiar, como também sobre quem está impedido de participar das licitações.

NESTE CAPÍTULO

Descobrindo a Licitação Pública

Conhecendo as entidades e órgãos que promovem licitações

Identificando aqueles que não podem participar de licitações

Capítulo 1

Fundamentos da Licitação Pública

Nesse capítulo apresentaremos a você os aspectos mais básicos desse procedimento. Vamos explicar porque os órgãos públicos são obrigados a promover licitação para comprar produtos e contratar serviços e obras. Logo em seguida, aprofundaremos um pouco mais, observando as principais regras existentes para as licitações, conheceremos as modalidades de licitação, inclusive aquelas disputadas pela internet e como se aponta a proposta vencedora. Uma vez que já esteja íntimo da licitação, verificaremos as hipóteses em que os órgãos poderão deixar de realizar a licitação e indicar de forma direta de quem contratarão obras e serviços ou comprar produtos.

O que é Licitação e Porque Ela É Obrigatória?

Quando pretendemos comprar um sofá novo para a nossa sala de estar, ou um novo fogão, como, de um modo geral, nos comportamos? Ora, saímos às ruas e entramos em todas as lojas especializadas do ramo para avaliar as várias opções de oferta a fim de decidirmos qual produto levar e de qual loja adquirir. Também podemos comprar pela internet, mas, na verdade, a forma de agir acaba sendo praticamente a mesma, só alterando o meio de busca. Visitamos vários sites até decidirmos para onde faremos o pedido.

Sempre que queremos comprar algo, ou contratar algum serviço — uma lavanderia, uma oficina mecânica, uma firma de dedetização — fazemos a nossa escolha a partir de critérios de escolha que nós mesmos traçamos, ou seja, não há lei que nos obrigue a comprar desta ou daquela loja; este ou aquele sofá ou fogão. Temos, portanto, **ampla liberdade** de escolha.

As empresas também precisam comprar produtos e contratar serviços para funcionarem de forma correta. A loja de onde compraremos o sofá ou o fogão também precisa comprar uma série de itens e serviços para que possa desenvolver sua atividade, tais como material de escritório, de limpeza, uniformes para os funcionários, e contratar dedetização. O proprietário da loja, ao necessitar desses itens, possui a mesma **liberdade** que seu consumidor para escolher seu fornecedor ou prestador de serviços. Não está obrigado a seguir nenhum critério específico de escolha. Pode comprar material de escritório da mesma papelaria por anos seguidos e não necessariamente a que pratica o preço mais baixo.

Vamos imaginar que você tenha uma fábrica de sabão. Para você fabricar sabão precisará comprar sua matéria prima (sebo derretido, óleo etc). A escolha será sua, pessoal e você opta por um fornecedor que vende essa matéria-prima com selo de sustentabilidade ambiental. Apesar de mais caro do que outros concorrentes, você faz essa opção por entender que fabricando sabão com esse selo na matéria-prima, seu produto terá melhor penetração no mercado, ou seja, venderá mais. Mas pode ser que você tenha se enganado na sua avaliação e, tornando seu sabão mais caro (a matéria-prima elevou o custo de produção), viu o estoque encalhar nas suas prateleiras porque o sabão do seu concorrente, muito mais barato, vendeu horrores!

Como somos livres para tomar as nossas decisões, também somos livres para errar. E é assim porque os prejuízos decorrentes das nossas escolhas equivocadas não alcançam quem quer que seja, exceto a nós mesmos, isto é: o prejuízo é só nosso. Para os órgãos e entidades do governo, a coisa é bem diferente.

ENTENDA MELHOR

Os órgãos públicos (hospitais, escolas, secretarias, cartórios judiciais) assim como as lojas e empresas também precisam comprar produtos e contratar serviços e obras para se manterem em perfeito funcionamento. Se um aparelho de ressonância magnética de um hospital público quebra, é necessário contratar o serviço de manutenção para consertá-lo; se as prateleiras da sua farmácia começam a ficar vazias, é preciso que haja reposição desse estoque, adquirindo mais medicamentos para atender à população que se serve dos serviços prestados pelo hospital.

Mas o Administrador Público não gerencia um negócio próprio, mas sim coletivo, isto é, de toda a sociedade. E portanto, ao contrário dos particulares (cidadãos e empresário), não possui a mesma liberdade de escolha quando necessita realizar compras, contratar serviços e obras. Isto porque, caso sua escolha seja equivocada, os prejuízos dela decorrentes serão sentidos por toda a sociedade. E, para proteger a sociedade de prejuízos, a lei impõe os critérios que deverão ser adotados para a escolha dos "parceiros" mais adequados para Administração Pública, visando senão eliminar e minimizar os riscos de prejuízos com uma escolha ruim. Esse procedimento é justamente a **LICITAÇÃO PÚBLICA**.

A obrigatoriedade de os órgãos e entidades do Poder Público realizarem licitação nasce na nossa Constituição Federal. Vejamos:

> "CF, art. 37, XXI – ressalvados os casos especificados na legislação, as obras, serviços, compras e alienações serão contratados mediante processo de licitação pública que assegure igualdade de condições a todos os concorrentes, com cláusulas que estabeleçam obrigações de pagamento, mantidas as condições efetivas da proposta, nos termos da lei, o qual somente permitirá as exigências de qualificação técnica e econômica indispensáveis à garantia do cumprimento das obrigações."

ENTENDA MELHOR

Mas, afinal, o que é a licitação pública? É simplesmente uma forma de competição que os órgãos promovem para, quando necessitam adquirir produtos ou contratar serviços ou obras, selecionar a proposta mais vantajosa possível. É um procedimento realizado por meio de etapas sucessivas e pré-ordenadas em que, ao final, o participante (vamos passar a chamá-lo de Licitante) que apresentar a melhor proposta recebe do órgão ou entidade a oportunidade de assinar o contrato. O órgão promotor desse torneio lança um chamado público (o edital), que estabelece o seu regulamento (todo campeonato tem um regulamento próprio) e todos aqueles que o virem poderão participar dessa competição.

Como em qualquer competição, a licitação também terá uma espécie de "juiz", que analisará, de acordo com o estabelecido no edital, toda a documentação e propostas apresentadas e decidirá qual aquela que representa maior vantagem para a Administração e a declarará vencedora. Esse "juiz" poderá ser um servidor designado para esse objetivo, que receberá o nome de Pregoeiro, ou uma comissão composta por, no mínimo, três servidores do órgão promotor do torneio. Essa comissão é chamada de **Comissão Permanente de Licitação** (CPL) ou **Comissão Especial de Licitação** (CEL). Para facilitar, daqui em diante iremos a eles nos referir genericamente como "órgão julgador".

Essa competição possui duas fases (em algumas hipóteses, três): a fase de **habilitação** e a fase de **análise de propostas**. Na primeira, o participante apresenta toda a documentação exigida, tais como contrato social, certidões fiscais, balanço patrimonial (veremos detalhadamente cada um deles mais à frente).

Na segunda, se analisam as propostas comerciais, também de acordo com as exigências do edital para esta fase do julgamento.

As exigências formuladas para a fase de análise de proposta cuja inobservância pelo licitante provoca seu afastamento da competição são chamadas de **critérios de aceitabilidade** de proposta. São exemplos de critérios de aceitabilidade que costumam ser exigidos nos editais:

- Especificações técnicas do produto (medidas, funcionalidades, acessórios);
- Certificados de aferição ou de homologação;
- Forma de apresentação do produto (caixa, rolo, pacote, metro, litro etc);
- Prazo de validade da proposta;
- Preço máximo que a Administração se dispõe a pagar;
- Metodologia e periodicidade quando da contratação de serviços.

Nas licitações julgadas em sessões públicas presenciais, tanto os documentos de habilitação como as propostas são entregues, respectivamente, dentro de um envelope. Nas licitações eletrônicas, claro, não há envelopes, mas sim o preenchimento de um formulário para a proposta. E os documentos que não estejam disponíveis na internet, são transmitidos ao órgão julgador por fax ou por e-mail, caso estejam digitalizados.

Se uma empresa desatende o edital na fase de habilitação e é afastada da competição, diremos que foi **inabilitada**; se for na fase de proposta, diremos **desclassificada**.

Se é uma competição, quem são os competidores? São todas as empresas (raramente podem participar as pessoas físicas, mas não é impossível) que atuam no ramo pertinente daquilo que se pretende contratar. Se uma Secretaria Estadual necessita comprar cartuchos de tinta para suprir seu parque de impressoras, todas as empresas que vendem suprimentos de informática, de todo o País, em princípio, poderão disputar essa oportunidade de negócio.

Quais os Objetivos Principais da Licitação Pública?

A licitação exerce tripla função, a saber:

1. Como se trata de gasto do dinheiro público, a função primordial da licitação é a de **alcançar a maior vantagem possível** para a Administração, quer dizer, permitir que o órgão público gaste o mínimo possível ao mesmo tempo que celebre um bom contrato. Isso é viável a partir do fato de que quanto mais

pretendentes disputarem o negócio, maior será a probabilidade de obter a melhor vantagem;

2. Também pelo fato de haver dinheiro público envolvido, é um direito da sociedade acompanhar o que faz o Administrador Público com os recursos financeiros oriundos da arrecadação. Logo, a segunda função não poderia ser outra senão a de **dar transparência para a sociedade** sobre esses atos, pois esse procedimento é caracterizado justamente pela ampla publicidade;

3. **Servir como um dos pilares da democracia neste País**, considerando que faz entregar a toda a sociedade as oportunidades de negócio que o Poder Público tem a oferecer. Nesse particular aspecto. Ora, convenhamos que não há mais poderoso "gastador" que o próprio Estado. Nenhum conglomerado ou grupo empresarial, por maior e mais poderoso que seja, faz compras, contrata serviços e obras com maior volume e regularidade do que o Estado.

Como vimos, a obrigação de licitar nasce com a Constituição Federal, mas o instituto da Licitação Pública é regido por legislação própria, tendo como principais instrumentos normativos a **Lei Federal no 8.666/93**, a **Lei Federal no 10.520/02** e a **Lei Complementar n. 123/2006**. A primeira fixa as regras gerais de licitação e regula contratos; a segunda cuida exclusivamente de uma específica modalidade licitatória (em breve veremos mais detalhadamente o que são modalidades licitatórias), aquela denominada pregão; a terceira, por fim, estabelece regras de preferência de contratação pelo Poder Público de microempresas e empresas de pequeno porte.

Também haverá normas específicas dependendo do órgão ou entidade, mas isso vamos explicar um pouquinho mais adiante.

Quais Entidades e Órgãos Públicos Estão Obrigados a Promover a Licitação?

Tão importante como saber da obrigação de licitar é conhecer exatamente quais órgãos e entidades são obrigados a promover licitações. Para aqueles que desejam lançar-se nesse mundo de negócios — de excelentes oportunidades, diga-se — é essencial que saiba onde procurar licitações abertas, ou seja, editais de licitação que estejam publicados nos veículos de imprensa e na internet, a fim de ter a possibilidade de aproveitar a abertura de negócio oferecida.

A Lei no. 8.666/93, também chamada de "Lei Geral das Licitações e Contratos", que daqui por diante vamos apelidar de **LGLC**, enumera quais órgãos e entidades do Governo encontram-se sujeitos à obrigação de submeter à licitação prévia suas necessidades de contratação. Vejamos:

- » **Órgãos do Poder Executivo da União, Estados, Distrito Federal e Municípios**. Ex.: Ministérios e Secretarias Executivas do Governo Federal, Secretarias estaduais, distritais e municipais, órgãos das Forças Armadas (Exército, Marinha e Aeronáutica), as procuradorias da justiça (Ministério Público) da União, do Distrito Federal e dos Estados, as Defensorias Públicas da União, do Distrito Federal e dos Estados;
- » **Órgãos do Poder Judiciário**. Ex.:Tribunais Superiores (STF, STJ, TSE, TST e STJM), o Conselho Nacional de Justiça (CNJ), os Tribunais Federais localizados nos Estados (TRT, TER e TRF), os Tribunais de Justiça e de Alçada dos Estados e Distrito Federal;
- » **Fundações mantidas ou instituídas pela União, Distrito Federal, Estados e Municípios**. Ex.: Funai, Fiocruz, Biblioteca Nacional, Museus (quase todos são constituídos como uma Fundação Pública), as universidades federais, as Escolas de Governo (quase todos são constituídos como uma Fundação Pública), IBGE, IPEA;
- » **As sociedades de economia mista**. Ex.: Petrobras, Banco do Brasil, Banco da Amazônia, Rede Ferroviária Federal, CBTU;
- » **Empresas públicas**. Ex.: Caixa Econômica Federal, ECT, Serpro, Dataprev, Casa da Moeda, BNDES, Finep, Embrapa, Infraero;
- » **Autarquias das três esferas de governo**; Departamento de Polícia Federal, INSS, CVM, Ibama, Banco Central, Anatel, Aneel, ANT, ANP, Detran, todos os conselhos federais e estaduais que regulam o exercício de profissões (Confea, CRA, CRO, CRC, CRM etc);
- » **Demais entidades controladas direta ou indiretamente pelos entes federados**. Ex.: todas as entidades do chamado Sistema "S" (Sesi, Senai, Senac, Sebrae, Senat etc).

ENTENDA MELHOR

E A OAB?

Os conselhos profissionais são classificados como de natureza autárquica, motivo pelo qual todos se encontram subordinados às prescrições da Lei licitatória. Isto porque, segundo reconheceu o STF, suas atividades são típicas de Estado, abrangendo o poder de polícia, de tributar e de punir[01]. Todavia, o caso da Ordem dos Advogados do Brasil-OAB é diferente. Muito embora se trate de uma entidade de fiscalização profissional (dos advogados) e criada por lei, o STF[02] entendeu que tal entidade não se submete aos mandamentos impostos à Administração Pública, por não estar incluída na mesma categoria das demais entidades de controle de atividade profissional, afirmando tratar-se de um *serviço público independente*. Concluindo: ao contrário dos demais os conselhos profissionais, a OAB não está obrigada a promover licitações para contratações de seu interesse.

[01] ADI 1.717, Plenário, rel. Min. Sydney Sanches, julgamento em 07-11-2002, DJ de 28-03-2003.

[02] ADI 3.026, Plenário, rel. Min. Eros Grau, julgamento em 8-6-2006, DJ de 29-9-2006.

Referimo-nos anteriormente às principais leis vigentes sobre licitações, e mais especificamente à LGLC. Porém, há algumas entidades que possuem regulamento próprio e, portanto, regras especiais para as licitações. É o caso, por exemplo, da Petrobras que, embora seja sociedade de economia mista, ligada ao Ministério das Minas e Energia, possui regulamento próprio[03], não estando obrigada a seguir o conteúdo específico da Lei Geral.

Outro caso é o das empresas do chamado Sistema "S", que abrangem o serviço social autônomo (Sesi, Sebrae, Senac, Senai, Sesat). Não integram a Administração Pública, mas estão obrigadas a promover licitações como se órgãos públicos fossem, em razão de receberem subvenção estatal decorrentes de contribuição parafiscais e também por desempenharem atividades de interesse público.

Uma regra que vigorou, de 1997 até junho de 2008, estendia a obrigação de licitar inclusive às entidades do chamado Terceiro Setor (ONGs ou entidades sem fins lucrativos) quando estas celebravam convênios[04] com órgãos estatais. É que, ao se associarem aos órgãos públicos, essas entidades, via de regra, recebiam recursos públicos justamente para viabilizar a execução dos projetos que faziam parte dos objetivos do convênio. E, pelo fato de passarem a gerir recursos públicos colocados à disposição para esse fim, funcionavam como uma espécie de intermediário do Estado (para os fins daquele específico projeto), eram forçadas a realizarem licitações como se fossem órgãos públicos.

Isso causava sérios problemas de ordem prática. Em primeiro lugar, como entidades privadas, as ONGs não eram obrigadas ao formalismo com que atuam os órgãos públicos, tais como formalização de processos administrativos, publicação em Diário Oficial de seus atos de gestão, contratação de pessoal com concurso público, entre outros. E assim, quando se viam na obrigação de promover licitação pública, que é um procedimento formal pensado para órgãos públicos, se viam sem qualquer conhecimento técnico e estrutura administrativa que pudessem dar suporte a esses procedimentos. Em geral, contratavam consultores especializados para isso. Ora, isso acabava gerando outro problema prático: a elevação do custo de operação da entidade, além de criar burocracia, o que é impertinente à atividade privada.

Outra dor de cabeça é que as entidades, em sua maioria, não dependiam apenas do dinheiro dos convênios. Também tinham recursos próprios, oriundos das suas atividades privadas. E estes não estavam submetidos à regra licitatória alguma. No fim das contas, acabavam por "dividir" a administração de suas atividades como se fossem duas entidades distintas. Sendo que, não raro, alguns projetos eram sustentados por recursos públicos (do órgão público convenente) e privado (da própria entidade). Uma confusão que muitas vezes emperrava o próprio projeto!

Imagine o convênio para a criação de uma creche comunitária em que a Secretaria Municipal de Educação (parte estatal no convênio) sede os recursos para compra de mobiliário escolar e a ONG (parte privada no convênio) se

03 Lei nº 9.478/1997, art. 67, reg. Pelo Decreto nº 2.745/1998.

04 A regra a que nos referimos é a do artigo 11, do Dec. Federal no. 6.170/2007.

responsabilize por encontrar e alugar o prédio onde funcionará a tal creche. Como a licitação é um procedimento demorado e burocrático, pode-se perfeitamente imaginar que a ONG muito rapidamente teria o prédio à disposição, mas demoraria tempo enorme para concluir a aquisição do mobiliário.

A partir de 1º de julho de 2008, essas entidades foram dispensadas de realizar licitações, passando apenas a ficar com a obrigação de apresentar pesquisa de mercado para regularidade da aplicação dos recursos financeiros repassados pelo órgão público.

ENTENDA MELHOR

Convênio público é uma associação entre um órgão estatal e um particular ou outro estatal em que as partes (convenentes ou partícipes) unem esforços para o desenvolvimento de uma atividade que representa um objetivo a eles comum. Um exemplo ilustra bem. Se um Município tem interesse em levar projetos de inclusão digital a uma comunidade carente, mas não possui pessoas com a qualificação necessária para desenvolver esse projeto, apesar de possuir recursos para financiá-lo, poderá associar-se (conveniar-se) a uma ONG que tenha por objetivo social justamente o desenvolvimento de políticas públicas inclusivas e que tenha a necessária qualificação. Neste caso, ambos os partícipes possuem os mesmos objetivos e unem suas respectivas forças para, juntos, desenvolverem um projeto que, sozinhos, não teriam condições de fazê-lo.

Quais as Vantagens da Obrigação de Licitar?

Se perguntados, dez entre dez empresários e profissionais liberais vão concordar que, ao tocar o próprio um negócio, uma das coisas mais difíceis de se conquistar é o mercado. Como se costuma dizer no jargão coloquial, até que o investimento retorne, qualquer que seja o ramo escolhido, o dono do negócio "come muita poeira". De fato, lutar contra a concorrência, por vezes desleal, até conquistar a confiança da clientela é sempre um caminho longo e árduo, muitas vezes ingrato.

PAPO DE ESPECIALISTA

Segundo dados de uma pesquisa do IBGE realizada entre 2007 e 2010 divulgada pela revista Veja[05], quase um quarto das empresas abertas encerra suas atividades no primeiro ano de vida e metade não chega ao terceiro ano. Muito embora os dados da pesquisa apontem como uma das principais causas a burocracia, não é desprezível também a falta de preparo gerencial do empresário, conforme defende o especialista em empreendedorismo e autor de vários livros sobre o assunto, José Dornelas[06]:

> "Ainda considero a falta de preparo e a carência de conhecimentos gerenciais — onde se inclui a capacidade de planejar — como

[05] Disponível em: http://veja.abril.com.br/noticia/economia/no-brasil-metade-das-empresas-nao-chega-ao-terceiro-ano

[06] Disponível em: http://www.josedornelas.com.br/artigos/o-que-causa-o-fechamento-precoce-das-empresas-brasileiras

os pontos cruciais que impedem o empreendedor fazer com que seu negócio cresça e se desenvolva. Na verdade, todos estes fatores somados acabam por prejudicar a competitividade da empresa. A questão conjuntural citada na pesquisa referente ao acesso ao crédito é um problema macro, do país, e não depende apenas do empreendedor isoladamente para ser resolvido. Por outro lado, questões gerenciais não só dependem dos próprios empreendedores, como deveriam ser priorizadas pelos mesmos."

Essa falta de preparo e de planejamento traz como consequência direta a não captação de clientes e, com isso, a ruína do negócio por falta de faturamento.

Contudo, esse específico problema pode ser minimizado com o mercado governamental. Como as licitações são destinadas, de um modo geral, a todos os interessados, a real possibilidade de uma empresa "conquistar" mercado e crescer pode, sim, vir das contratações do Governo. Um trabalho elaborado pelo Instituto de Pesquisas Econômicas (IPEA) publicado em 2005 estimou que no ano de 2005 o total das compras dos três níveis de governo, somados os 5.560 municípios, os 27 estados e a área federal, foi da ordem de 120 bilhões de reais, o que representou algo em torno de 6,7% do Produto Interno Bruto (PIB).

Definitivamente, não é pouco. Eis aí uma excelente vantagem, não só para o empresário, mas para a sociedade como um todo. Afinal, se mais empresas prosperam, há maior injeção de impostos, maior oferta de empregos e aumento do padrão de vida.[07]

Claro que não se defende aqui a ideia segundo a qual participar das licitações será a tábua de salvação do empresário. Não deve o empresário se lançar nas licitações "com a cara e a coragem". Ao contrário, deve preparar-se e planejar-se adequadamente. Além de também enfrentar grande concorrência (do contrário não seria uma competição, não é mesmo?) a falta de capacitação pode levá-lo ao fracasso na licitação, e a falta de planejamento pode conduzi-lo a negócios não tão vantajosos ou mesmo danosos. Será necessário conhecer bem as regras de licitação e as obrigações que assumirá (bom, o primeiro passo você já está dando), além de conhecer bem o órgão onde pretende disputar a licitação para não sofrer prejuízos desnecessários. Mas, sem sombra de dúvidas, é um excelente nicho de negócio!

Destacamos a necessidade de que aqueles que desejem participar de licitações, mas não possuem experiência nesse mercado que se informem sobre o órgão onde irá se apresentar, porque, infelizmente, ainda são numerosos os casos de órgãos públicos que são mal pagadores. Muitas empresas vencem licitações, assinam contrato, entregam o produto e levam até vários meses para receber sua fatura. Além disso, também há casos em que o órgão se compromete em adquirir determinada quantidade e, após o fornecedor contrair várias obrigações para atender o pedido com fabricantes ou fornecedores de matéria-prima, vê o contrato reduzido (é, os órgãos públicos possuem autorização para fazer isso), o que provoca, claro, sérios prejuízos.

---

07 Revista *Desafios do Desenvolvimento*. 2005, ano 2, ed. 10.

Como Participar das Licitações

O primeiro passo para uma empresa participar de licitações é cadastrar-se nos órgãos e entidades públicas e também junto aos provedores de pregão eletrônico. O **Registro Cadastral** (esse é o nome técnico) é um assentamento no qual o órgão inscreve as empresas interessadas em participar das licitações, classificando-as por ramo de negócio e mantendo ali anotados o histórico das contratações anteriores. O cadastramento serve, fundamentalmente, para:

» Manter arquivadas cópias de documentos da empresa, o que possibilitará a dispensa de nova apresentação dos mesmos sempre que participar das licitações daquele órgão ou mesmo correção de falhas quando de sua apresentação;

» Participar das licitações que são destinadas exclusivamente às empresas cadastradas;

» Possibilitar ser contratado diretamente, sem ter disputado uma licitação, nos casos em que a lei autoriza esse procedimento.

Quase todos os órgãos possuem seu próprio *Cadastro de Fornecedores*, mas, de um modo geral, o fato de a empresa não estar cadastrada não constitui um impeditivo à sua participação em licitações, muito embora, como já antecipei acima, haja modalidades licitatórias que são exclusivas para cadastrados (mas não se preocupe com isso agora, pois veremos com detalhes daqui há pouco). O cadastramento é sem ônus, ou seja, não há cobrança dos órgãos para as empresas se cadastrarem nem tampouco atualizarem seu cadastro.

Contudo, há situações em que o cadastramento é absolutamente necessário, como é o caso dos órgãos da esfera federal. Para estes, há uma regra do Governo[08] que exige que, para que uma empresa ou pessoa física possa ser contratada, ela deverá estar cadastrada. O cadastramento para participar de licitações e contratar com qualquer órgão do Governo Federal pode ser feito pela internet `www.sicaf.com.br` ou em qualquer das repartições federais em todo o País. E, uma vez cadastrada, a empresa poderá participar de todas as licitações de todos os órgãos federais em todo o território brasileiro. Para os demais órgãos, as condições para cadastramento dependem das suas regras próprias, que normalmente são disponibilizadas em seus respectivos portais da internet.

Alguns exemplos poderão ser verificados nos seguintes endereços eletrônicos:

» **Tribunal de Justiça do Rio de Janeiro**: `www.tjrj.jus.br/web/guest/licitacoes`

---

08 Decretos nº 1.094, de 23 de março de 1994 e nº 4.485, de 25 de novembro de 2002

- **Estado do Rio de Janeiro**: https://www.compras.rj.gov.br/publico
- **Prefeitura do Rio de Janeiro**: http://ecomprasrio.rio.rj.gov.br/
- **Petrobras**: http://www.petrobras.com.br/canalfornecedor/portugues/comocadastrar/comocadastrar.asp

A empresa interessada em registrar-se no cadastro de fornecedores deve solicitar junto ao órgão para o qual pretende abrir cadastro, devendo apresentar a documentação exigida. Essa solicitação será analisada por uma comissão de servidores e, uma vez aceita a inscrição, o órgão emite o Certificado de Registro Cadastral (boa parte dos órgãos já o fazem na forma eletrônica) e a empresa já estará pronta para iniciar sua jornada nas licitações. O registro cadastral tem validade de um ano e deve ser renovado periodicamente.

Uma vez inscrita, a empresa deverá manter atualizados os dados constantes do registro. Apesar de o certificado ter validade de um ano, a maioria dos documentos exigidos em licitação, e justamente os mais pedidos, tem validade de, no máximo, 06 (seis) meses, ou 180 dias. Ao apresentar o certificado, mas tendo a Comissão verificado que algum documento constante do registro e exigido no edital encontra-se fora da validade, a inabilitação é imperativa.

CUIDADO

Na contagem dos prazos, 06 meses é diferente de 180 dias. Uma certidão emitida em 11.03.2013 terá validade, no primeiro caso até 11.09.2013; no segundo, até 28.08.2013.

Também é necessário o cadastramento junto aos provedores de pregão eletrônico, pois sem ele a empresa não tem como acessar os editais publicados e menos ainda como preencher o formulário de proposta. Considerando o enorme volume de licitações eletrônicas que são disputadas hoje em dia, seria uma pena deixar para trás essas oportunidades. Listei abaixo os principais portais de acesso a pregão eletrônico:

- **Comprasnet** (Portal do Governo Federal): www.comprasnet.gov.br
- **Banco do Brasil** (hospeda vários órgãos): www.licitacoes-e.com.br
- **Caixa Econômica Federal** (além de suas próprias licitações, hospeda vários outros órgãos): www.caixa.gov.br/compras_caixa/outros_compradores/index.asp
- **Estado de São Paulo** (só hospeda as suas compras, mas o volume é considerável): www.bec.sp.gov.br
- **Estado da Bahia** (só hospeda as suas compras): www.comprasnet.ba.gov.br

Quem Não Pode Participar de Licitações

Vamos reforçar que a participação em licitações é livre, como regra. Mas, como ocorre em toda "regra", esta também possui as suas exceções. Por razões de ordem ética e de moralidade, algumas pessoas e empresas estarão impedidas de participar de licitações. Mesmo que quisessem, não seriam admitidas na competição ainda que pudessem formular propostas interessantes. Portanto, sempre que a participação de uma pessoa (física ou jurídica) puder, ainda que indiretamente, afetar os princípios ético e de moral, sua participação será vedada. Fundamentalmente, os impedimentos de licitar visam evitar que um determinado indivíduo ou empresa tenha maior vantagem sobre seus concorrentes, ou ainda que haja vantagem indevida para servidor público.

São proibidos por lei de participar das licitações:

O autor do projeto

Quando um órgão pretende contratar, por exemplo, uma obra, digamos, a construção de um hospital, em muitos casos contrata, antes, uma empresa ou profissional para elaborar o Projeto (sem projeto não pode haver obra). Muitas vezes assim age por não contar, em seus quadros de pessoal, com profissional qualificado para esse fim, ou ainda quando o projeto possui contornos de alta complexidade. Daí a solução é ir ao mercado e buscar alguém que possa elaborar esse projeto, sem o qual a obra não poderá ser licitada.

Só para lembrar que essa busca, via de regra, se dá por licitação. Uma vez que esse órgão tenha licitado e contratado o Engenheiro Tércio da Silva, este desenvolverá o projeto necessário para que o órgão licite a obra de construção do hospital.

Pois bem, publicado o edital da obra, caso o Engenheiro Tércio da Silva participe da licitação, ele certamente terá maior vantagem sobre os demais competidores por ter sido justamente o autor do projeto, logo, profundo conhecedor do objeto da licitação (a obra). Como a licitação deve ser conduzida de forma a dar tratamento igual a todos os participantes, permitir que o Tércio da Silva participe seria ignorar a obrigação de não dar maior vantagem a quem quer que seja. Por isso a lei proíbe a sua participação.

Ainda nessa mesma linha e pelas mesmas razões, a lei cuidou de também afastar a empresa que tenha em seu quadro de sócios, com mais de 5% do capital, o autor do projeto. Vamos entender.

Pode ser que a elaboração do projeto tenha recaído do Eng. Tércio da Silva, mas no dia da licitação, a empresa Silva & e Silva Engenharia Consultiva Ltda., que tem como um dos sócios justamente o Eng. Tércio da Silva, é uma das participantes. Ora, apesar de não ser correto confundir uma empresa com as pessoas que a formam, é claro que a empresa terá maior vantagem sobre as demais por contar em seu quadro com o profissional que melhor conhece o projeto. Daí a extensão da proibição a este caso também.

A empresa que pretende apresentar duas propostas na mesma licitação

De um modo geral, as licitações são destinadas a serem disputadas por empresas ou pessoas físicas de forma isolada, quer dizer, cada um apresenta sua própria proposta. Em algumas situações bem específicas, normalmente em grandes projetos, o edital permite que várias empresas se associem para, juntas, apresentarem uma única proposta. A isso se chama de *Participação em Consórcio.*

A participação de empresas reunidas em consórcios, quando autorizado pelo edital, tem a finalidade de possibilitar a apresentação de proposta a partir da reunião das forças que cada uma das *consorciadas* tem, para, em conjunto, poderem apresentar proposta que, de forma isolada, não teriam condições de formular.

Caso o empreendimento a ser licitado seja muito complexo ou volumoso em termos financeiros, por exemplo, a construção de uma hidroelétrica, muito provavelmente pouquíssimas empresas teriam condições (de forma isolada) de reunir as condições mínimas exigidas e de assumir o encargo. Com a possibilidade de várias se associarem para a disputa dessa licitação, haveria um número muito maior de licitantes no torneio, o que acarreta maior competitividade e melhores preços, consequentemente.

Hoje estamos vendo uma série de situações em que a licitação permitiu a formação de consórcios de empresas para disputa, como é o caso da construção e reforma dos vários estádios de futebol, visando à Copa do Mundo FIFA 2014.

Bom, mas a reunião em consórcio não pode servir para dar maior vantagem a quem quer que seja. Seria o caso de uma empresa participar duas vezes na mesma licitação, não só ao compor um consórcio, como também apresentar proposta isolada, ou ainda, participar de dois consórcios ao mesmo tempo. De certo modo estaria essa empresa apresentando duas propostas na mesma licitação, o que traz maior vantagem para si em relação aos demais concorrentes.

Servidor público ou dirigente do órgão promotor da licitação

Esse é um caso clássico!

Seria absurdamente afrontoso à lisura da licitação se servidores ou dirigentes pudessem montar empresas para participar das licitações do órgãos onde exercem cargo ou função. Seria impossível determinar a cada caso se, de fato, aquele servidor se beneficiou de informações privilegiadas ou não. Dessa forma, o impedimento de licitar não excetua caso algum, atingindo indeterminadamente os servidores do próprio órgão.

A participação indireta também é proibida, ou seja, a participação de uma empresa ou de pessoa física que "esconde" o servidor que de fato tem o real interesse no resultado do torneio.

CASOS E CAUSOS

Nas licitações realizadas por conta da realização da Copa do Mundo FIFA 2014, vimos uma série de situações em que a licitação permitiu a formação de consórcios de empresas para disputa, como foi o caso da construção e reforma dos vários estádios de futebol.

Esse impedimento persiste mesmo quando o servidor se encontra licenciado do cargo que ocupa, pois a licença mantém o vínculo do indivíduo com o órgão.

As Regras Fundamentais da Licitação Pública — Os Princípios Orientadores da Licitação

Você aprendeu aqui que a licitação é um procedimento ditado por normas da Constituição Federal e por leis (chamamos de leis ordinárias). Também há um bom número de decretos federais, estaduais e municipais regulamentando as licitações, respectivamente, do Governo Federal, dos Estados e dos Municípios. Mas não é só.

Há ainda algumas normas primordiais que comandam todas as outras que existem sobre licitações, que são os **Princípios**.[09]

Princípio jurídico é uma regra abstrata que funciona como condição ou base de validade para as normas a que se referem e também para as ações de aplicação dessas mesmas normas. Acho que um exemplo pode ser muito útil.

PAPO DE ESPECIALISTA

Você já deve ter ouvido falar do princípio conhecido como *in dúbio pró reo*, que significa, literalmente, que "na dúvida, a favor do réu".

[09] Na verdade, todo ramo do Direito (civil, penal, do trabalho etc) possui o seu conjunto de princípios orientadores.

Trata-se de um **princípio** do Direito Processual Penal em que, no processo, havendo dúvidas sobre a culpa do réu, por menores que sejam, este não poderá ser condenado.

Esse princípio, portanto, orienta o Juiz a não condenar senão quando tiver certeza da culpa do réu, assim como também direciona a interpretação das leis, e mesmo a criação delas, de modo que nunca se possa condenar alguém diante de alguma incerteza.

Viu como o princípio é importante na aplicação das leis? No caso das licitações não poderia ser diferente! Podemos até afirmar que descumprir um princípio é mais grave do que descumprir a própria lei. Vamos a mais um exemplo:

Há uma regra legal que determina que os pagamentos efetuados pelos órgãos do Governo aos prestadores de serviço e fornecedores devem seguir rigorosamente a ordem cronológica da execução do contrato, ou seja, quem fez primeiro, recebe o pagamento primeiro.

Pois bem. Digamos que uma empresa, a Dias&Dias Parados Ltda, após ter se sagrado vencedora em uma licitação promovida por um hospital público, foi contratada e prestou corretamente o serviço. Agora, só faltando receber o valor cobrado, tem o direito de receber seu pagamento antes de qualquer outro prestador de serviço ou fornecedor que tenha realizado ou fornecido para o mesmo hospital depois dela. Em outras palavras, o pagamento dos demais fornecedores ficará condicionado ao pagamento da fatura da Dias&Dias Parados Ltda. Afinal, como diria um famoso comentarista de futebol: "A regra é clara!"

Mas vamos imaginar que antes que o hospital pudesse ter feito o pagamento devido, a cidade foi assolada por violenta ventania e chuvas torrenciais, causando o destelhamento de um dos andares do prédio e deixado vários leitos do hospital a céu aberto. Agora, esse telhado precisará ser consertado, mas o hospital não tem dinheiro em caixa suficiente para pagar, ao mesmo tempo, a Dias&Dias Parados Ltda e ainda consertar o telhado. Terá que fazer a sua opção!

Se fizer a opção pelo pagamento da Dias&Dias Parados Ltda, os leitos ficarão a descoberto até que o hospital tenha novamente dinheiro em caixa; se a opção for consertar logo o telhado, o hospital desobedece à lei.

E agora??!! Entram em cena os Princípios Jurídicos!

Dentre outros, há um que o Diretor do hospital deve observar, o *Princípio da Indisponibilidade do Interesse Público*. Este, poderíamos dizer, "OBRIGA" que o diretor, diante desse tipo de situação, adote a solução que melhor atende ao interesse coletivo. E, nesse caso, deverá consertar primeiro o telhado e pagar a Dias&Dias Parados Ltda assim que puder.

Portanto, os princípios jurídicos que orientam uma lei ou um certo conjunto de leis é, na verdade, o seu próprio fundamento ou, também podemos dizer, que o princípio é a alma da norma jurídica. Daí porque não podemos falar em licitação sem que conheçamos, ao menos um pouco, o conjunto de princípios jurídicos que lhe são aplicáveis.

Visto isso, passemos a estudar o conteúdo dos princípios que abraçam as normas de licitação e a respectiva relevância para a legalidade de todo o procedimento. Ficaremos apenas com os mais importantes, pois esse tema é muito extenso e bastante cansativo. E não queremos que você fique esgotado de ler nosso livro, não é mesmo? Para aprofundamento, ao final do livro, indicamos a bibliografia adequada.

Princípio da legalidade

Iniciamos este estudo destacando que, quando compramos algo, o fazemos por critérios que são de nossa própria escolha. Justificamos isso pelo fato de que temos ampla liberdade de agir (ou deixar de agir) como regra, isto é:

Essa máxima decorre da nossa Constituição Federal em cujo art. 5º, inciso III diz:

> "Ninguém será obrigado a fazer ou deixar de fazer alguma coisa senão em virtude de lei"

Mas os agentes públicos, no exercício das suas respectivas funções, seguem outra máxima, e, em sentido contrário, ou seja, o agente público, agindo em nome da Administração Pública, somente encontra-se autorizado a fazer ou a deixar de fazer algo se de acordo com a lei.

PAPO DE ESPECIALISTA

É de um dos mais notáveis mestres do Direito Administrativo a proposição mais objetiva a respeito do *princípio* da legalidade. Segundo, Hely Lopes Meirelles[10],

> "enquanto na administração particular é lícito fazer tudo o que a lei não proíbe, na Administração Pública só é permitido fazer o que a lei autoriza".

O administrador público não pode praticar atos para os quais não haja previsão legal. Não é aplicável a popular regra do "quem cala, consente". Ao revés, se o legislador nada disse, em princípio, quis apontar uma vedação, pois se fosse para autorizar, o faria de forma expressa.

Aliás, os órgãos públicos só promovem licitação para as suas contratações porque a Constituição e as leis assim determinam. Não se trata de uma escolha de cada administrador público. Todos estão obrigados a isso e, quando a lei obriga algo, não há espaço para negar-se a fazê-lo.

Estamos nos referindo a isso porque as regras para as licitações são bastante rigorosas. E em virtude do Princípio da Legalidade, o administrador não pode escolher qual regra seguir. Segue a que está escrita!

---

10 Direito Administrativo Brasileiro. 19ª. ed. Malheiros, São Paulo 1994, p. 82 e 83; seguindo a mesma posição, Celso Antônio Bandeira de Mello, Curso de Direito Administrativo, Malheiros, 7ª Ed.

LEMBRE-SE

Mas vamos recordar o que dissemos logo acima sobre a função e a importância dos princípios jurídicos. Dissemos que desobedecer a um princípio é mais grave do que descumprir a própria lei. Logo, quando falamos que o agente público está submetido ao princípio da legalidade, significa que está preso não só às leis, decretos, portarias etc, mas também, e principalmente, aos princípios jurídicos a eles correlatos. Naquele exemplo do hospital que teve o teto desabado, apesar de a atitude correta ter sido a de consertar o teto — porque havia um princípio que orientava nesse sentido — em detrimento da ordem cronológica de pagamento estabelecida pela lei, houve, sim, obediência ao princípio da legalidade, pois agiu-se de acordo com o princípio norteador daquele caso.

ENTENDA MELHOR

Você já deve ter compreendido o princípio da legalidade. Pois bem, se um agente público faz algo no exercício das suas funções, o que quer que seja, é a execução de um ato *administrativo*.[11] Pode ser um despacho em um processo, ou uma ordem hierárquica verbal, a expedição de um alvará ou uma licença, a aplicação de uma multa de trânsito. Cada um desses atos são considerados atos *administrativos*. A licitação, em si, é procedimento administrativo, pois é composta de uma série de atos administrativos autônomos que se integram e que servem a um único propósito, a seleção da proposta mais vantajosa para a Administração.

Quanto à origem, os atos administrativos podem ser classificados como *vinculados* ou *discricionários*.

Vinculado é aquele ato que é expedido de acordo com o que a lei determinou e não pela vontade do agente. O ato foi expedido porque a lei assim mandou. O edital de licitação é publicado no Diário Oficial porque há um dispositivo da LGLC que determina essa publicação. Logo, o ato administrativo — a publicação — não poderia deixar de ser publicada sob pena da licitação ser invalidada. Como os agentes da Administração Pública estão orientados pelo Princípio da Legalidade, pode-se afirmar que, via de regra, os atos administrativos serão sempre *vinculados*, isto é, decorrem de uma norma. Faz-se, não por um querer do agente, mas porque a lei (decreto, portaria, etc) impôs.

Discricionário é o ato administrativo que nasce a partir da vontade do agente. Sim, em alguns casos a lei admite que o agente escolha a solução para determinado caso. Assim, a discricionariedade pode ser entendida como a liberdade que o agente público tem, decorrente da lei, para adotar solução, dentre duas ou mais alternativas, que entender mais conveniente. Para o agente público, a discricionariedade (liberdade de agir) é exceção à regra da *vinculação*.

Não se pode perder de vista que, mesmo que de natureza *discricionária*, as escolhas do agente devem sempre recair naquilo que melhor atenda ao interesse público. Não será adequada e, portanto, ilegal, a opção que não represente ser a melhor ou efetivamente a mais conveniente.

---

11 Não queremos abordar as várias teorias e conceitos sobre atos administrativos existentes na doutrina especializada, porque entendemos que o conceito aqui trazido, para o escopo e finalidade desta obra, já é suficiente para a compreensão da matéria. Daí a simplificação do conceito. Para saber mais, recomenda-se a leitura das obras aqui já citadas de Celso Antônio Bandeira de Mello, e Helly Lopes Meirelles e José dos Santos Carvalho Filho.

Essas definições são muito importantes para compreensão de outros conceitos que logo em seguida veremos. Também será muito importante para os licitantes pelo fato de que, em algumas situações, será possível o agente público responsável pela condução da licitação tomar decisões *discricionárias*, mas, na maioria dos casos, esse agente deverá agir de forma *vinculada*. Portanto, é de suma importância que o participante da licitação saiba reconhecer se esse agente agirá de modo correto.

Princípio da igualdade

É a chave mestra da democracia. A Constituição de 1988 estabelece como dever do Estado tratar todos os indivíduos sem distinções ou privilégios ao enunciar no art. 5º que **"todos são iguais perante a lei"**.

PAPO DE ESPECIALISTA

Para uma compreensão um pouco mais profunda, vamos ver o brilhante comentário de outro grande jurista deste País, Celso Ribeiro Bastos:[12] "a igualdade não assegura nenhuma situação jurídica específica, mas garante o indivíduo contra toda má utilização que possa ser feita da ordem jurídica. A igualdade é, portanto, o mais vasto dos princípios constitucionais, não se vendo recanto onde ela não seja impositiva".

Em virtude deste princípio, os editais de licitação não poderão conter cláusulas que tratem com discriminação os possíveis interessados no torneio licitatório. É proibido, por exemplo, dar vantagem na formulação de proposta para empresas que estão sediadas em determinado Estado ou Município. Também será absurdamente ilegal o estabelecimento de critério que faça uma empresa prevalecer sobre a outra em razão do tempo de atividade. Uma empresa "jovem" pode prestar um serviço tão bem como as empresas com mais tempo de estrada.

CUIDADO

No entanto, não se pode imaginar que, em virtude deste princípio, os editais devam tecer cláusulas, especificações e condições de execução que permitam a participação de todos que queiram apresentar proposta, indistintamente. Esse pensamento conduziria irremediavelmente ao absurdo resultado, segundo o qual, submeteria a oportunidade de contratação pelo Governo de incapacitados, que, apesar de interessados, não possuem qualificação para tal. Pior ainda. Seria supor que a Administração estaria subjugada a uma força que a obrigaria a adquirir produto ou contratar serviços que não atendessem de forma adequada à sua necessidade.

ENTENDA MELHOR

Imaginemos que um órgão de imprensa oficial necessite adquirir um poderoso computador que possibilite, com alta performance, realizar tarefas de tratamento de imagens e, para isso, estipule especificações técnicas que possibilitem justamente essa aquisição, o que deixaria fora da disputa aqueles que não comercializassem equipamentos com esse vanguardismo tecnológico, muito

12 Comentários à Constituição do Brasil, 2º vol., p.13, Saraiva, 1989

embora sejam do ramo do comércio de equipamentos de informática. Ora, se a Administração tem necessidade de uma certa performance e nem todos os interessados podem oferecê-la, não seria admissível que o princípio da igualdade relegasse a Administração ao fracasso, obrigando-a a adquirir equipamento que não atenda à sua necessidade. Daí porque a igualdade se opera apenas "entre os iguais", ou seja, no nosso exemplo, as empresas que possuem o equipamento adequado com as funcionalidades desejadas. Não são "iguais" as empresas que podem ofertar e as que não podem ofertar tal produto.

PAPO DE ESPECIALISTA

Rui Barbosa[13] já dizia: "A regra da igualdade não consiste senão em quinhoar desigualmente aos desiguais, na medida em que se desigualam."

Portanto, para selecionar um parceiro que ofereça condições vantajosas sem prejuízo para a utilidade e qualidade aceitável do produto ou serviço, a Administração Pública poderá traçar regras que distingam qual é o conjunto de possíveis interessados daqueles que não detenham o mínimo de capacidade ou condições de ofertar o objeto pretendido na futura contratação.

O que não será permitido é que haja estabelecimento de algum critério distintivo que represente um luxo, um capricho do gestor público. O princípio da igualdade visa coibir a edição de critérios de menor ou nenhuma importância, viciados com preciosismo e sem qualquer relevância para a execução dos serviços ou fornecimento de bens, prática ainda muito vista entre os editais, vezes por ignorância, outras por motivos ainda menos nobres. Na lição de Lucia Vale Figueiredo e Sérgio Ferraz[14], "a desigualdade não é repelida, o que se repele é a desigualdade injustificada".

Princípio da publicidade

É o princípio por meio do qual os órgãos da Administração Pública têm o dever administrativo de manter transparência em seus comportamentos. É a proibição do sigilo, salvo nas raríssimas hipóteses previstas na Constituição Federal. Segundo este princípio, nenhum ato administrativo pode ser sigiloso. Toda e qualquer ação de autoridade ou agente público deve ser do conhecimento dos interessados diretos e do povo em geral, no sentido de propiciar a todos o acompanhamento da atividade estatal para seu efetivo controle.

No caso específico da licitação, quer dizer que todos os seus atos atinentes são de domínio público, isto é, é direito do cidadão ter acesso a todos os documentos do processo de licitação, não só ao edital, mas aos estudos preliminares, às pesquisas de mercado, aos despachos e decisões que nele constem.

---

13 Trecho do discurso dirigido aos formandos do ano de 1920 da Faculdade de Direito de São Paulo, que, inclusive, por motivos de saúde, não pôde proferir. Oração aos Moços; edição popular anotada por Adriano da Gama Kury. – 5. ed. – Rio de Janeiro : Fundação Casa de Rui Barbosa, 1997.

14 Dispensa e Inexigibilidade de Licitação. 3ª ed., São Paulo, Malheiros, 1994, p. 24.

É com observância deste princípio que a Administração é obrigada a anunciar, através dos meios previstos em lei, com antecedência determinada pela lei, que realizará o torneio e que todos os atos a ela pertinentes encontram-se acessíveis aos interessados.

PAPO DE ESPECIALISTA

Tenho insistido que uma das informações mais importantes e, segundo a experiência que temos na condução de procedimentos licitatórios, das mais influentes no sucesso da contratação é a estimativa de preço, bem como a metodologia para encontrá-la, muito embora alguns órgãos ainda manifestem resistência em apresentar tal informação sob o pálido argumento de que a mesma seria de caráter interno ou restrito. De restrito não há nada nessa informação. Em primeiro lugar porque foi, certamente, obtida após a consulta ao próprio mercado; em segundo lugar, porque, o mais das vezes, é por meio justamente da estimativa que se descobrem imperfeições ou brechas na especificação técnica.

Também quer significar que o próprio julgamento da licitação deve ser público, ou seja, que os atos de recebimento de documentos e propostas e respectivas análises e julgamento sejam realizados de forma que todos, indistintamente, que quiserem acompanhar, possam fazê-lo. Não só os representantes das empresas que disputam a licitação, mas qualquer cidadão tem direito de estar presente na sala de julgamento de qualquer licitação em qualquer órgão público, sem exceção.

Nas licitações julgadas pela internet, a disponibilização se dá por meio do acesso do público à página do provedor do respectivo sistema. Veja um exemplo de como você pode acompanhar o andamento de uma licitação eletrônica em tempo real. Para o exemplo, vamos utilizar o portal de provedor de pregão eletrônico operado pelo Banco do Brasil, um dos mais utilizados no País atualmente: `www.licitacoes-e.com.br`.

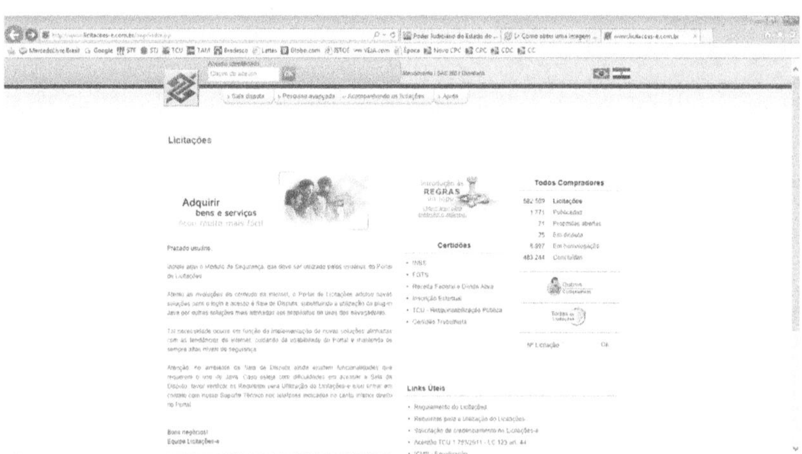

FIGURA 1-1: Tela inicial do provedor

A figura 1-2 mostra a tela inicial do provedor de sistema de pregão eletrônico do Banco do Brasil. Notem que no menu à direita há um *placar* com todas as informações sobre as licitações já encerradas e em curso. Cada uma destas linhas é um *link* que abre a informação correspondente. Nós vamos acessar o *link* "Em disputa" para acompanhar em tempo real uma licitação.

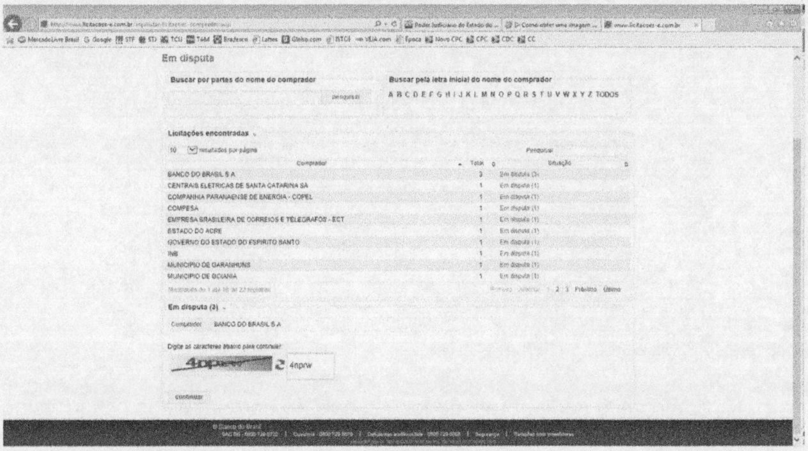

FIGURA 1-2: Tela com a Lista de órgãos com licitações em disputa

Ao entrar na tela de licitações em disputa, conforme demonstrado na figura 1-2, o interessado tem uma lista daquelas que estão sendo julgadas naquele momento. Vamos escolher logo o primeiro, "clicando" no *link* (que informa haver 03 (três) licitações em disputa no Banco do Brasil.

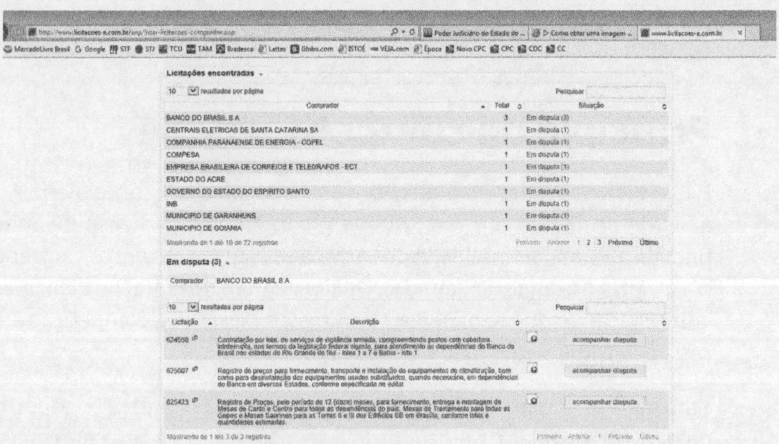

FIGURA 1-3: Tela com as licitações em disputa do órgão selecionado

Na figura 1-3 podemos ver que, uma vez inserido o código de segurança (os caracteres embaralhados no final da página anterior) as licitações em disputam são listadas. Para acompanhá-las, basta "clicar" no botão: "acompanhar disputa" que se abrirá uma janela (pop-up) com a sala de disputa , conforme demonstrado na figura 1-4.

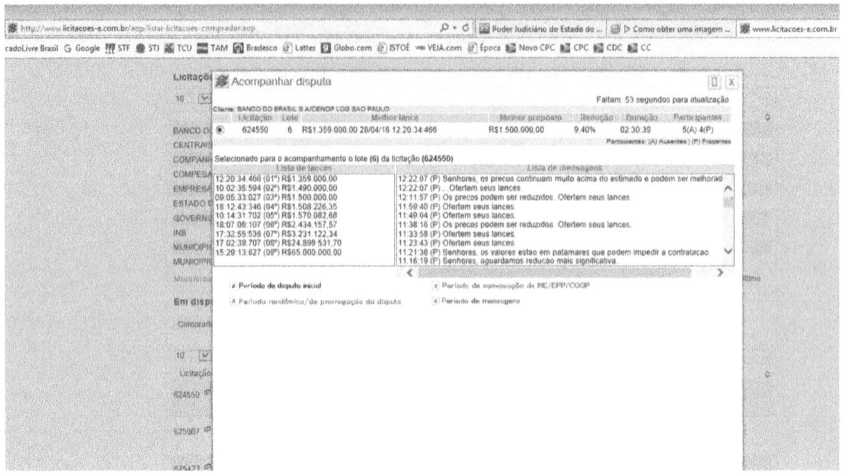

FIGURA 1-4: Tela com a Janela da disputa em "tempo real"

Como você pode notar, no lado esquerdo da tela, estão os lances que vão sendo registrados pelo competidores. Cada representante logado no sistema encaminha do seu computador os lances que lhes são possíveis à medida que os preços vão caindo (como um leilão invertido). Do lado direito, encontramos as mensagens que são enviadas pelo responsável pela licitação aos participantes que estão logados no sistema. O que identifica a origem da mensagem é o sinal (P) logo antes da mensagem, que significa que a mensagem foi encaminhada pelo Pregoeiro. Durante a disputa eletrônica somente o Pregoeiro pode encaminhar mensagens; os participantes só encaminham novos lances. Não há, pois, nesta fase, troca de mensagens.

Princípio da competitividade

É o princípio basilar da licitação. Se a licitação é um torneio entre pretendente a um determinado contrato, mas esse torneio não gera disputa ou tem sua disputa diminuída, a finalidade do torneio se esvazia. Assim, o caráter competitivo é a própria essência da licitação. Qualquer item de edital ou cláusula de contrato administrativo que inviabilize, diminua ou dificulte a competição entre os interessados torna ilegal todo o procedimento.

Para melhor compreensão, vamos imaginar uma competição esportiva. Um torneio de futebol. Para que um torneio seja bom, ele precisa ser o mais *competitivo* possível. Sabemos que quanto mais e melhores times participarem, melhor será o torneio, pois ele será mais *competitivo*.

Se os organizadores criam regras que impeçam que alguns bons times participem, o campeonato perde um pouco do seu *caráter competitivo*. De igual modo, se as regras do torneio de futebol privilegiarem, por exemplo, os times do Estado onde o torneio acontece, haverá perda de *competitividade*.

Portanto, para um torneio de futebol ser competitivo, ele deve atrair o maior número de times possível e as regras devem ser justas.

ENTENDA MELHOR

Assim ocorre quando, por exemplo, o edital inclui exigências desnecessárias ou irrelevantes que impeçam bons potenciais competidores (as empresas) de participarem do torneio. Ou ainda, regras que atribuam maior vantagem para uma empresa em especial ou um certo grupo de empresas, dificultando a vitória dos demais competidores.

Se houver a formulação de uma exigência, por exemplo, de ordem técnica que seja impertinente ou irrelevante para a utilidade do específico objeto da licitação, configurando uma espécie de luxo ou uma preferência pessoal do administrador, haverá redução do universo dos possíveis interessados e, consequentemente, a Administração ficará privada de obter um número mais expressivo de propostas aptas a serem confrontadas. Ficaria nítido que o edital *restringiu o caráter competitivo* da licitação, pois, apesar de haver no mercado um número muito maior de possíveis licitantes que pudessem oferecer uma boa proposta, em virtude das regras criadas, poucas empresas se viram aptas a participar.

Acrescente-se que o caráter competitivo da licitação não se verifica apenas com base no número de licitantes que se apresentam ao torneio. Não é porque apenas uma ou duas empresas apresentaram propostas que se configura um sinal de violação do princípio da competitividade, por parte do edital o grau de competitividade deve ser medido pela possibilidade de abrangência do certame. Unidades administrativas cujos recursos são escassos são conhecidas do mercado, e, por isso, são evitadas pelas empresas. Provavelmente nas licitações desses órgãos, vamos ver poucas empresas nas licitações, ou até mesmo desertas (ninguém apresentando proposta), e isso não significará violação do agente público na fixação das exigências editalícias quanto ao princípio da competitividade. De igual modo, não torna satisfatoriamente competitiva a licitação com 20 empresas participantes se nesse torneio pudesse anotar a presença de outras tantas.

CASOS E CAUSOS

ANULANDO O EDITAL

Tive a oportunidade de vivenciar uma situação muito interessante que ilustra bem o que dissemos acima. Vamos apenas omitir, por razões óbvias, os nomes verdadeiros, mas o caso é verídico!

Há alguns anos, eu atuava como consultor de uma grande empresa de tecnologia com foco no segmento de multifuncionais e copiadoras digitais de grande porte. Essa empresa, na verdade uma subsidiária controlada por uma grande marca japonesa, tinha interesse em "entrar" no mercado governamental e começou a participar de licitações para compra e aluguel desses equipamentos. E eu fora contratado justamente para dar apoio na análise dos editais e orientar os representantes em caso de necessidade de impugnar o edital ou recorrer das decisões de julgamento.

(continua)

(continuação)

Em uma dessas licitações, a primeira em que atuei junto a essa empresa, percebemos que o edital exigia que o equipamento a ser proposto (o objeto da licitação era aquisição de 500 máquinas reprográficas de grande porte) deveria contar com uma funcionalidade chamada: Tecla de Repetição.

Curioso, tratei logo de indagar ao responsável técnico da empresa (vamos chamá-lo de Sr. Ayrton) do que se tratava e, para meu espanto, nem ele mesmo havia percebido essa característica. Para meu espanto maior ainda, fui informado de que estaríamos fora da licitação, pois o nosso equipamento não possuía essa função; aliás, função que somente uma marca no Brasil possuía, a *Piratation* (claro que esse é um nome fictício!).

Pois bem, vimos anteriormente que o caráter competitivo da licitação só sofre agressão quando a exigência que impede a participação de alguém é impertinente ou irrelevante. E nesse sentido, fui investigar o que essa função, na verdade, representava. Seguiu-se o seguinte diálogo entre este autor e o representante técnico da empresa, Sr. Ayrton:

Eu: Para que serve afinal de contas essa tal de "tecla de repetição"?

Sr. Ayrton: Quase nada, doutor! Ela só repete o último comando do operador.

Eu: E como funciona?

Sr. Ayrton: É o seguinte: se o operador quiser 100 cópias de um documento ele coloca o documento na bandeja da máquina, que vai puxar o documento para dentro dela. Aí o operador digita no painel o número 100 e aperta a tecla start.

Eu: Sim, e depois?

Sr. Ayrton: Bem, Doutor, se ele quiser tirar outras 100 cópias desse documento ele pode repetir a digitação no painel e teclar start ou... apertar a "Tecla de Repetição".

Eu: A Tecla de Repetição só serve para isso?

Sr. Ayrton: Exatamente.

Eu: Então, se o operador precisar de 99 ou 101 cópias a Tecla de Repetição não tem utilidade?

Sr. Ayrton: Isso mesmo.

Eu: E se forem 100 cópias de outro documento?

Sr. Ayrton: Também não terá nenhuma utilidade, pois, quando o operador abrir a bandeja, o buffer da máquina ficará limpo.

Ora, ficou claro que essa funcionalidade era irrelevante, pois quase não tinha utilidade. Só seria usada em situações muito específicas. Essa exigência causava um afastamento de proponentes que não se justificava frente ao (pouco) benefício que oferecia.

Com esses argumentos, o edital foi anulado na esfera judicial.

Também não é só o afastamento em si que compromete o caráter competitivo da licitação. É necessário que o afastamento seja justificável. Se o órgão pretende adquirir um determinado equipamento cuja configuração somente possa ser atendida por poucas empresas, não haveria ilegalidade alguma. Conforme dissemos acima, somente o afastamento por motivo impertinente ou irrelevante é que causa a violação ao caráter competitivo da licitação.

CASOS E CAUSOS

Em outra situação, fui consultado por uma ex-aluna acerca de uma licitação que ela, na condição de Presidente da Comissão de Licitação, estava conduzindo.

O objeto da licitação era contratação de serviços de descupinização. O edital, por sugestão de alguém do próprio órgão, exigia que as empresas licitantes comprovassem possuir registro no Conselho Regional de Química (CRQ). A justificativa para essa exigência era a de que a execução do serviço exigiria manipulação de produtos químicos, atividade profissional fiscalizada por aquela autarquia por ser privativa de Químico.

Não houve impugnações ao edital mas, no dia da licitação, uma empresa que não tinha o tal registro se apresentou. Sustentava que o mesmo não seria obrigatório para o exercício daquela atividade e alegava que o serviço (descupinização) seria realizado com pulverização de produtos adquiridos prontos para uso. Em seu favor, comprovou ter todos os registros necessários para o desenvolvimento das suas atividades comerciais, inclusive o alvará de localização e funcionamento expedido pela Prefeitura e registro no órgão de controle ambiental.

Enfim, restou demonstrado de forma cristalina que o edital restringira o caráter competitivo da licitação, na medida em que afastou do certame muitas outras empresas, aquelas que não possuíam o registro junto ao CRQ, mas que, a exemplo desta, poderiam prestar o objeto em disputa. A solução foi repetir a licitação, mas agora sem a exigência de registro no CRQ.

Princípio da vinculação ao edital

Já vimos o que significa *ato vinculado*, mas nunca é demais relembrar que *vinculado* é o ato administrativo que é deflagrado em consonância com uma regra (lei, decreto, Portaria, Instrução Normativa, Resolução etc) em que o agente público é obrigado a deflagrar nos exatos termos estabelecido no respectivo comando legal.

Pois bem. Princípio da *Vinculação ao Edital* (também chamado de vinculação ao ato convocatório) nada mais é do que a obrigação que o órgão ou entidade tem de obedecer (vincular-se) ao edital da licitação.

O regulamento supremo de uma licitação é o seu edital. Em vista disso, a Administração não poderá desrespeitar nenhuma exigência ou regra a que se submeteu. Diante disso, o julgador da licitação não terá autorização para deixar de exigir ou exigir algo que não fora inicialmente previsto no edital.

No entanto, não significa dizer que esse princípio cause engessamento do procedimento. A licitação não é uma gincana desenvolvida para descobrir aquele que melhor cumpre as tarefas. As exigências precisam entender as suas respectivas finalidades. Em algumas situações, a regra do edital poderá ser flexibilizada quando se mostrar desnecessária, sem que isso importe em modificação da própria regra.

PAPO DE ESPECIALISTA

Se o edital exige que os documentos sejam entregues encadernados com espiral e com suas folhas numeradas, mas o licitante coloca no envelope todas as folhas soltas, não poderá sofrer inabilitação sob o argumento de ter descumprido o edital. Só poderá ser inabilitado se porventura deixar de apresentar algum documento exigido para aquela fase do julgamento.

Do mesmo modo, se em uma licitação para a compra de 100 mesas, o edital exige que a proposta seja preenchida com o preço unitário, caso um licitante preencha a proposta indicando o valor total, não poderá ser desclassificado, pois, para se chegar ao valor unitário, bastará dividir o valor da proposta por 100.

Há também aquelas exigências que, diante de certas circunstâncias, perdem sua razão de existir. Se um edital exige que, com a proposta, o licitante apresente os catálogos técnicos do produto que cotar, em princípio, tal documento deverá ali estar presente em homenagem ao princípio da vinculação ao edital.

PAPO DE ESPECIALISTA

Digamos que o Licitante *A* e o Licitante *B* cotem o mesmo equipamento da marca *Piratation II*, mas só o Licitante A apresenta o catálogo exigido. Caso o órgão julgador considere que, pela análise do catálogo apresentado pelo Licitante *A*, o equipamento *Piratation II* atende às especificações do edital, o Licitante *B* não poderá ser desclassificado por não ter levado o seu catálogo.

É que o catálogo é documento do produto, e não do proponente. Ora, se a adequação técnica daquela marca/modelo já foi verificada, significa que qualquer proposta que cote esse mesmo equipamento estará de acordo com o edital.

O que não se admitirá jamais é que haja flexibilização do edital nas exigências relativas às comprovações de habilitação e aos critérios de aceitabilidade de proposta.

A *Vinculação ao Edital* é princípio que se aplica em via de mão dupla. Assim como a Administração se obriga às regras por ela mesma traçadas, o licitante que se apresenta ao torneio, trazendo seus envelopes de habilitação e proposta no dia, hora e local determinados, adere ao edital, vinculando-se integralmente a seus termos. Isso significa que não poderá alegar desconhecimento ou mesmo não concordância com qualquer exigência nele traçada para escapar das obrigações assumidas, tanto em relação à licitação em si, quanto, caso seja vencedor, ao contrato.

Princípio do julgamento objetivo

A análise dos documentos de habilitação, bem como da proposta comercial (ou proposta técnica quando for o caso) não pode ser submetido a nenhum critério que exija análise exclusivamente pessoal do órgão julgador, quer dizer, um julgamento de ordem subjetiva. Os parâmetros e critérios, assim como as exigências, sempre devem ser formuladas de maneira que não caiba margem de interpretação, mas sim aplicação objetiva desses critérios.

A LGLC proíbe expressamente a utilização de qualquer elemento, critério ou fator sigiloso, secreto, subjetivo ou reservado capaz de comprometer a isonomia entre os licitantes. O princípio do *julgamento objetivo* visa resguardar a igualdade de tratamento entre os licitantes, pelo fato de que seus documentos e suas respectivas propostas serão analisados sob as mesmas bases.

Como dito, critério subjetivo é aquele fruto da avaliação pessoal do julgador, isto é, aquele que depende da formação de um juízo de valor — *melhor, pior, alta qualidade, bom, aceitável* — que só pode ser a ser manifestado no momento da avaliação, e que em virtude dessa natureza, pode ser diferente na visão de cada pessoa. Logo, não é previamente conhecido.

ENTENDA MELHOR

Imagine que sua mãe tenha lhe pedido de presente de aniversário "um bom aparelho celular". Diante das inúmeras opções existentes, você opta por um modelo do tipo smartphone com câmera, acesso à internet e redes sociais e vários aplicativos. Como você poderia saber, com certeza, se o modelo escolhido está dentro do critério de "bom" da sua mãe? Perceba que o risco de não agradá-la seria enorme, justamente porque o critério de escolha é totalmente subjetivo! O significado de "bom" para você pode ser um e para sua mãe pode ser outro.

Contudo, se tivesse dito: ''meu filho, para mim, um bom celular não pode ter excesso de frescura, porque não vou saber mexer nele. Para mim, basta que ele faça e receba ligações e tenha números grandes para eu enxergar melhor". O risco de errar estaria praticamente eliminado. Imagino que o smartphone não seria a sua opção.

Voltando para o campo das licitações, como seria possível um licitante preparar uma proposta para venda de cartucho de tinta em que a especificação do edital exija que o produto cotado seja de qualidade aceitável? Note você que este seria um critério absolutamente subjetivo, pois o que é aceitável para um pode não ser para o outro. O licitante não teria como saber se a sua proposta seria aceita ou não. Não que lhe seja permitido cotar um cartucho de má qualidade, mas o nível de qualidade deve ser mensurado por elementos objetivos, como por exemplo, que tenha "rendimento mínimo de 3 mil páginas impressas em modo rascunho, sem falhas ou borrões." Perceba que, com esse critério, o fator objetivo será avaliado da mesma maneira independentemente da pessoa responsável pela avaliação.

NESTE CAPÍTULO

Apresentando as modalidades licitatórias

Conhecendo quais são os tipos de licitação

Capítulo 2

Conhecendo as Modalidades e Tipos de Licitação

Agora que você já tem as bases mestras sobre o que é licitação, podemos avançar e aprofundar um pouco mais o nosso estudo. Neste capítulo vamos falar das modalidades licitatórias, ou seja, as espécies de procedimento a que se submetem as licitações, com suas características e peculiaridades, também estudaremos os critérios de julgamento que podem ser aplicados para determinar a proposta mais vantajosa, ou seja, os *Tipos de Licitação*.

O Que São e Quais São as Modalidades Licitatórias?

Modalidade licitatória é a forma pela qual a licitação se desenvolverá. Junto ao *Tipo de Licitação*, constituem as variações procedimentais da competição. Mantendo o paralelo com um campeonato de futebol, seria a variação que o campeonato pode assumir para se chegar ao time campeão, por exemplo, ser ele disputado por pontos corridos ou em chaves de grupos. Cada formato poderia ser entendido como uma *modalidade* de competição. Qualquer que fosse a *modalidade* escolhida, o objetivo do torneio seria o mesmo: encontrar o melhor time. Também não haveria nenhuma alteração nas regras do jogo. Logo, *modalidade* de licitação é uma variação da forma como o campeonato será disputado entre os licitantes.

Para contratar obras, serviços e comprar coisas, a licitação pode assumir quatro modalidades:

» Concorrência

» Tomada de Preços

» Convite

» Pregão

As três primeiras são as mais *tradicionais* (vamos passá-las a chamar assim sempre que nos referirmos ao conjunto das três), estando vigente na legislação sobre licitações desde o Decreto-Lei 200/67, sobrevivendo ao Decreto 2.300/86, vigente até agora com a Lei n. 8.666/93. A modalidade *pregão* surge a partir do ano de 2000, inicialmente pela Medida Provisória 2.026/2000 e que foi reeditada dezoito vezes, até que em 2002 é convertida na Lei 10.520/2002. Hoje é a modalidade mais utilizada pelos órgãos da Administração Pública.

Dissemos anteriormente que a licitação, em princípio, é destinada a todos os interessados que se encontrem aptos e desejem participar dos negócios do Governo. Mas as modalidades licitatórias pré selecionam, para cada uma delas, certo grupo de possíveis participantes. Dependendo da modalidade, um grupo maior ou menor será legitimado (autorizado) a participar. Aqueles que não forem legitimados para participar daquela modalidade, ainda que possam e desejem participar da licitação, não poderão fazê-lo. Também é importante destacar que a escolha de qual modalidade deverá ser adotada a cada licitação não é discricionária, isto é, não será fruto da "vontade" do agente público que promove a licitação. Essa definição é ditada pela lei. Portanto, não poderá o administrador fazer livremente a opção por qual modalidade será processada e julgada a licitação. Vejamos que regras são essas.

As modalidades tradicionais (*concorrência, tomada de preços e convite*) se diferenciam entre si, fundamentalmente, pela amplitude da publicidade e pelo maior ou menor alcance de legitimados aptos a participar. São ditadas pelo valor estimado da contratação que se pôs em disputa. Quanto maior o gasto, maior será o tempo de exposição do edital e mais elástico será o público a ser autorizado a participar do torneio, caso queiram. Atualmente, os limites para cada modalidade se encontram nos seguintes patamares:

TABELA 2-1 **Limites Financeiros das Modalidades Licitatórias**

	Compras e Serviços	Obras e Serviços de Engenharia
Convite	Até R$ 80.000,00	Até R$ 150.000,00
Tomada de Preço	Acima de R$ 80.000,00 Até R$ 650.000,00	Acima de R$ 150.000,00 Até R$ 1.500.000,00
Concorrência	Acima de R$ 650.000,00	Acima de R$ 1.500.000,00

A LGLC estabelece que é vedada a utilização da modalidade *convite* ou *tomada de preços*, conforme o caso, para as parcelas de uma mesma obra ou serviço, ou ainda para obras ou serviços da mesma natureza e no mesmo local que possam ser realizados conjunta e concomitantemente, **sempre que o somatório de seus valores caracterizar o caso de tomada de preços e concorrência, respectivamente**. Quer dizer que o órgão não pode dividir uma grande licitação (que seria processada na modalidade concorrência) em duas tomadas de preço ou quatro convites, por exemplo. Trata-se de uma grave ilegalidade que os Tribunais de Contas chamam de "fracionamento ilegal de despesa". Porém, se essa grande licitação incluir itens ou serviços que são executados por especialistas distintos, a divisão dessa grande licitação em duas será admitida.

Isso significa que a escolha da modalidade deve ser feita em razão do somatório dos valores de todos os objetos em que for possível a contratação em conjunto ou de forma concomitante. Não seria correto realizar uma licitação para compra de canetas esferográficas e outra para compra de lápis, pois ambos os objetos, por pertencerem ao mesmo segmento comercial (itens de papelaria), podem perfeitamente ser adquiridos em uma única licitação. Assim, seus valores (canetas e lápis devem ser somados para o correto enquadramento da modalidade. Mas, se a compra envolve canetas esferográficas e eletrodomésticos, por se tratarem de itens relativos a segmentos comerciais distintos, comportam duas licitações.

Como a escolha da modalidade influencia diretamente não só o universo de possíveis interessados que a Administração poderá encontrar, como também a abrangência da publicidade, a observância da modalidade a ser seguida deve ser rigorosa, sob pena de causar a nulidade do procedimento. Constitui ilegalidade gravíssima a Administração utilizar modalidade de licitação inferior a que deveria ser eleita justamente para "fugir" da modalidade correta, promovendo aquilo que se chama de fracionamento ilegal de objeto.

O fracionamento ocorre quando, ao necessitar comprar uma grande quantidade de determinado objeto, a Administração promove várias licitações pequenas ao invés de realizar uma só, na modalidade mais abrangente; ou ainda, conforme demonstrado acima, adquire ou contrata coisas distintas, mas que poderiam ter sido contratadas em um único procedimento.

Supondo que o valor previsto para uma licitação que pretenda contratar um serviço de engenharia seja de R$ 300.000,00 (trezentos mil reais), a Administração deverá realizar a licitação na modalidade *Tomada de Preços*. Não poderá, contudo, dividir esse serviço em dois contratos separados para realizar duas licitações na modalidade *Convite*.

Características da Concorrência

Concorrência é a modalidade de licitação própria para os contratos de maior valor, ou de alta complexidade tecnológica em que se admite a participação de **quaisquer** interessados que satisfaçam as condições do edital. É a licitação de alcance mais abrangente, não havendo nenhuma restrição para participação. Claro que, como se trata de licitação destinada aos contratos mais vultosos, não será um interessado qualquer que conseguirá reunir as condições de habilitação ou cumprir as condições mínimas de aceitabilidade de proposta. Afinal, quanto mais complexo é o contrato, mais rigorosa é a licitação.

A divulgação da licitação deve se dar em **jornal de grande circulação e na imprensa oficial** do órgão que a promove. Os prazos mínimos de publicidade para essa modalidade são os seguintes:

- 45 dias quando a licitação for do tipo *melhor técnica* ou *técnica e preço*;
- 30 dias nos demais casos.

A *Concorrência* poderá ser Internacional, sendo aquela em que se permite a participação de empresas estrangeiras além das nacionais. Não raro, são utilizadas em licitações cujo custeio venha a ser oriundo de contratos de financiamento de organismos estrangeiros de fomento, tais como o BID e o BIRD.

Também respeitará o prazo de 45 dias quando a licitação for destinada a contrato em que se incluam todas as obras e equipamentos necessários para funcionamento do empreendimento, chamado de "regime de empreitada integral". Funciona da seguinte forma: para a instalação de um novo hospital, em vez de licitar a obra e separadamente os equipamentos, ambulâncias, mobiliário, roupa de cama (cada qual deveria gerar a sua própria licitação) a Administração promove um só torneio, incluindo todos esses objetos. Quem vencer ficará responsável pela obra e por toda a instalação e fornecimento necessário a fim de que, concluído o contrato, o hospital já possa entrar em operação. Trata-se de hipótese raríssima e por isso optamos por não abordá-la com maior aprofundamento.

Características da Tomada de Preços

É a licitação realizada entre interessados **previamente cadastrados**, isto é, aqueles que se inscreveram no órgão promotor da competição e mantêm registro atualizado de seus assentamentos. Note aqui que, diferentemente da *Concorrência*, a Tomada de Preço tem público-alvo restrito, dando certo privilégio justamente para as empresas que mantêm cadastro de fornecedores junto aos órgãos públicos.

Desde o Decreto-Lei 200/67, o escopo da norma era realmente criar um diferencial para aquelas empresas que mantêm cadastro atualizado nos órgãos da Administração Pública. Assim, se pretende maior celeridade no julgamento da fase de habilitação na medida em que esta seja bastante simplificada.

Como na *Concorrência*, a divulgação da licitação se dá em **jornal de grande circulação e na imprensa oficial** do órgão que a realiza. Contudo, os prazos de publicidade são menores:

- » **30 dias** quando a licitação for do tipo melhor técnica ou técnica e preço;
- » **15 dias** nos demais casos.

A *Tomada de Preços* também poderá ser disputada por quem, mesmo não possuindo registro no Cadastro de Fornecedores, puder demonstrar possuir as condições estipuladas pelo órgão para fins de cadastramento no prazo de três dias anteriores à data designada para recebimento dos envelopes. Assim, a empresa que não possuir cadastro, mas se interessou em participar da licitação, deverá realizar os seguintes passos a fim de participar da licitação:

1. Dirigir-se ao órgão (ou consultar em sua página na internet) para tomar ciência de quais são as condições exigidas para cadastramento;
2. Reunir toda a documentação necessária;
3. Apresentá-la ao órgão no menor prazo possível, tendo como limite máximo três dias anteriores à data da licitação, solicitar análise e indicar no pedido o interesse em participar de *Tomada de Preços*.

Para as empresas que já mantêm registro no órgão, bastará apresentarem-se no dia da licitação munidas dos envelopes de habilitação e proposta.

Características da Modalidade Convite

Convite é a modalidade de licitação destinada às contratações de menor impacto financeiro. Como o próprio nome sugere, consiste em um chamamento direto, por meio de carta ou ofício, inclusive por meio eletrônico, que o órgão direciona às empresas que entende poderem realizar o objeto. Enfim, trata-se mesmo de um convite.

A questão da publicidade nessa modalidade é muito simplificada. Enquanto nas demais modalidades há obrigatoriedade de divulgação em Diário Oficial e jornal de grande circulação, no *Convite*, bastará a expedição do "convite" (a redundância aqui é inevitável) a pelo menos **três interessados** do ramo pertinente. As empresas convidadas pelo órgão ou entidade não precisam ser cadastradas nem tampouco reunir condições de cadastramento em prazo anterior à data da licitação. Estarão aptas a participar mediante a apresentação do convite recebido. Além de enviado diretamente a, no mínimo, três interessados, o convite deve ser afixado em mural de avisos para que aqueles que o vejam, caso se interessem, possam dele participar.

Mas as empresas que não receberam o convite e tomaram conhecimento pelo mural de avisos, para participar, devem cumprir dois requisitos obrigatórios:

- Serem cadastradas;
- Manifestar interesse em participar da licitação no prazo máximo de 24 horas anteriores à data para realização do torneio.

Portanto, o *Convite* não exige publicação, porque é feito diretamente aos escolhidos pela Administração através de *carta-convite*. A publicidade dessa licitação se completa com a afixação do chamamento no mural de avisos, que deve estar localizado em local apropriado, de fácil acesso ao público, pois, do contrário, de nada serviria.

Quanto ao prazo de publicidade, nesta modalidade é o mais curto: **5 dias** contados da expedição do último convite ou da afixação no mural de avisos, o que ocorrer por último.

Antes do surgimento do Pregão, ou seja, até o ano de 2000, boa parte das licitações eram realizadas na modalidade *Convite*. Como o *Convite* tinha divulgação restrita (convite direto a três interessados e quadro de avisos), os empresários só tinham conhecimento dessas licitações em duas situações: ou recebiam o convite da Administração, ou tinham que visitar toda semana os corredores dos órgãos para olhar o quadro de avisos e verificar se havia uma nova licitação aberta. Considerando que o prazo de disponibilidade era exíguo (apenas 5 dias), e ainda era necessário manifestar interesse 24 horas antes, era muito difícil participar de licitações nessa modalidade sem ser convidado direto.

Apesar de as regras da modalidade *Convite* não terem se alterado, a realidade hoje é que, mesmo não havendo a obrigação legal de publicar as licitações nessa modalidade, os órgãos que a realizam, no mínimo, a divulgam em seus respectivos portais, o que aumentou sensivelmente o acesso a elas. Antes do Pregão, a internet era uma ferramenta ainda incipiente, não tinha o alcance que hoje possui e portanto esse problema quase desapareceu, até porque, hoje em dia, praticamente tudo é contratado por pregão (disso falaremos logo em seguida.)

A modalidade *Convite* só será regular se houver a presença de pelo menos três licitantes presentes e com propostas válidas. Vamos imaginar que o órgão convidou três empresas, mas só duas compareceram: será necessário repetir a licitação. Se três vieram ao torneio, mas somente duas são habilitadas: será necessário repetir a licitação. Se três foram habilitados, mas uma empresa teve

O QUADRO DE AVISOS

CASOS E CAUSOS

Em uma palestra proferida em uma associação comercial, recebi uma consulta inusitada que me foi formulada por um empresário do ramo de transporte de carga. O sujeito indagou em que local deveria ficar o quadro de avisos. Respondi que os murais costumavam ficar nos corredores onde se localizavam as salas das sessões de licitações, ou na portaria principal dos órgãos, que era o mais frequente.

Para meu espanto, ele insiste na pergunta reforçando que ele precisava saber em "qual local a Lei determinava que fosse instalado o quadro de avisos". Achando a pergunta um tanto ingênua, respondi sem muita preocupação com a fundamentação que, por ser um quadro de avisos, o mesmo deveria ficar em local de acesso ao público, sem o quê o mesmo não cumpriria seu objetivo.

Nesse ponto é que o sujeito diz o porquê da indagação. Narrou que em um órgão do Ministério da Saúde com sede no Rio de Janeiro, o quadro de avisos ficava localizado "dentro da sala do chefe do Setor de Compras". Eu já estava achando um absurdo, mas ele prosseguiu dizendo que a sala permanecia trancada na ausência do tal Chefe e que ele só cumpria expediente às terças e quintas e assim mesmo no horário entre 13h e 15h! Só depois dessa explicação é que compreendi a aflição do empresário.

Afinal, ele, empresário, queria saber como fundamentar um recurso contra o órgão de forma que ele fosse obrigado transferir o quadro de avisos para local de acesso público. Orientei que justificasse como obrigação decorrente do princípio da publicidade.

Uma semana depois, recebi em minha residência uma caixa de vinho chileno com o seguinte bilhete: "Prezado Professor, meus sinceros agradecimentos pelas orientações recebidas. Ps.: bastou eu falar da forma como o Senhor me orientou e falar no seu nome que na mesma hora o quadro de avisos foi para o corredor".

Até hoje, choro de rir quando lembro dessa história.

a sua proposta desclassificada, o órgão deverá repetir a licitação. É preciso que o mínimo de três licitantes sejam habilitados e classificados.

A Lei 8.666/93 faz uma ressalva no sentido de que, caso o número mínimo não seja atingido, o órgão poderá dar continuidade ao certame, sem repeti-lo, desde que seja demonstrado desinteresse manifesto dos convidados, isto é, que os convidados recusem o convite; ou que possa ser comprovada a restrição de mercado. Essa última ocorre quando a Administração contrata um serviço ou compra algo cujo mercado tenha poucas opções. Por exemplo, no ramo de manutenção de elevadores cênicos (usados em teatros) só há duas empresas atuando. Logo, se fosse o caso de licitação para esse serviço a ser julgada na modalidade *Convite*, não haveria possibilidade de obtenção de três licitantes e, logo, o torneio poderia prosseguir normalmente.

TABELA 2-2 **Publicidade das Modalidades Tradicionais**

	Melhor técnica e técnica e preço	Menor preço	Veículo de Imprensa
Concorrência	45 dias	30 dias	Diário Oficial e jornal de grande circulação
Tomada de Preço	30 dias	15 dias	Diário Oficial e jornal de grande circulação
Convite	5 dias úteis	5 dias úteis	Convite direto e mural de avisos

Pregão Presencial e Eletrônico

Pregão é a modalidade de licitação destinada à aquisição de produtos e contratação de serviços considerados *comuns*, instituída pela Lei nº 10.520/2002. Pode ser disputado por qualquer interessado do ramo pertinente, cadastrado ou não no órgão promotor do torneio.

Esta modalidade foi um marco divisor nas contratações do Poder Público, pois não só desburocratizou o procedimento, como também tornou-o muito mais competitivo, principalmente com o advento das licitações eletrônicas. Essa modalidade prevê procedimentos muito mais ágeis para julgamento das propostas do que as demais. Os prazos de publicidade e de recursos são menos elásticos, o que possibilita o encerramento mais célere do procedimento de escolha e a efetivação da contratação em tempo menor. Outro fator extremamente vantajoso está nas licitações eletrônicas, que possibilitaram a redução dos custos de participação das empresas nas licitações, como vantagem para os órgãos, ampliação da praça de disputa. A modalidade Pregão surge para a Administração Pública como instrumento de maior eficiência no modelo de contratações.

ENTENDA MELHOR

Ao tempo anterior às licitações eletrônicas, as empresas que participavam das licitações, caso desejassem ampliar cada vez mais seus negócios (vender para número de órgãos cada vez maior), necessitavam de estrutura administrativa muito grande e dispendiosa. Como todas as licitações eram presenciais, isto é, dependiam da presença dos licitantes para retirar editais, apresentar propostas e documentos de habilitação, interpor recursos, era necessário ter representantes comerciais em várias localidades. Isso exigia alto custo operacional para as empresas licitantes, obrigadas a manter um quadro de empregados extenso, além do elevado custo da participação presencial (passagens, muitas vezes aéreas, hospedagem, diárias, alimentação dos representantes comerciais). Afinal, uma pessoa não pode estar em dois lugares ao mesmo tempo.

Mas na era da internet, isso é perfeitamente possível!

O pregão eletrônico possibilitou às empresas ampliarem sensivelmente sua fatia de participação em licitações no País inteiro. Hoje, um mesmo representante comercial pode participar simultaneamente de várias licitações e em locais distantes. em uma mesma manhã, poderá participar de uma licitação no Rio de Janeiro. Na parte da tarde, participa de outra em Brasília e ao mesmo tempo uma em Porto Alegre/RS. Isso sem precisar sair do escritório.

Nesse sentido, não há como negar que esta modalidade licitatória — o Pregão — vem, em bom tempo, atender às dificuldades vividas, tanto pelos administradores e servidores da Administração Pública, como pelos empresários, simplificando o procedimento de escolha da *proposta mais vantajosa*, tornando-o mais ágil, menos oneroso e, em determinadas situações, mais inteligente que o procedimento tradicional até aqui adotado. Tudo isso sem se desgarrar da objetividade como critério de seleção da melhor proposta, da vinculação às regras antecipadamente divulgadas e da primazia do caráter competitivo que deve nortear qualquer licitação, princípios que, quando observados, garantem à sociedade a certeza de contratações mais úteis, mais responsáveis, mais eficientes. A reação positiva em cadeia é de facílima percepção. Se o custo de participação é menor, mais empresas participam de um número maior de licitações. Com isso, temos aumento na competitividade entre os licitantes e preços mais baixos em relação aos procedimentos tradicionais de contratação.

O pregão também tem divulgação por meio de edital, com prazo mínimo de publicidade de **08 dias úteis**, devendo ser divulgado sempre **em meio eletrônico e em imprensa oficial**. A partir do valor de R$ 160.000,00 (cento e sessenta mil reais), o órgão deverá divulgar a licitação também em **jornal de grande circulação**. Como já dito, qualquer um pode participar de um Pregão desde que faça parte do ramo de negócio relativo ao objeto em disputa. Essa modalidade é *preferencial* sobre as demais, ou seja, é quase obrigatória sua adoção. Se o objeto da licitação for considerado "comum", não poderão ser utilizadas as modalidades Convite, Tomada de Preços ou Concorrência, salvo se for impossível a realização do Pregão.

A principal característica da modalidade pregão é a possibilidade de disputa por meio de lances sucessivos como em um leilão às inversas. As empresas apresentam seu preço inicial e, logo após, passam a disputar o contrato reduzindo sucessivamente seu preço até que o autor do lance mais vantajoso seja declarado vencedor. Nas licitações tradicionais, os preços são fixos. As propostas são acondicionadas em envelopes lacrados e, uma vez abertos, não poderão mais ser alterados, tornando-se quase uma gincana. No pregão, é perfeitamente possível que o licitante autor da maior proposta inicial acabe se sagrando vencedor, derrubando, por meio de seus lances, os seus concorrentes ao final da disputa.

Outra característica que trouxe importante evolução foi a inversão das fases de julgamento. Nas modalidades tradicionais (Concorrência, Tomada de Preços e Convite), o primeiro passo é analisar a documentação de todos os participantes. Depois de verificada a conformidade desses documentos é que se vai à fase de abertura dos envelopes de preços. No Pregão, o procedimento já se inicia pelo preço, terminando com a análise da documentação apenas do vencedor. Em termos de celeridade, o ganho foi muito sensível, pois a fase de exame da documentação (chamada de fase de habilitação) costuma ser muito complexa e demorada, quanto mais se houver muitos participantes. Com o exame da proposta em primeiro lugar e exame da habilitação apenas do vencedor, ganha-se tempo precioso de conclusão dos trabalhos, o que significa mais rápida contratação.

O que é considerado bens e serviços comuns

Como visto, o enquadramento na modalidade pregão depende de o objeto poder ser considerado "comum". A própria lei que instituiu o pregão tenta oferecer o conceito de bens e serviços comuns, explicitando que são:

> "aqueles cujos padrões de desempenho e qualidade possam ser objetivamente definidos pelo edital, por meio de especificações usuais do mercado".

A conceituação não é muito precisa, afinal, conforme vimos no estudo relativo ao *Princípio do Julgamento Objetivo*, toda licitação deve ser pautada pela fixação de critérios objetivos de julgamento. Portanto, a parte inicial do conceito legal não ajuda em nada. O que importa verdadeiramente para determinar se um bem, produto ou serviço é ou não de natureza *comum* é o fato de o mesmo ser caracterizado por especificações usuais no mercado.

Em um primeiro momento, a interpretação se direcionou no sentido de que um bem ou serviço de natureza comum seriam aqueles que pudessem ser classificados como *de prateleira*. Mas esse conceito não serviu muito bem, mesmo porque não se pode imaginar como um serviço pode ser "de prateleira". Certo é que, para os efeitos da lei, *comum* não será sinônimo de *simples* ou antônimo de *sofisticado*. O Ministério da Justiça no ano de 2006, com respaldo do Tribunal de Contas da União[01], promoveu licitação na modalidade pregão eletrônico para

[01] Ac. 2.406/2006, Plenário, Rel. Min. Marcos Vilaça

aquisição de helicópteros e outras aeronaves. Vamos concordar que um helicóptero jamais será encontrado em uma prateleira ou em um saguão de loja como temos os automóveis. Mas, segundo as especificações técnicas daquele edital, as aeronaves e helicópteros eram usuais no segmento aeronáutico. Essa forma de interpretar o conceito de *bem ou serviço comum* permitiu que, quase tudo que os órgãos e entidades públicas compram ou contratam possam ser caracterizado nesse conceito, o que viabiliza a adoção da modalidade pregão.

São considerados *comuns*, logo, adquiridos por via do emprego da modalidade pregão, entre outros: material de papelaria, suprimentos e equipamentos de informática, material médico-hospitalar e odontológico, medicamentos, produtos químicos, material de limpeza, ferramentas e utensílios diversos, material de construção das mais diversas áreas, mobiliário em geral (de escritório, hospitalar e escolar), gêneros alimentícios, uniformes, EPIs.

No segmento de serviços, por serem considerados *comuns*, são licitados nesta modalidade: serviços de limpeza, higiene e conservação, vigilância, copeiragem, mensageria, telefonia, transporte de pessoas e de cargas (não especiais), serviços gráficos em geral, de impressão e de cópia de documentos, aluguel de equipamentos, controle de praga, manutenção preventiva e corretiva de equipamentos diversos, licenciamento de software, entre outros.

Como se viu acima, quase tudo que se contrata pode ser enquadrado no conceito de *comum* e, consequentemente, licitado por Pregão. Entretanto, pode haver bens ou serviços que, pelas suas características, vez ou outra não serão compatíveis com o conceito de *comum*. É o caso de transporte de cargas. Se for um transporte de material corriqueiro (dentro do segmento de transporte de cargas), como, por exemplo, mobiliário de escritório, o serviço será *comum*. Quando licitado, deverá respeitar a modalidade Pregão. Mas se o transporte envolver obras de arte ou objetos raros ou históricos, as especificações do serviço não serão usuais e a licitação se dará dentre as modalidades tradicionais de acordo com o valor estimado para o contrato (ver tabela 2-1).

Só há um objeto que definitivamente não é comportado pelo pregão, as obras. Qualquer obra, por mais simples que seja, só pode ser licitada nas modalidades tradicionais.

O Que São e Quais São os Tipos de Licitação

Uma vez compreendido que licitação pública é, na essência, uma competição na qual se disputa a oportunidade de negócio oferecido pela Administração, veremos a partir de agora sob qual critério se dá a seleção da melhor proposta, ou seja, o elemento que determinará o vencedor.

Voltando ao paralelo com um torneio de futebol, conforme já fizemos ao explicar o que é modalidade licitatória, a fórmula de pontos corridos seria a modalidade e a quantidade de pontos seria o critério que definiria o vencedor do campeonato. Nas licitações públicas, o critério que define o vencedor chama-se *Tipo de Licitação*. Portanto, tipo de licitação nada mais é do que o critério por meio do qual se identifica, dentre os participantes (competidores), o vencedor e se estabelece a ordem de classificação dos participantes.

São quatro os *Tipos de Licitação* que poderão ser adotados a cada caso:

- » Menor preço;
- » Melhor técnica;
- » Técnica e preço;
- » Melhor lance ou oferta.

Vejamos as características de cada um deles.

Menor preço

Trata-se do critério de mais fácil avaliação. Das propostas apresentadas, a de menor preço será a vencedora e será o valor contratado.

É o critério de julgamento mais utilizado, pois constitui a regra nas licitações públicas. As propostas são classificadas em ordem crescente dos preços propostos. Em uma licitação hipotética, após abertos os envelopes, o resultado ficaria assim:

TABELA 2-3 Quadro de Classificação

Classificação		Proposta Final
1ª	Empresa A	R$ 1.000,00
2ª	Empresa B	R$ 1.112,00
3ª	Empresa C	R$ 1.125,00
4ª	Empresa D	R$ 1.142,00
5ª	Empresa E	R$ 1.150,00
6ª	Empresa F	R$ 1.175,00
7ª	Empresa G	R$ 1.200,00
8ª	Empresa H	R$ 1.220,00
9ª	Empresa I	R$ 1.230,00
10ª	Empresa J	R$ 1.250,00

No exemplo acima, a vencedora seria a Empresa A.

Quando os órgãos compram muitos itens de uma vez só na mesma licitação (muito embora, isso raramente ocorra nas licitações de serviços), como, por exemplo, nas licitações para aquisição de medicamentos, de material de papelaria ou de suprimentos de informática, os preços poderão ser cotados de forma global ou por item ou ainda por lotes.

Menor preço por item

A licitação do tipo **menor preço por item** representa um procedimento composto, digamos assim, por diversas mini licitações conforme a quantidade de itens a serem licitados. Quer dizer que cada item é julgado como se fosse uma licitação isolada, porém reunida em um só procedimento. Vejamos:

TABELA 2-4 Lista de Itens

	Item
1ª	Grampeador
2ª	Caneta esferográfica
3ª	Papel para impressora A4
4ª	Caneta marca-texto
5ª	Grampo para grampeador
6ª	Envelope pardo A4
7ª	Fita crepe
8ª	Corretor ortográfico
9ª	Extrator de grampo
10ª	Pasta arquivo A-Z

No exemplo acima, cada item poderá ter um resultado distinto do outro. Os dez itens podem ser vencidos por dez licitantes diferentes, pois cada um deles representa uma competição isolada. O preenchimento da proposta não obriga que o licitante apresente cotação para todos os itens, podendo optar pelos itens que mais lhe interessarem.

Vamos a um exemplo de como seria essa licitação com duas propostas:

TABELA 2-5 **Proposta da Empresa A**

	Item	Valor
1ª	Grampeador	R$ 20,00
2ª	Caneta esferográfica	R$ 2,50
3ª	Resma de papel A4	R$ 27,00
4ª	Caneta marca-texto	R$ 6,45
5ª	Grampo para grampeador	R$ 13,50
6ª	Envelope pardo A4 50 unid.	R$ 13,60
7ª	Fita crepe	R$ 8,90
8ª	Corretor ortográfico	R$ 2,33
9ª	Extrator de grampo	R$ 1,80
10ª	Pasta arquivo A-Z	R$ 11,25
Valor total da proposta		R$ 107,33

TABELA 2-6 **Proposta da Empresa B**

	Item	Valor
1ª	Grampeador	R$ 19,80
2ª	Caneta esferográfica	R$ 2,75
3ª	Resma de papel A4	R$ 28,00
4ª	Caneta marca-texto	R$ 5,45
5ª	Grampo para grampeador	R$ 12,00
6ª	Envelope pardo A4 50 unid.	R$ 14,00
7ª	Fita crepe	R$ 8,50
8ª	Corretor ortográfico	R$ 2,30
9ª	Extrator de grampo	R$ 1,50
10ª	Pasta arquivo A-Z	R$ 10,15
Valor total da proposta		R$ 104,45

O resultado final ficaria assim:

TABELA 2-7 Resultado Final

	Item		Valor
1ª	Grampeador	Empresa B	R$ 19,80
2ª	Caneta esferográfica	Empresa A	R$ 2,50
3ª	Resma de papel A4	Empresa A	R$ 27,00
4ª	Caneta marca-texto	Empresa B	R$ 5,45
5ª	Grampo para grampeador	Empresa B	R$ 12,00
6ª	Envelope pardo A4 50 unid.	Empresa A	R$ 13,60
7ª	Fita crepe	Empresa B	R$ 8,50
8ª	Corretor ortográfico	Empresa B	R$ 2,30
9ª	Extrator de grampo	Empresa B	R$ 1,50
10ª	Pasta arquivo A-Z	Empresa B	R$ 10,15

Notem que cada empresa sagrou-se vencedora em alguns itens. Esta forma de organizar a licitação é obrigatória[02] porque é a fórmula que representa maior competitividade no mercado. Sempre que o órgão tiver que adquirir vários itens em que isso possa ser feito em conjunto ou concomitantemente, o tipo a ser definido será o de menor preço por item.

Menor preço global e por lotes de itens

Nesta variação do tipo *menor preço*, apesar de o órgão pretender adquirir vários itens que poderiam ser comprados de forma isolada, a licitação está organizada de modo a reunir todos os itens e tratá-los, na competição, como se fossem um só, ou seja, o menor preço será o resultado do somatório de todos os itens da licitação.

Essa forma só é autorizada quando for necessário tecnicamente ou quando ficar demonstrado prejuízo para o conjunto da compra. Somente nesses casos o órgão promotor da licitação poderá organizar o torneio para ser julgado pelo valor global dos itens a serem adquiridos. Caso a mesma licitação acima fosse processada no menor preço global, a vencedora de todos os itens seria a Empresa B por ter o menor valor global (R$ 104,45), apesar de a Empresa A ter preços mais vantajosos para os itens 2, 3 e 6. Por isso que o tipo *menor preço por item* é obrigatório.

O menor preço por lotes é aquele em que há uma mescla das duas formas anteriormente explicadas. Teríamos o julgamento por itens, mas dentro de cada item haveria objetos distintos reunidos em pequenos grupos (lotes).

[02] Art. 15, IV da L. 8.666/93 – As compras, sempre que possível, deverão: (...) ser subdivididas em tantas parcelas quantas necessárias para aproveitar as peculiaridades do mercado, visando economicidade.

TABELA 2-8 Lista de Itens por Lote

	Item
1ª	Grampeador Caneta esferográfica
2ª	Papel para impressora A4 Caneta marca-texto
3ª	Grampo para grampeador Envelope pardo A4
4ª	Fita crepe
5ª	Corretor ortográfico
6ª	Extrator de grampo
7ª	Pasta arquivo A-Z

Veja que os três primeiros itens são lotes. Do quarto em diante, os itens são objetos isolados. Os lotes 1, 2 e 3 serão julgados pelo somatório dos preços dos itens e os demais serão julgados de forma isolada.

Insistimos que o julgamento global ou por lotes para itens que poderiam ser comprados de forma isolada é exceção e somente poderá ser adotado na impossibilidade de aproveitamento do julgamento por item. Não é uma decisão livre (discricionária) de quem realiza o torneio. E há uma série de razões para isso. Em primeiro lugar, nas licitações com reunião de itens, a apresentação de propostas de preços somente será aceitável se o proponente cotar todos os itens da licitação, o que excluirá um possível participante que não dispuser de todos os itens para vender, mas apenas alguns. Em segundo, a reunião de itens pode configurar restrição ao caráter competitivo (a pior das mazelas) posto que, dependendo dos itens que formam o lote, ênclise afastar o fornecedor especialista. Um exemplo ilustra bem o que se diz. Se um lote for formado por "Cartucho de Tinta + Furadeira de Impacto", pouquíssimas empresas poderiam se habilitar a participar dessa licitação, pois quase nenhuma vende esses dois itens (lembrando que quem participar estará obrigado a cotar todos os itens da licitação). O especialista em suprimento de informática certamente não vende equipamentos eletromecânicos, e vice e versa. Assim, os especialistas (provavelmente os detentores dos melhores preços) ficariam de fora dessa licitação.

DICA

O Tribunal de Contas da União já fixou a Súmula 247 nesse sentido: "É obrigatória a admissão da adjudicação por item e não por preço global, nos editais das licitações para a contratação de obras, serviços, compras e alienações, cujo objeto seja divisível, desde que não haja prejuízo para o conjunto ou complexo ou perda de economia de escala, tendo em vista o objetivo de propiciar a ampla participação de licitantes que, embora não dispondo de capacidade para a execução, fornecimento ou aquisição da totalidade do objeto, possam fazê-lo com relação a itens ou unidades autônomas, devendo as exigências de habilitação adequar-se a essa divisibilidade".

Melhor técnica

Visto com maior raridade no dia a dia das repartições públicas, a licitação do tipo melhor técnica é voltada para serviços predominantemente intelectuais, como a elaboração de projetos, cálculos, fiscalização, auditoria, supervisão entre outros. Por esse critério, o órgão interessado no objeto estabelece as especificações mínimas e, a partir delas, fixa quesitos que representem melhorias dessas para, caso atendido pelo licitante, pontuá-las. O edital, nesse caso, deve apontar com clareza e objetividade os critérios pertinentes e adequados ao objeto licitado, que serão avaliados com suas respectivas pontuações, além de fixar o preço máximo que se dispõe a pagar.

O procedimento é composto de três fases: habilitação, proposta técnica, e proposta de preço. Iniciam-se os trabalhos pela fase de análise de documentos. Ultrapassada esta, procede-se à abertura dos envelopes contendo as propostas técnicas das empresas habilitadas, que serão avaliadas e classificadas de acordo com os critérios previamente estabelecidos. Uma vez classificadas as propostas *técnicas*, será feita a abertura das propostas de *preço* das licitantes que tenham atingido a valoração técnica mínima estabelecida no instrumento convocatório. No ato da abertura, segue-se à negociação das condições propostas com o proponente melhor classificado, com base nos orçamentos apresentados e os preços unitários. A base da referência será o limite apresentado pela proposta de menor preço dentre as que obtiveram a valoração mínima. Ocorrendo impasse na negociação, procedimento idêntico será adotado, sucessivamente, com os demais proponentes, segundo a ordem de classificação.

Melhor técnica e preço

Esse tipo é bem mais utilizado e é basicamente similar ao tipo *melhor técnica*, diferenciando-se daquele no que tange à classificação das propostas de preço. Enquanto naquele, o preço é "discutido" entre a Comissão e o licitante autor da proposta técnica de pontuação mais elevada, neste, o preço é **ponderado** com a pontuação obtida na *técnica*. Trata-se de uma licitação em que o vencedor será o detentor da proposta que represente melhor *custo-benefício*. Quer dizer que não necessariamente será o autor do menor preço o vencedor, pois poderá ser vencido pelo licitante que recebeu pontos suficientes para alcançar a maior nota final.

Ocorre da seguinte forma: após a verificação da pontuação auferida na proposta técnica, ao preço apresentado também será atribuído um índice que será contraposto, dentro dos critérios estabelecidos em edital, à primeira pontuação obtida.

Dessa operação resultará, de forma objetiva, a pontuação final, daí extraindo-se a respectiva classificação do certame. Segue-se, abaixo, um bom e muito utilizado, exemplo de fórmulas para apuração da proposta mais vantajosa:

TABELA 2-9 Fórmulas Técnica e Preço

Cálculo do Índice Técnico	Cálculo do Índice de Preços	Cálculo da Nota Total
iT = NT / MNP	IPn = P. Lic. Min. / P.Lic.n	NT = [(iT x 6) + (iP x 4)] /10
iT → índice técnico	IPn → índice do licitante	NT → nota total
NT → nota total do licitante	P.Lic.Min → menor preço ofertado	iT → índice técnico
MNP → maior nota possível	P.Lic.n → preço do próprio licitante	iP → índice de preço

Nas duas últimas formas demonstradas: *melhor técnica* e *técnica e preço*, o maior problema enfrentado pelos licitantes é a subjetividade dos critérios de julgamento estabelecida nos editais. Não raro a Administração utiliza-se de parâmetros que inviabilizam a participação de empresas de pequeno porte, atribuindo elevadas pontuações para detalhes que somente um pequeno grupo poderia auferir.

DICA

> "Determinar...para que, quando da elaboração de editais, bem como em futuros certames licitatórios do tipo *Melhor Técnica e Preço* atente, quando do estabelecimento de critérios de pontuação e valoração dos quesitos da proposta técnica dos licitantes... para a adequação e compatibilidade das comprovações requeridas do objeto licitado, de modo a atribuir pontuação proporcional à relevância e à contribuição individual e conjunta de cada quesito para com a execução contratual, observando-se ainda a pertinência deles em relação à técnica a ser valorada, de modo a não prejudicar a competitividade do certame pelo estabelecimento de pontuação desarrazoada, limitadora da competitividade da disputa ou ainda, sem relação de pertinência dos requisitos técnicos indispensáveis à boa execução dos serviços..." (TCU, Ac. 2.681/2008, Plenário. D. O.U. de 1º/12/2008, p. 148)

Melhor lance ou oferta

Esse é o tipo a ser utilizado na modalidade leilão, em que o órgão ou entidade se desfaz de bens inservíveis (mobiliário em desuso, equipamentos obsoletos, automóveis usados para renovação da frota, sucatas em geral, etc.) ou aqueles em que o órgão fazendário põe à venda os bens legalmente aprendidos ou penhorados. A proposta mais vantajosa será aquela que ofertar o maior valor para o bem submetido à venda. Em caso de empate entre duas ou mais ofertas, o desempate será feito exatamente como na utilização dos demais tipos de licitação, isto é, pelo sorteio.

NESTE CAPÍTULO

Conhecendo as Comissões de Licitação

Apresentando o Pregoeiro e sua Equipe de Apoio

Capítulo 3

A Quem Compete Julgar as Licitações

Nos órgãos, existem agentes responsáveis por analisar as propostas e documentação apresentada nas licitações e que têm a missão de declarar quem foi o vencedor da competição. São as Comissões de Licitação e os Pregoeiros.

São servidores, geralmente do quadro efetivo (ingresso por concurso público), investidos de autoridade administrativa para receberem propostas e documentação e, de acordo com as disposições do edital, processar e julgar as licitações.

De agora em diante, estudaremos um pouco mais sobre essas figuras a fim de conhecer quais são as suas prerrogativas e como funciona o sistema de julgamento da licitação.

Comissão Permanente (CPL) e Especial de Licitação (CEL)

A Comissão Julgadora, que pode ser permanente ou especial conforme o prazo de designação, é composta por um grupo de servidores que funciona como um órgão colegiado. Decide pela maioria dos votos de seus membros. As *Comissões de Licitação* são responsáveis por processar e julgar as licitações nas modalidades tradicionais: Concorrência, Tomada de Preços e Convite.

A CPL deve sempre ser formada por número ímpar de membros, sendo o mínimo de três servidores. Afinal, se a nomeação recair em um servidor apenas, não haverá comissão; se forem dois, já teremos uma comissão, mas poderá haver empate nas deliberações, o mesmo ocorrendo com formação em número par de membros. Somente nos casos de licitação na modalidade Convite, e assim mesmo justificadamente, é que a Administração poderá indicar um servidor para processar e julgar a licitação[01].

Apesar de decidir pela maioria de votos, as Comissões sempre são presididas por um de seus membros, que será o responsável pela condução dos trabalhos. É função costumeiramente confiada ao servidor detentor de maior conhecimento técnico e experiência dentre os membros da Comissão. As Comissões de Licitação são sempre designadas pela autoridade máxima do órgão ou entidade pública, que, também rotineiramente, indica o substituto eventual do Presidente da Comissão.

Os demais membros das Comissões não estão hierarquicamente ligados ao Presidente, podendo votar livremente. Cumpre ao membro atender às determinações do Presidente, o qual poderá dar atribuição específica a um determinado membro para, por exemplo, examinar recursos e elaborar o relatório correspondente (relator do recurso), realizar pesquisas e diligências internas ou externas entre outras funções. Por não estar subordinado ao Presidente nas funções de voto, terá total liberdade de votar segundo sua convicção pessoal. A responsabilidade por uma eventual ilegalidade cometida no julgamento de uma licitação se estende a todos os membros, exceto se um deles decidiu (votou) de forma contrária à maioria e cuja decisão se verificou ilegal.

As Comissões de Licitação nem sempre são formadas por servidores que detêm conhecimento técnico no objeto que estará em disputa. Mesmo para uma licitação de obra, é possível que a Comissão não tenha nenhum engenheiro dentre seus membros. Assim, não raro, haverá um servidor ou consultor externo convidado a participar da sessão de julgamento na qualidade de assistente técnico. Não são parte integrante da Comissão, funcionam como agentes consultivos do colégio, visando balizar as decisões do colegiado.

---

01 Art. 51, § 1º da Lei nº 8.666/93.

Como dito, são figuras estranhas às Comissões de Julgamento, não integrando seu corpo. Não se responsabilizam solidariamente pelas opiniões e pareceres apresentados, nem tampouco retiram dos membros a responsabilidade da legalidade das decisões em que atuaram com agentes consultivos. A comissão não estará obrigada a seguir a indicação ou a opinião do consultor, podendo decidir de forma contrária àquela indicada, desde que fundamentadamente.

Como funcionam as comissões

Reunindo-se e deliberando, as Comissões de Licitação manifestam sua vontade por meio do voto da maioria de seus membros. De cada reunião ou sessão é lavrada uma ata que trará as ocorrências em ordem cronológica e deverá ser assinada por todos os membros presentes. Instala-se a sessão mediante a presença de um quórum mínimo de três membros. A não formação do quórum mínimo provocará nova data para a sessão. A decisão sobre habilitação ou classificação de licitantes tomada com quórum mínimo não satisfeito é ilegal e nula de pleno direito.

A votação deverá ser aberta, pois, conforme o disposto no art. 3º, § 3º da Lei Geral, a licitação não poderá ser sigilosa. Não quer dizer que as discussões não possam ser realizadas em caráter reservado, mas a exteriorização dos votos deverá receber a devida publicidade. O voto de cada membro possui idêntico valor decisório. Assim, o voto do Presidente tem o mesmo valor do voto de qualquer dos membros, inexistindo o instituto do "voto de minerva". O Presidente sempre terá que proferir seu voto independentemente da apuração dos demais votos.

A Comissão Especial de Licitação

É o órgão colegiado que possui a mesma natureza e competência da CPL. Difere desta, fundamentalmente, pela transitoriedade da sua designação. Como o próprio nome diz, a comissão *permanente* é designada por um prazo mais elástico, durante o qual assumirá a competência de processar e julgar todas as licitações que lhe forem cometidas. Já a *especial* é criada, via de regra, com o intuito de processar e julgar uma licitação específica. Nada impede, contudo, que lhe seja atribuída a competência para julgar outras licitações, desde que arroladas no ato de designação.

É normalmente criada para licitações que envolvem grande soma de recursos ou de alta complexidade tecnológica. É formada, na maioria dos casos, por servidores de alto escalão ou de grande conhecimento técnico sobre o objeto a ser licitado.

Em relação à forma de composição, estrutura, poderes e tudo o mais, vejam-se as lições acima para as CPLs.

Pregoeiro e Equipe de Apoio

A modalidade Pregão deve ser processada e julgada pelo Pregoeiro acompanhado por uma equipe de apoio. Ao contrário das Comissões julgadoras nas demais modalidades, aqui não há um colegiado, mas sim, uma autoridade singular. A equipe de apoio tem funções auxiliares, de secretaria e não participa do julgamento.

As competências e os poderes do Pregoeiro são exatamente os mesmos do Presidente de Comissões de Licitação, tanto no que diz respeito ao julgamento do certame em si, como na direção do rito processual.

São de responsabilidade do pregoeiro:

- Credenciar os interessados;
- Receber as propostas e os lances do pregão;
- Analisar sua aceitabilidade;
- Classificar as propostas e os lances;
- Receber a documentação e proceder à habilitação do ofertante melhor classificado;
- Admitir e processar os recursos interpostos;
- Adjudicar o objeto do certame ao vencedor;
- Elaborar a ata de julgamento;
- Conduzir os trabalhos da equipe de apoio;
- Encaminhar o processo devidamente instruído para o julgamento dos recursos, adjudicação, homologação e contratação pela autoridade competente;
- Zelar pelo bom andamento da sessão, evitando turbação nos trabalhos;
- Viabilizar a prática dos demais atos pertinentes ao procedimento.

A lei não fixa um número mínimo de componentes para a equipe de apoio, cabe a cada órgão ou entidade determinar o que lhe for mais conveniente. Como o Pregão é julgado por autoridade singular, não haverá a necessidade de quórum mínimo, bastando a presença do Pregoeiro para a sessão ser iniciada.

É recomendável que a equipe de apoio seja integrada, em sua maioria, por servidores ocupantes de cargo efetivo ou emprego da administração, preferencialmente pertencentes aos quadros do órgão ou entidade promotora do evento. A equipe de apoio não necessita passar por curso de capacitação para funcionar, exatamente porque exerce atividade auxiliar, de secretaria, não tomando decisões e, portanto, não assumindo responsabilidades quanto à legalidade do procedimento.

Como veremos mais adiante, na Parte III deste livro, das decisões das Comissões e do Pregoeiro caberá recurso a ser dirigido à autoridade superior (em geral, a mesma que designou esses servidores para as funções).

NESTE CAPÍTULO

Entendendo o que é dispensa de licitação

Entendendo o que é inexigibilidade de licitação

Visualizando os casos mais comuns de contratação sem licitação

Capítulo 4
Vendendo ao Poder Público sem Licitar

Apesar da licitação constituir-se em uma regra a ser seguida por todos os órgãos e entidades da Administração Pública, em algumas situações será possível vender produtos, serviços ou obras para esses órgãos sem a necessidade de disputar um torneio licitatório. É a chamada *Contratação Direta*. Diz-se assim, por óbvio, em vez de divulgar a sua intenção de contratar e submeter essa necessidade à competição entre todos os interessados, o órgão interessado no objeto realiza a indicação *direta* daquele que irá executar o contrato, abreviando o processo de contratação.

O art. 37, XXI da Constituição Federal revela, logo no início da sua redação, que o Dever Geral de Licitar admitirá exceções, ao discorrer que "Ressalvados os casos especificados na legislação, as obras, serviços. compras e alienações serão contratados mediante processo de licitação pública"(grifo nosso).

É que, vez ou outra, uma determinada situação de fato poderá indicar que a realização da licitação pública poderá não satisfazer de forma adequada ao interesse público. Sem perda de tempo, vamos diretamente a um exemplo.

Se uma determinada região é assolada por chuvas torrenciais que causam inundações e desabamentos, o Poder Público precisará agir o mais rápido possível para atender as várias necessidades surgidas. Afinal, haverá desabrigados que precisarão de local para se refugiarem das chuvas, colchões, medicamentos e tantas outras coisas que obrigarão o Poder Público a se mobilizar. Típico caso de situação de calamidade pública. Caso fossem realizadas as licitações para as aquisições necessárias, a demora natural do burocrático processo licitatório adiaria a tomada de providências e fatalmente haveria danos irreparáveis ou de difícil reparação à população e ao patrimônio. Nesses casos, a *contratação direta* estaria autorizada, para viabilizar, com a velocidade necessária, o atendimento a essa situação calamitosa. Seria, portanto, caso de *dispensa de licitação* por motivo emergencial.

Agora já sabemos que, quando ouvimos no noticiário que o Município *Tal* decretou "estado de calamidade pública" ou "estado de emergência" um dos efeitos desse ato é possibilitar a esse Município realizar compras e contratar obras e serviços sem licitação.

Por outro lado, haverá casos em que a licitação pública pode se revelar absolutamente impossível. Senão vejamos. Imagine que uma Secretaria Estadual necessite adquirir certo equipamento que seja comercializado apenas por uma empresa no País. De que adiantaria promover licitação, se já se sabe que existe no mercado apenas um competidor? É como organizar um campeonato para um time só! Afinal, na medida em que inexistam competidores, submeter a oportunidade de contratação a um torneio — que pressupõe a existência de pluralidade de contendores — seria totalmente inútil. Para situações como essa, a lei entende ser a licitação *inexigível*.

Portanto, são previstas na Lei Geral das Licitações e Contratos Administrativos, Lei Federal nº. 8.666/93, em seus artigos 24 e 25 as situações em que o agente público poderá deixar de promover o torneio licitatório, realizando contratação por indicação direta da pessoa do contratado, estabelecendo ainda as condições e os requisitos a cada caso para fazê-lo. No primeiro dispositivo, temos os casos de *dispensa* e, no segundo, os de *inexigibilidade* de licitação.

O Que É Dispensa de Licitação

O primeiro exemplo acima é apenas um dos trinta e um casos para os quais a licitação é considerada dispensável. São situações em que, muito embora o torneio possa ser instaurado, a lei reserva a faculdade de a autoridade competente afastá-la (*dispensar*). Trata-se de um ato de conveniência e oportunidade.

Afinal, sempre que a situação fática enquadrar-se em uma das hipóteses de dispensa prevista nos incisos do artigo 24 da L. 8.666/93, sendo possível a realização do certame, a opção pela dispensa será um ato discricionário típico.

São características da licitação dispensável:

» **Situações limitadas aos casos especificados no art. 24 da Lei nº 8.666/1993:** significa que o gestor não pode dispensar a licitação por motivo que não esteja devidamente relacionado em um dos seus incisos.

» **Possibilidade de realização da licitação:** A dispensa é uma alternativa à licitação, ou seja, mesmo para os casos descritos na lei, a licitação é perfeitamente possível de ser realizada.

» **Necessidade de justificativa no processo que possibilite a configuração da situação dispensável:** ou seja, apontar no processo que a situação da dispensa é a melhor solução, no caso prático, do que a promoção da licitação, assim como demonstrar que as quantidades contratadas serão suficientes para o atendimento das necessidades da Administração.

O Que É Inexigibilidade de Licitação

Como já disse, diferentemente das situações em que é possível dispensar a licitação, há casos em que, mesmo que se pretendesse realizá-la, esta seria inviável. Essas situações são caracterizadas como licitação inexigível. A inexigibilidade de licitação é, portanto, a hipótese em que a competição se revela inviável, impossível de ser realizada, sendo este o seu traço fundamental.

PAPO DE ESPECIALISTA

Lúcia Valle Figueiredo e Sérgio Ferraz, na obra *Dispensa e Inexigibilidade de Licitação*, esclarecem que "a inviabilidade pode se revelar pela natureza específica do negócio ou ainda por seus objetivos sociais." (São Paulo: Malheiros, 1994, p.102)

A inviabilidade de licitação nasce com o próprio objeto e pode se dar, fundamentalmente, por quatro razões:

1. **Ausência de outros competidores** (fornecedor ou prestador de serviço exclusivo). Neste caso a licitação é impossível porque não há um segundo que possa apresentar proposta;

2. **Impossibilidade de comparação objetiva de propostas** (ex.: contratação de profissional do setor artístico). Como as regras da competição devem ser objetivas, essas contratações não podem ser licitadas, já que a comparação seria sempre de ordem subjetiva;

3. **Absoluta impertinência da licitação** (contratação de serviços por credenciamento). Aqui, apesar de ser uma contratação da Administração Pública, o ente não quer "a proposta mais vantajosa", pois ele precisa de todas as propostas que se mostrarem aptas;

4. **Desnecessidade da licitação.** Há casos em que, desde sempre, já se sabe qual o autor da proposta mais vantajosa, como, por exemplo, adquirir um livro diretamente com a editora. Ora, nenhuma livraria pode vender o livro mais barato do que a própria editora, pois quem o vende tem que, primeiro, comprar daquela a obra para, após, revendê-la, acrescentando ao preço da compra seus tributos e sua margem de lucro.

ENTENDA MELHOR

Um exemplo bem fácil de perceber o *credenciamento* de que falamos no "item 3" é o SUS. O Ministério da Saúde precisa contratar clínicas e hospitais para dar atendimento ao sistema público de saúde, porque não possui instalações próprias que suportem a demanda. Mas nesse caso, não bastaria contratar um hospital ou clínica. Precisaria do máximo possível de instituições de saúde para atender à sua grande demanda. Assim, o credenciamento é um procedimento em que o Poder Público fixa as regras de qualificação e o preço que se dispõe a pagar pelo serviço. O interessado que reunir tais condições e aceitar o valor oferecido pela Administração estará credenciado. Logo, não se contrata um, mas **todos**. Como o preço é prefixado pela Administração, não há disputa. Daí a licitação ser inexigível por impertinência.

Casos Mais Comuns de Contratação Sem Licitação por Dispensa

Muitos dos trinta e um casos previstos em lei para dispensa de licitação são de natureza bem específicos. Neste tópico, aprofundaremos um pouco mais aqueles em que é mais frequente sua utilização pelos órgãos públicos. Falaremos das situações que mais comumente geram negócios a serem aproveitados pelo mercado. Vamos a eles!

Compras, serviços e obras de pequeno valor (art. 24, I e II)

O objetivo primordial da licitação, como já reiteramos aqui, é a obtenção da proposta mais vantajosa para a Administração. Mas, se a contratação for de custo muito baixo, é bem provável que a vantagem econômica da disputa não compense a demora na contratação e o custo do processo administrativo (horas de trabalho de diversos servidores envolvidos, papel, uso de equipamento, publicações oficiais etc). Para essas situações, o legislador pôs à disposição do gestor a possibilidade de dispensar a licitação, fixando os limites para aquisição direta sob esse fundamento. Ou seja, se o valor da contratação se situar abaixo dos limites informados no quadro a seguir, a licitação pode ser dispensada (lembrando que caso o gestor queira, poderá realizar normalmente a licitação). Reparem que há limites diferenciados para certos órgãos.

TABELA 4-1 **Limites de Dispensa — Administração Direta**

Administração em Geral (Judiciário, Legislativo, Governo e Secretarias de Estados e Município)	
Compras e serviços em geral	até R$ 16.000,00
Obras e serviços de engenharia	até R$ 30.000,00

TABELA 4-2 **Limites de Dispensa — Administração Indireta**

Consórcios Públicos, Autarquias ou Fundações Qualificadas, na Forma Da Lei, como Agências Executivas	
Compras e serviços em geral	até R$ 16.000,00
Obras e serviços de engenharia	até R$ 30.000,00

TABELA 4-3 **Limites de Dispensa — Serviço Social Autônomo Sistema 'S'**

Senai, Sesi, Senac, Sesc, Sebrae, Senar, Sest, Senat e Sescoop	
Compras e serviços em geral	até R$ 44.000,00
Obras e serviços de engenharia	até R$ 79.000,00

TABELA 4-4 **Limites de Dispensa — Empresa Pública e Sociedade de Economia Mista**

Petrobras, CEF, Banco do Brasil, Furnas, Chesf, Eletrobrás, Eletronuclear, Banco do Nordeste, BNDES, Infraero, Correios, Serpro, Dataprev, CBTU	
Compras e serviços em geral	até R$ 50.000,00
Obras e serviços de engenharia	até R$ 100.000,00

Portanto, todas as vezes que um órgão ou entidade pública precisar contratar algo cuja despesa se situe abaixo dos limites acima informados, não precisará realizar a licitação. Isso representa um nicho de mercado bastante atrativo, pois, deixando de realizar a licitação, também deixa de divulgar em ampla escala a oportunidade de negócio que teria a oferecer. Daí o motivo de ser muito importante as empresas interessadas estarem atentas a essas situações.

DICA

Ao vencer uma licitação, é muito importante que a empresa cumpra rigorosamente todas as obrigações assumidas tais como prazos de entrega e fornecimento de produtos de boa qualidade. É que, ao contratar sem licitação, os órgãos se servem de seu Cadastro de Fornecedores e, a partir dele, convocam as empresas nas quais têm mais confiança. Uma empresa desconhecida ou que tenha descumprido contratos anteriores, certamente não será chamada para as contratações sem licitação.

Contratações emergenciais (art. 24, IV)

Uma das mais utilizadas formas de dispensa de licitação é a contratação emergencial. Pode ser utilizada sempre que ficar caracterizada emergência ou calamidade pública em que a urgência da providência da contratação tenha por finalidade resguardar a integridade de bens públicos ou particulares, pessoas, obras, serviços ou equipamentos públicos ou particulares.

O ponto central desta contratação está na imprevisibilidade do fato que deu causa à contratação e na iminência de dano a ser afastado pela contratação. O raciocínio lógico seria no sentido de que, caso o gestor tivesse de proceder ao procedimento de licitação, o dano não seria afastado pela demora natural do processo administrativo. Eis o porquê da viabilidade de dispensar a burocracia da licitação para, dispensando-a, proporcionar a efetividade da medida.

Digamos que violentas chuvas com forte ventania tenham provocado abalo na estrutura do telhado de uma escola municipal, que agora sofre o risco de desabamento. Pode ser que, durante o tempo necessário para a realização da licitação, o teto venha a desmoronar. O prejuízo seria muito maior. Assim, a Secretaria Municipal de Educação poderá *dispensar* a licitação para contratar o reforço da estrutura do telhado, evitando assim, que o mesmo venha a desabar.

Para que esta contratação preencha as condições legais, será necessário:

- Que o fato tido como emergencial não seja previsível ou que não tenha sido provocado pela negligência do administrador.
- Demonstrar que a contratação afastará o risco de dano.
- Nos casos de serviços e obras, limitar para 180 dias o prazo de vigência dos respectivos contratos e impossibilitar a prorrogação dos mesmos.
- Contratação dependente de pesquisa prévia de mercado.

CASOS E CAUSOS

O Tribunal de Contas da União considerou ilegal a aquisição, pelo Serpro, de 68 mil resmas de papel para impressão, adquiridas com dispensa de licitação em caráter emergencial. A emergência foi justificada pelos gestores devidos "aos baixos estoques de material". Na época, o TCU entendeu que baixa no estoque é caso de negligência do administrador, que, por falta de planejamento, permitiu que os estoques chegassem a níveis críticos, quando, na verdade, deveriam ter providenciado, em tempo adequado, os procedimentos para compra regular (licitação). Os administradores foram citados para devolver aos cofres cerca de R$ 95.000,00. (Decisão 194/2001-Plenário)

Em outro caso interessante, o TCU considerou ilegais diversas contratações emergenciais promovidas pela Casa da Moeda para a realização das festividades relativas ao tricentenário da instituição, manifestando-se da seguinte forma: "Claro está que as festividades para comemoração do tricentenário da Casa da Moeda do Brasil, embora relevantes, estão longe de caracterizar caso de emergência ou de calamidade pública. Assim, inadequado foi o fundamento legal invocado para a dispensa dos procedimentos licitatórios nas contratações a que se referem os autos. (...) Difícil se torna aceitar que a imprevidência do Administrador seja fato bastante para validar a celebração de contratos sem a realização dos procedimentos licitatórios que se faziam necessários. E digo imprevidência porque o tricentenário de existência da Casa da Moeda do Brasil era fato previsível, que podia ser facilmente programado ao longo de seus trezentos anos." (Ac. 300/1995, 2ª Câmara)

Licitações sem interessados (art. 24, V)

Pode ocorrer, e é até mais frequente do que se pensa, que no dia, hora e local marcados para a licitação ninguém compareça. Ou que, publicado no portal de licitação eletrônica, nenhuma empresa tenha se interessado e depositado sua proposta. Resultado: a licitação não acontece. Ou melhor, ela acontece, mas não seleciona vencedores por ausência de competidores. A esse "fenômeno" dá-se o nome de **Licitação deserta**, ou seja, aquela que não atrai qualquer interessado.

Nessas situações, o órgão poderá repetir a licitação, republicando o edital e marcando uma nova data para apresentação das propostas ou realizar a contratação direta. Para isso, será necessária a reunião dos seguintes requisitos:

- **Licitação anterior regular**: se houver alguma irregularidade que possa ter provocado o desinteresse das empresas ou tê-las afastado, a repetição da licitação será obrigatória. Se, por exemplo, o edital fixava uma exigência ilegal e que não era possível de ser atendida por nenhuma empresa do ramo, o edital deverá ser refeito, retirando-se essa cláusula ilegal e a licitação remarcada;
- **Ausência de interessados**: se ao menos um licitante compareceu, não será cabível a contratação com este fundamento;
- **Contratação em condições idênticas às estabelecidas na licitação**;
- **Demonstração de prejuízo para a Administração com a repetição da licitação**: imagine que a Administração planeje inaugurar um posto de saúde, cuja obra de edificação estará pronta em 120 dias. Para a inauguração (e operação) do posto, será necessário, por exemplo, contratar serviços de vigilância patrimonial. Com a obra ainda no início, a Secretaria de Saúde realiza a licitação visando à contratação desses serviços. Como ninguém compareceu ao torneio, provavelmente não haverá tempo hábil para

realização de nova licitação antes da data marcada para a inauguração. Eis aí uma situação que pode caracterizar prejuízo para a Administração com a repetição da disputa.

Aquisição ou locação de imóvel (art. 24, X)

Quando a Administração precisa adquirir ou alugar um imóvel para abrigar setores ou serviços específicos, poderá dispensar a licitação, escolhendo de forma direta o imóvel e negociando com seu proprietário. Mas como a dispensa de licitação, de um modo geral, é um caso excepcional (já sabemos que a regra é licitar), não será sempre que será autorizada.

Somente quando o imóvel tiver por destinação a sua utilização em finalidade principal da Administração. Por finalidade principal entenda-se aquela que representa uma atividade-fim da Administração contratante ou atividade-meio essencial à consecução das atividades-fim. Além disso, o imóvel deve ser escolhido em razão de sua localização ou condições (características) físicas.

Se a Prefeitura Municipal deseja instalar um centro de reabilitação motora e há um prédio de edificação linear de fácil acesso, esta característica pode ser determinante para sua escolha. Veja-se o raciocínio: saúde pública é função precípua estatal; como o prédio será frequentado por portadores de limitação ou deficiência física, o fato de a edificação ser linear torna-se preponderante para sua escolha, pois uma edificação vertical importaria em maiores dificuldades de deslocamento interno. Estaria, portanto, perfeitamente justificada a escolha. Vale lembrar, por fim, que o preço deve ser compatível com o mercado imobiliário local.

Remanescentes de contratos não acabados (art. 24, XI)

Uma vez que o órgão tenha realizado a licitação regularmente e tenha celebrado o contrato com o vencedor, digamos, um serviço com prazo de duração de doze meses, a expectativa é de que a empresa contratada cumpra suas obrigações e execute a contento o serviço até o fim do prazo. Mas nem sempre isso ocorre. Em algumas situações a empresa contratada falha na execução e deixa de executar sua parte no contrato. Quando isso ocorre, o órgão contratante poderá rescindir unilateralmente o contrato e chamar outra empresa na ordem de classificação da licitação que deu causa ao contrato, visando à execução das parcelas que não foram executados pelo vencedor.

ENTENDA MELHOR

Se a modalidade licitatória adotada foi Concorrência, Tomada de Preços ou Convite (veja Capítulo 2) a convocação da segunda classificada para assumir o restante do contrato não cumprido pelo vencedor dependerá da sua aceitação em praticar o preço do vencedor. O que quer dizer, que caso a segunda classificada não concorde em praticar o preço do vencedor, o órgão não poderá contratar e, provavelmente, terá que realizar nova licitação agora para concluir o contrato rescindido. Entretanto, se a modalidade adotada foi o Pregão (Capítulo 2), o segundo classificado, chamado a concluir o contrato que fora descumprido pelo vencedor, não estará obrigado a praticar o preço do primeiro, mas sim seu próprio preço.

É que, na modalidade pregão, só se examinam os documentos do vencedor. A documentação dos demais participantes que tiveram propostas classificadas não é examinada. Por essa razão, caso o órgão tenha que, após encerrada a licitação chamar outra empresa classificada, antes de assinar com ela o contrato, terá que avaliar a documentação apresentada e, caso haja alguma pendência, o órgão continuará chamando na ordem de classificação até que surja uma empresa com a documentação correta. É como se a licitação fosse ressuscitada.

Até o ano de 2000, quando surge a modalidade pregão, por meio da Medida Provisória 2.026/2000, convertida na Lei 10.520/2002, eram raríssimos os casos de contratação com essa dispensa de licitação, pois as empresas, para aceitarem a convocação, tinham que reduzir o seu preço para igualá-lo ao do vencedor, o que era praticamente impossível, principalmente, quando já havia passado alguns meses da licitação, o que tornava o preço muito defasado. E isso provocava outro problema. É que os órgãos resistiam em rescindir o contrato, mesmo quando mal executado, por saber a dificuldade que seria o segundo classificado aceitar a convocação. Era a máxima: *ruim com ele, pior sem ele.* Imaginemos um contrato de manutenção de equipamentos de UTI Neonatal em um hospital público. Claro que se trata de um serviço que não admite interrupção. A empresa que venceu a licitação e assumiu o contrato vem prestando um mal serviço, descumprindo prazos e falhando na manutenção. Se o órgão rescinde o contrato (e pode fazê-lo) e a segunda classificada não aceita substituir a vencedora, os equipamentos deixam de receber (ainda que de modo falho) a manutenção, o que causa risco à saúde dos pacientes e pode mesmo interromper os serviços da UTI Neonatal.

Com o advento do pregão e a possibilidade de as empresas praticarem seu próprio preço, quando convocadas na ordem de classificação para assumir o lugar da vencedora inadimplente, essa forma de contratar passou a ser muito mais utilizada, e facilitou aos órgãos públicos serem mais rigorosos com as empresas que não prestam bons serviços.

DICA

Ao disputar licitações, as empresas devem praticar o menor preço possível, principalmente na modalidade pregão, pois, mesmo não se sagrando vencedora, pode ser que, como 2ª classificada, venha a ser convocada para concluir a execução no caso de falha da vencedora.

Outros casos de dispensa de licitação

Vimos acima as situações mais frequentes em que os órgãos e entidades utilizam a dispensa de licitação para comprar produtos e contratar serviços e obras. Bom que se destaque que, com exceção da dispensa em razão do valor (art. 24, I e II) não há nenhum limite financeiro. Assim, se é caso emergencial, o órgão poderá gastar quanto for necessário para dar atendimento à situação crítica. O que quer significar que as situações de dispensa de licitação constituem, sem dúvida, excelente fonte de negócios a ser perseguido pelas empresas.

Além daquelas, a licitação também poderá ser dispensada, possibilitando a contratação direta, diante das seguintes situações:

- Nas compras de hortifrutigranjeiros, pão e outros gêneros perecíveis, quando não houver tempo suficiente para realizar a licitação, e somente nas quantidades necessárias ao tempo de efetivação dos processos licitatórios correspondentes, feitas diretamente com base no preço do dia;
- Na contratação de instituição sem fins lucrativos voltada à pesquisa, ensino ou desenvolvimento institucional, ou de instituição dedicada à recuperação social do preso, desde que a contratada detenha inquestionável reputação ético-profissional e não tenha fins lucrativos;
- Na aquisição de bens ou serviços nos termos de acordo internacional específico aprovado pelo Congresso Nacional, quando as condições ofertadas forem claramente vantajosas para o Poder Público;
- Na aquisição ou restauração de obras de arte e objetos históricos, de autenticidade certificada, desde que compatíveis ou inerentes às finalidades do órgão ou entidade (um museu, por exemplo);
- Na impressão dos diários oficiais, de formulários padronizados de uso da administração, e de edições técnicas oficiais, bem como para prestação de serviços de informática à pessoa jurídica de direito público interno (Poder Judiciário, Câmaras Municipais e Assembleias Legislativas, Ministérios, Secretarias Especiais, Secretarias Estaduais e Municipais etc.), por órgãos ou entidades que integrem a Administração Pública, criados para esse fim específico;
- Na aquisição de componentes ou peças de origem nacional ou estrangeira, necessários à manutenção de equipamentos durante o período de garantia técnica, junto ao fornecedor original desses equipamentos, quando a condição de exclusividade for indispensável para a vigência da garantia;
- Nas compras ou contratações de serviços para o abastecimento de navios, embarcações, unidades aéreas ou tropas e seus meios de deslocamento quando em estadia eventual de curta duração em portos, aeroportos ou localidades diferentes de suas sedes, por motivo de movimentação operacional ou de adestramento, quando a exiguidade dos prazos legais puder comprometer a normalidade e os propósitos das operações e desde que seu valor não exceda a R$ 80.000,00 (oitenta mil reais);

- Nas compras de material usados pelas Forças Armadas, com exceção de materiais de uso pessoal e administrativo (ex.: material de papelaria, suprimento de informática, material de limpeza), quando houver necessidade de manter a padronização requerida pela estrutura de apoio logístico dos meios navais, aéreos e terrestres, mediante parecer de comissão instituída por decreto;
- Na contratação de associação de portadores de deficiência física, sem fins lucrativos e de comprovada idoneidade, por órgãos ou entidades da Administração Pública, para a prestação de serviços ou fornecimento de mão de obra, desde que o preço contratado seja compatível com o praticado no mercado. Aqui é bom não fazer confusão com os cargos públicos dos órgãos e entidades, pois seu preenchimento depende de concurso público. Essa dispensa de licitação é para serviços de terceiros, tais como limpeza e conservação, jardinagem e capinagem, telefonia, recepção, mensageiria entre outros;
- Na aquisição de bens e insumos destinados exclusivamente à pesquisa científica e tecnológica com recursos concedidos pela CAPES, pela FINEP, pelo CNPq ou por outras instituições de fomento à pesquisa, credenciadas pelo CNPq para esse fim específico;
- Na contratação de fornecimento ou suprimento de energia elétrica e gás natural com concessionário, permissionário ou autorizado, segundo as normas da legislação específica;
- Na contratação realizada por empresa pública ou sociedade de economia mista com suas subsidiárias e controladas, para a aquisição ou alienação de bens, prestação ou obtenção de serviços, desde que o preço contratado seja compatível com o praticado no mercado;
- Na celebração de contratos de prestação de serviços com as organizações sociais, qualificadas no âmbito das respectivas esferas de governo, para atividades contempladas no contrato de gestão;
- Na contratação realizada por Instituição Científica e Tecnológica — ICT ou por agência de fomento para a transferência de tecnologia e para o licenciamento de direito de uso ou de exploração de criação protegida;
- Na celebração de contrato de programa com ente da Federação ou com entidade de sua administração indireta, para a prestação de serviços públicos de forma associada nos termos do autorizado em contrato de consórcio público ou em convênio de cooperação;
- Na contratação da coleta, processamento e comercialização de resíduos sólidos urbanos recicláveis ou reutilizáveis, em áreas com sistema de coleta seletiva de lixo, efetuados por associações ou cooperativas formadas exclusivamente por pessoas físicas de baixa renda reconhecidas pelo poder público como catadores de materiais recicláveis, com o uso de equipamentos compatíveis com as normas técnicas, ambientais e de saúde pública;
- No fornecimento de bens e serviços produzidos ou prestados no País, que envolvam, cumulativamente, alta complexidade tecnológica e defesa

nacional, mediante parecer de comissão especialmente designada pela autoridade máxima do órgão;

- Na aquisição de bens e contratação de serviços para atender aos contingentes militares das Forças Singulares brasileiras, empregadas em operações de paz no exterior, necessariamente justificadas quanto ao preço e à escolha do fornecedor ou executante e ratificadas pelo Comandante da Força;
- Na contratação de instituição ou organização, pública ou privada, com ou sem fins lucrativos, para a prestação de serviços de assistência técnica e extensão rural no âmbito do Programa Nacional de Assistência Técnica e Extensão Rural na Agricultura Familiar e na Reforma Agrária, instituído por lei federal;
- Na contratação em que houver transferência de tecnologia de produtos estratégicos para o Sistema Único de Saúde - (SUS), conforme elencados em ato da direção nacional do SUS, inclusive por ocasião da aquisição destes produtos durante as etapas de absorção tecnológica.

Casos Mais Comuns de Inexigibilidade de Licitação

Já dissemos que a inexigibilidade de licitação ocorre quando a competição é inviável de ser instaurada. A LGLC cita três situações específicas em que isso ocorre, o que passaremos a ver.

Aquisição de produtos com fornecedor exclusivo

A inexistência de uma pluralidade de indivíduos aptos a se candidatarem ao contrato pretendido pela Administração faz surgir a mais pura forma de inviabilidade de competição. Percebe-se a olhos vistos que a hipótese é de impossibilidade fática de haver competição. Se a administração pretende adquirir um determinado produto que só se encontra nas mãos de uma empresa, não seria caso de se falar em disputa, ainda que assim o desejasse.

A exclusividade geralmente está associada a contratos de representação comercial em que o fabricante (ou distribuidor) do produto ou detentor dos direitos de distribuição (caso das editoras de livros e periódicos ou donos de patentes industriais) entrega à determinada empresa de seu círculo comercial (franqueados, empresas credenciadas ou da sua rede autorizada) a exclusividade de fornecimento.

Imaginemos que uma editora, detentora dos direitos de edição, distribuição e comercialização das obras de seu cardápio de publicações[01], venha a confiar a uma única empresa — uma livraria local — o direito de comercializar um determinado livro cuja distribuição lhe pertence naquela região. Se por acaso a Secretaria Municipal de Educação desejar adquirir o livro, de nada adiantaria promover a licitação (que em princípio seria obrigatória), pois nenhuma outra livraria, senão aquela cuja exclusividade lhe foi confiada pela editora, poderia apresentar proposta. Afinal, a editora (dona dos direitos de edição, distribuição e venda) autorizou apenas uma certa empresa a comercializá-los. Seria, pois, a hipótese de inexigibilidade relativa, em que, em princípio, mesmo havendo vários indivíduos de outras localidades com disponibilidade do mesmo produto, em caráter circunstancial decorrente da existência de contrato de representação comercial exclusiva, somente uma empresa estaria autorizada pela detentora dos direitos de distribuição a comercializar tais obras naquele Município.

A comprovação de exclusividade

Mas não bastará o órgão "alegar" exclusividade ou simplesmente acreditar na "alegação" da empresa interessada na venda de que ela mesma possui a exclusividade. É necessário provar a condição de fornecedora exclusiva.

O modo pelo qual se comprova a exclusividade é através de um **atestado** que a empresa detentora da alegada exclusividade deve entregar ao órgão contratante, dando conta da sua condição de vendedora exclusiva. Esse atestado deve ser uma declaração expedida por quem "conferiu" a exclusividade e ser registrado e arquivado em uma das seguintes entidades: Junta comercial, Sindicato Patronal, Federação ou Confederação Patronal; ou, ainda, em entidades a estas equivalentes. Como exemplo, podemos citar as seguintes entidades que expedem Atestados de Exclusividade: Câmara do Comércio e Indústria do Estado do Rio de Janeiro (Caerj); Clube dos Diretores Logistas (CDL); Associação de Empresas Brasileiras de Software e Informática (Assespro); Associação Comercial e Industrial de Florianópolis (Acif); Fecomércio; Associação Brasileira da Indústria de Artigos e Equipamentos Médicos, Odontológicos e Hospitalares e de Laboratórios (Abimo); Câmara Brasileira do Livro (CBL).

Como é proibida a indicação de marca nas compras, ou seja, o órgão que desejar comprar algo não poderá (salvo exceções) indicar uma marca específica, a inexigibilidade de fornecimento somente poderá recair no produto se ele for o único capaz de atender a necessidade da Administração. Vamos exemplificar:

Digamos que um órgão pretenda adquirir um certo número de mouse sem fio. Há várias marcas disponíveis no mercado. Não se poderia evitar a licitação com o argumento de que o revendedor da marca **Targus** detém exclusividade, pois além dessa marca, várias outras poderão ser adquiridas. Mas, se a Administração necessita de uma certa funcionalidade que só existe na marca *Targus*, aí sim seria possível comprá-lo sem licitação com fundamento na exclusividade.

[01] É padrão nos contratos de edição que o autor da obra ceda tais direitos à editora.

Contratação de serviços prestados em caráter de exclusividade

A Lei de Licitações cuida especificamente da **aquisição** de produto exclusivo, nada falando sobre contratação de serviços. Mas como já sabemos que sempre será considerada inexigível a licitação se a competição for inviável, claro que, se houver um serviço prestado em caráter de exclusividade por uma determinada empresa, a licitação também será considerada inexigível.

Contratação de serviços profissionais com notório especialista

Outra circunstância que pode tornar a licitação inviável é a contratação de serviços predominantemente intelectuais, quando prestados por profissionais considerados notórios especialistas. Como é impossível comparar de forma objetiva talento e capacidade profissional, a escolha do executor do serviço não tem como ser feita por via da licitação. São assim considerados alguns serviços como os de auditorias, consultorias, elaboração de projetos, treinamento e aperfeiçoamento de pessoal, entre outros.

O notório especialista é aquele profissional ou empresa que detêm, dentro do seu segmento, elevado conceito decorrente de seus trabalhos anteriores, experiências, equipe técnica e aparelhamento. O órgão que pretender contratar este profissional deverá justificar no processo de modo a apontar tais atributos, com base em seu currículo, publicações, atestados por serviços anteriormente executados.

Contratação de profissionais do setor artístico

A impossibilidade de licitar profissional do setor artístico é a mesma daquela anotada no caso acima. Não se compara de forma objetiva talento artístico. Se a Prefeitura de um município quer contratar uma banda ou cantor para animar a festa de aniversário da cidade, não terá como fazê-lo por meio de licitação, porque não se tem como comparar as várias possibilidades como se compara um equipamento. Ficará a critério do administrador escolher, dentre as opções aquele que, na qualidade de detentor do poder discricionário, lhe parecer mais favorável.

Ao falar em profissional do setor artístico, considera-se qualquer manifestação artística. Pode ser um grupo de teatro, uma companhia de dança, uma orquestra, um artesão. Vejamos o exemplo abaixo, do Tribunal de Contas da União, no

DICA

qual se manifestou sobre a aquisição de peças de artesanato pelo Cerimonial do Ministério das Relações Exteriores:

> "Sobre a aquisição de objetos para presentes confeccionados em prata e em pedras brasileiras, (...), a meu ver, a mesma encontra amparo no inciso III do art. 25 da Lei nº 8.666/93, que reza que é inexigível a licitação 'para contratação de profissional de qualquer setor artístico, diretamente ou através de empresário exclusivo, desde que consagrado pela crítica especializada ou pela opinião pública'. A Lei neste caso não estabelece (...) que devam ser apresentados documentos que comprovem que se trata de único fornecedor, até porque a existência de mais de um fornecedor pressupõe que os produtos adquiridos são manufaturados, passíveis de comparação com outros de mesma finalidade, circunstância inconcebível para objetos de arte. Conforme observa o Professor Marçal Justen Filho, em seu livro Comentários à Lei de Licitações e Contratos Administrativos: "A atividade artística consiste em uma emanação direta da personalidade e criatividade humanas. Nessa medida, é impossível verificar-se identidade de atuações". (TCU, Acórdão n. 165/2001, Plenário)

O preço contratado deverá estar de acordo com o usualmente praticado no mercado, e a contratação será feita diretamente com o artista ou com seu empresário exclusivo.

Como "Vender" Sem Licitar

No capítulo anterior, explicamos como participar de uma licitação. Claro que a partir do cadastramento e atenção que a empresa passa a dar a esse mercado, inúmeras possibilidades de negócio se abrem. Uma vez que você já conheça as possibilidades de um órgão público promover contratações sem a necessidade de licitação prévia, a primeira medida a ser tomada é cadastrar-se perante os vários órgãos e entidades da Administração Pública. Conforme também já nos referimos, é por meio desse cadastro que os órgãos encaminham pedidos de cotação e proposta quando necessitam contratar sem licitação.

Nunca será exagerado lembrar que toda vez que a empresa celebrar contrato com um órgão ou entidade, deve realizá-lo de acordo com as cláusulas contratadas e agir sempre de forma correta. Assim, a empresa ganha a confiança do órgão e isso lhe possibilitará receber pedidos de proposta para fins de contratação sem licitação. Veja abaixo o quadro estatístico do Ministério do Planejamento[02] com o volume de contratações sem licitação no ano de 2011, apenas para os órgãos e entidades da União:

---

[02] Disponível em http://paineldecompras.planejamento.gov.br/QvAJAXZfc/opendoc.htm?document=Painel%20de%20Compras.qvw&host=Local&anonymous=true

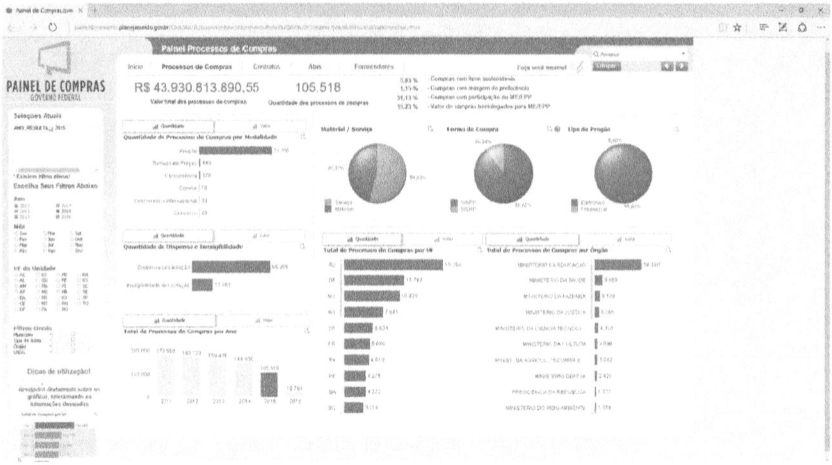

FIGURA 4-1: Painel de Compras do Governo Federal.

A Cotação Eletrônica de Preços

No Capítulo 3 estudamos a dispensa da licitação quando a contratação é considerada de baixo valor. De um modo geral, quando os órgãos realizam essas contratações, costumam encaminhar, por e-mail ou fax, pedidos de proposta a pelo menos três empresas do ramo pertinente ao objeto a ser contratado. Ao receberem as respostas, via de regra, ficam com aquela de menor preço. Mas esse procedimento não é aberto ao público. Os órgãos recebem as propostas e decidem no âmbito interno da repartição qual o "vencedor" da cotação. No passo seguinte, o órgão encaminha outra comunicação, agora para a empresa escolhida, dando conta de que a sua proposta fora aceita e orienta nos procedimentos para efetivação da contratação. Mas há outro meio também de se contratar nessas dispensas de licitação. Trata-se da Cotação Eletrônica de Preços.

Esse procedimento nada mais é do que uma "licitação informal", em ambiente eletrônico, no qual o órgão ou entidade interessada em contratar objetos cujos valores se situem abaixo dos limites legais (rever tabelas 4-1, 4-2 e 4-3) em vez de adotarem o sistema interno acima descrito, publicam essa oportunidade no portal de licitações eletrônicas. Todos os sites de licitações eletrônicas informados no Capítulo 1 possuem o procedimento de Cotação Eletrônica.

Essa também é uma excelente forma de "vender para a Administração Pública", pois a divulgação segue ritos muito parecidos com o de uma licitação formal, porém, mais desburocratizados por tratar-se, na verdade, de uma contratação direta.

Vencendo a Licitação em um Órgão e Vendendo para Outros

Outra forma de obter sucesso nas vendas a órgãos públicos é participar de licitações para Registro de Preços.

O SRP é uma forma especial de gerenciamento das necessidades de aquisição e contratação de serviços na Administração Pública, por meio do qual a Administração apenas registra formalmente o melhor preço ofertado em licitação para contratações futuras nas quantidades e vezes que for conveniente.

Muito utilizado hoje em dia e previsto no art. 15, II da Lei nº 8.666/1993, o Sistema de Registro de Preços (SRP) é um conjunto de procedimentos, mediante licitação pública, que visa ao registro formal de preços para contratações futuras com o vencedor do torneio, chamado de beneficiário. Realiza-se uma única licitação que seleciona a proposta mais vantajosa dentre as apresentadas, quase que nos mesmos moldes da licitação tradicional, com a diferença no sentido de que, em vez de **entregar** o objeto ao vencedor no final do torneio, esse objeto tem seu preço registrado em Ata, a qual sela um compromisso futuro, obrigatório, de o beneficiário, durante determinado período, não superior a um ano (Lei nº 8.666/1993, art. 15 § 3º III.), em todas as vezes que a Administração necessitar, manter o preço do objeto dentro das quantidades registradas. O órgão promotor da licitação para SRP, fixará a quantidade mínima que pretende contratar e a máxima que poderá atingir.

ENTENDA MELHOR

O SRP funciona da seguinte forma: o órgão prevê que ao longo do período de vigência da Ata consumirá entre 5 mil e 10 mil unidades de cartuchos de tinta e realiza a licitação para o registro de preços, visando à aquisição desse quantitativo.

Ao registrar o preço e publicar a Ata, a Administração não será obrigada a convocar o beneficiário para entregar as 10mil peças de uma só vez; poderá convocar determinadas quantidades, ao longo do período de validade da Ata, apenas na medida em que surgir a necessidade. Dessa forma, não precisará constituir estoque, senão aquele mínimo para fins de distribuição imediata.

O SRP é utilizado principalmente para aquelas aquisições cujo estimativo demandável seja de difícil previsão, ou seja, aqueles itens cuja quantidade o órgão não tem como precisar para fins de utilização da licitação tradicional.

Um órgão que tenha vários prédios, como por exemplo, um Tribunal de Justiça estadual, que tem fóruns espalhados por todo território de seu Estado, tem necessidade de contratar anualmente, para fins de reposição, cerca de 10 mil m^2 de persianas.

Essas persianas servem para novas janelas de prédios já instalados ou para repor aquelas danificadas. É claro que se pode, com base nos anos anteriores, projetar um quantitativo total estimado; mas seria praticamente impossível determinar quanto, a cada mês, seria necessário, pois a demanda depende dos pedidos e situações do dia a dia que não podem ser antecipadas, nem tampouco planejadas. Logo, seria inviável a licitação tradicional, pois o órgão teria que predeterminar o cronograma de entrega.

Assim, o SRP surge como solução ideal para esses casos, pois, como os pedidos são formulados parceladamente, os mesmos são feitos somente na medida exata da necessidade apontada para aquele período, o que resolve em definitivo o problema.

A grande vantagem para as empresas nessa forma de licitação é que o SRP permite a inclusão da demanda de outros órgãos, o que eleva sobremaneira o poder sedutor do negócio oferecido. Se um órgão de pequena estrutura necessita de apenas mil cartuchos de tinta, mas, realizando SRP, convida outros dez órgãos para participar em que cada um tem a mesma necessidade, teremos uma licitação para aquisição de 11mil cartuchos. Caso o órgão promotor do torneio viesse a realizar a licitação na forma tradicional, o volume de compra seria de apenas 1mil. Essa característica aumenta a competição na medida em que atrai um número muito maior de fornecedores, provocando redução de preços pela chamada economia de escala — quanto mais se vende, mais barato fica a unidade.

Uma outra enorme vantagem para as empresas, é que esse sistema admite que órgãos que não tenham participado da licitação possam, após a publicação da Ata na imprensa oficial, aderir aos quantitativos licitados. Na prática significa que, além das quantidades efetivamente licitadas para o órgão gerenciador e participantes (ver definições no quadro abaixo), o beneficiário poderá "vender" para outros órgãos mesmo que não tenham participado desde o início do processo junto ao órgão Gerenciador. Essa figura é coloquialmente conhecida como ***Carona***.

O carona pode aderir à Ata até 100% das quantidades registradas para o Gerenciador e órgãos participantes. Já a Ata poderá gerar negócios até o volume de cinco vezes esse total.

ENTENDA MELHOR

É chamado de *Gerenciador* o órgão que realiza a licitação e de *Participante* o órgão que é convidado pelo Gerenciador a "participar" desta licitação, informando a sua quantidade desejada, participando efetivamente da licitação. Após o Gerenciador concluir todos os procedimentos e publicar a Ata na Imprensa oficial, os participantes já podem entrar em contato com o vencedor da licitação (beneficiário) e fazer os seus pedidos. É chamado de *Não Participante* (também conhecido como "Carona") o órgão que após a sua publicação, **adere** à Ata de SRP, possibilitando convocar o beneficiário como se participante fosse.

Seguindo o exemplo acima, temos somados, entre ***Gerenciador*** e ***Participantes*** 11mil unidades de cartucho de tinta. Se um outro órgão ***Não Participante*** solicita adesão a essa Ata, poderá adquirir do beneficiário até 11mil cartuchos de tinta (100% dos quantitativos máximos) sem ter que realizar a sua própria licitação. Trata-se de um grande negócio para as empresas!

Tem sido cada vez mais comum as empresas, que se sagram vencedoras de licitações para SRP se apresentarem a outros órgãos (***Não Participantes***) para "vender" a Ata da qual se tornaram beneficiárias, possibilitando, assim, aumento de ganho com a participação na licitação.

2

Desvendando o Edital de Licitações

NESTA PARTE . . .

Explicaremos como o edital é constituído e procuraremos apresentar as principais e mais comuns regras dos editais, a fim de familiarizá-lo com suas normas.

Você terá uma visão global da estrutura dos editais de licitação, bem como dos documentos que o integram, além de conhecer como proceder para ter acesso aos editais de licitação publicados.

A parte chega ao final com as questões relativas à modificação das regras dos editais após sua publicação e seus respectivos efeitos na licitação.

NESTE CAPÍTULO

Identificando o termo de referência, o projeto básico e a minuta do contrato

Obtendo acesso ao edital

Capítulo 5

Documentos que Integram o Edital

O edital é a peça fundamental de uma licitação. Constitui a regra da disputa e por meio dele é que se saberá quais as exigências devem ser atendidas durante todas as fases do torneio e também do futuro contrato. Se suas disposições forem ambíguas, omissas, obscuras ou imprecisas certamente teremos uma licitação desastrosa. Daí porque se recomenda não poupar trabalho ou tempo no estudo do edital, de modo a evitar que se cometam falhas que podem provocar a desclassificação do licitante.

É importante frisar que, uma vez que tenha publicado o edital, o órgão, por força do já estudado princípio da vinculação ao edital (Capítulo 1), se obriga a cumprir aquilo que prescreveu como regulamento. Caso o órgão promotor do evento decida alterar alguma cláusula, terá que republicar e recontar o prazo de publicidade novamente.

O edital de licitações, na verdade, é um conjunto de documentos que reúne todas as informações da contratação. É integrado pelo edital, propriamente dito e seus anexos.

O edital, podemos assim conceituar, é o regulamento da competição. É o principal documento da licitação, porque, nele, estão todas as regras de participação, tais como: data, hora e local da realização da licitação, condições de habilitação, critérios de aceitabilidade das propostas e de julgamento, forma e meios para formular pedidos de esclarecimentos, impugnações e recursos. O apontamento do vencedor do torneio será fruto da aplicação das normas do edital por parte da Comissão de Licitação/Pregoeiro.

Constituem anexos ao edital, dele fazendo parte integrante: Termo de Referência ou Projeto Básico; minuta do instrumento do contrato; formulários padronizados de propostas, declarações diversas.

Termo de Referência

Em um órgão, qualquer processo de contratação inicia-se a partir da elaboração de um documento de natureza técnica no qual serão apontadas todas as características da contratação, desde a descrição técnica do objeto, até as cláusulas contratuais de cunho operacional (prazos de execução ou entrega, forma de pagamento, garantias, periodicidades, metodologias etc), passando pelas exigências de qualificação técnica que o licitante deverá comprovar na fase de habilitação da licitação. Na modalidade pregão, este documento é chamado de Termo de Referência que, daqui em diante, para facilitar, vamos chamar apenas de TR.

Nele, o setor responsável pela contratação descreverá tecnicamente o objeto da forma mais minudente possível, de maneira a possibilitar que o interessado, ao ler a especificação, identifique o objeto e formule a sua proposta em consonância com o desejado pela Administração contratante. Se o órgão pretende adquirir diversos itens de papelaria, o TR descreverá cada um deles segundo suas características técnicas.

É proibida a indicação de marca, só sendo aceita em casos excepcionalíssimos e devidamente justificado no processo. Em vez de colocar "caneta esferográfica BIC", já que indicar marca é proibido, o TR deve dizer:

> "caneta esferográfica, tinta azul, corpo de cristal translúcido, esfera de escrita metálica, tampa dianteira e traseira na cor da tinta."

Com essa descrição técnica, o proponente poderá formular a sua proposta com base em qualquer marca, desde que a marca por ele cotada apresente as características descritas no TR.

Claro que o objeto que serviu para o exemplo acima é simples e, portanto, sua descrição também o será. Quanto mais complexo for o objeto, mais complexa será a descrição. Vamos a outro exemplo. Para compra de um projetor multimídia, a descrição ficaria assim:

> "Tecnologia : 3LCD; Lentes: Tipo Fixa; Zoom digital: 1.35; Lâmpada: Duração : 4000 horas; Consumo/Tipo 200W E-TORL; Controle Manual e remoto de Foco e Imagem; Métodos de Projeção: Teto; Frontal; Formato: 4;3; 16:9,,16:10; Entradas: USB - Universal Serial Bus "B", 1 VGA, S-Video, RCA Composite; Imagem: Luminosidade: 2500 ANSI lumens; Sistema de cores: NTSC, PAL M, SECAM ; Resolução Nativa: 800 x 600 (SVGA); Taxa de contraste: 2000:1; Vídeo Compatibilidade: HDTV; Alimentação: 100 a 240V, AC; 50/60Hz; (automático); Devem ser fornecidos todos os acessórios (Cabos, controle remoto, guia de instalação, manual do usuário); Deve ser fornecida uma caneta Laser; Garantia: 1 Ano."

DICA

A descrição técnica do objeto deve possibilitar a aceitação do maior número de marcas possível. Quando a descrição técnica é formulada de maneira que somente uma marca possa atendê-la, diz-se que há direcionamento do edital, o que constitui séria ilegalidade, conforme farta jurisprudência no Tribunal de Contas da União. Vejamos:

> "Atente para as especificações técnicas sugeridas pelas unidades demandantes, de modo a realizar confrontações com os produtos existentes no mercado, de forma a evitar que sejam elas responsáveis por, via indireta, indicar bens de marcas ou características sem similaridade, com direcionamento indevido da licitação para produto ou fornecedor específico." (TCU, Acórdão 1553/2008, Plenário)

Outra circunstância que merece atenção é com expressões tais como "*alta qualidade*", "*alto rendimento*" e outras similares, pelo motivo de envolver um conceito de ordem subjetiva. Ora, o que vem a ser *alta* ou *baixa* qualidade? Ficará a cargo do julgador decidir, segundo sua impressão pessoal, qual das propostas apresentadas contempla objeto de *alta* qualidade. Termos como esses são totalmente subjetivos e não são admitidos. O mesmo caso de subjetivismo no julgamento ocorre quando, ao especificar uma determinada medida, o TR não o faz com precisão. Ilustramos com a seguinte descrição:

> Mesa de audiência. Tampo confeccionado em madeira aglomerada de aproximadamente 25 mm de espessura, revestida na parte superior com laminado melamínico de alta pressão, com espessura em torno de 0,8 mm. Face inferior contraplacada com lâmina de madeira pintada com selador e verniz.

Notem que os termos grifados na descrição acima sugerida não permitem um julgamento objetivo do Pregoeiro. Afinal, até quanto de espessura poderia ser considerado "aproximado" ou "em torno de"? Nesta hipótese, temos uma especificação ilegal por conter critério impreciso de julgamento. A correta descrição deve estabelecer as medidas com precisão ou apontar a faixa de variação admitida. Como resultado, poderíamos ter o seguinte teor:

> Mesa de audiência. Tampo confeccionado em madeira aglomerada de 25 mm de espessura, revestida na parte superior com laminado melamínico de alta pressão, com espessura 0,8 mm. Face inferior contraplacada com lâmina de madeira pintada com selador e verniz. As medidas relativas à espessura do tampo, bem como do laminado poderão variar em até 0,3 mm para mais ou para menos.

Do novo texto, nota-se que a parte grifada resolveu o problema da imprecisão da especificação e, agora sim, permite julgamento objetivo. O julgador receberá propostas e saberá de antemão o que precisa ser conferido na especificação do licitante.

Indicação de Marca Específica

Dito que a lei proíbe que haja especificação com indicação de marca para os produtos que a Administração deseja adquirir[1], cumpre esclarecer que essa proibição não é restrita aos processos licitatórios, mas às compras de uma maneira geral, nas quais se incluem as aquisições diretas por dispensa e inexigibilidade de licitação. Visa proteger o princípio da competitividade e da isonomia, de forma a não permitir que se escolha este ou aquele produto apenas pela marca, mas sim, pelas vantagens e soluções que as características técnicas apresentam.

Entretanto, é um engano pensar que a Lei 8.666/93 exclui totalmente a possibilidade de a Administração fazer indicação direta da marca do produto que pretende cotar. A indicação de marca sempre será possível quando for tecnicamente justificável. Será justificável quando:

1. **For a única que puder atender ao fim pretendido pela aquisição;**

   Se a Guarda Municipal de um município deu posse a novos agentes, terá que promover licitação para aquisição de rádios transceptores portáteis para entregar a cada um deles, o que significa ampliação do sistema de comunicação por rádio. Mas para isso, os novos rádios devem ser da mesma marca dos que já se encontram em operação, em virtude de protocolos específicos de comunicação, com os quais marcas diversas não se compatibilizam.

2. **A partir de comprovação de ordem técnica, a marca indicada for muito superior às demais existentes no mercado**: representando maior vantagem se considerado o custo-benefício para a Administração.

   Se um produto custa, no mercado, R$ 100,00 por m2 e dura, após sua instalação, um ano e outro R$ 115,00 por m2, porém dura 5 anos instalados, é nítido que o segundo, embora mais caro, traz muito maior vantagem para a Administração.

[1] Lei nº 8.666/93, art. 15, §7º, I – Nas compras deverá ser observada, ainda: a especificação completa do bem a ser adquirido sem indicação de marca.

O edital, propriamente dito, se restringe a regular a competição, conforme já mencionado, mas será o TR que determinará quais as características do objeto e como se dará a execução do contrato, sendo esta parte do TR tão importante quanto as características do objeto. De nada adiantará o interessado ter para venda o equipamento pretendido pelo órgão, segundo as especificações técnicas descritas no TR, se não tiver condições de atender, por exemplo, ao prazo de entrega ou ao prazo de garantia estipulado no TR. Portanto, podemos concluir que o TR constitui peça da maior importância nas licitações, a merecer especial atenção das empresas interessadas.

Projeto Básico

É uma variação do Termo de Referência. Como as licitações na modalidade pregão representam, hoje, a imensa e esmagadora maioria, sobrando, fora as obras, pouca coisa que se licita nas modalidades tradicionais, será raro encontrarmos o documento de referência na forma de Projeto Básico (PB)[2].

Geralmente é utilizado, como dito, além das obras, em licitações para objetos de maior complexidade técnica (serviços complexos na área de TI) ou de natureza predominantemente intelectual (consultorias, elaboração de projetos, treinamento de pessoal).

Mas, apesar da titulação diferente, o PB possui as mesmas funções, características e elementos do TR. Não há distinção entre eles. Quer dizer que, assim como o TR, o PB deverá descrever minuciosamente o objeto, determinar como será apurada, na licitação, a qualificação técnica e dispor sobre as cláusulas contratuais operacionais.

Minuta de Contrato

Se o TR/PB são os documentos de planejamento da contratação e o edital o regulamento do torneio, a minuta do contrato será a principal peça que orientará a execução contratual. Mas nem sempre o edital trará, em anexo, a minuta do contrato.

Segundo o art. 62 da Lei 8.666/93, o termo contratual só será obrigatório nos casos de contratações de valor superior aos estabelecidos como limite para a modalidade convite (ver tabela 2-1), mesmo que a modalidade seja o pregão. Ainda será obrigatório, nas compras de qualquer valor, se o contrato previr alguma obrigação futura, como parcelamento da entrega ou prestação de garantia do fornecedor.

Nos casos em que a lei desobriga a elaboração da minuta do contrato, o instrumento contratual poderá ser substituído por algo mais simples, como Ordem de Serviço, Autorização de Compra ou ainda a Nota de Empenho (o que é mais comum).

[2] Lei n. 8.666/93, art. 6º, IX.

ENTENDA MELHOR

Não raro, os editais carregam outros anexos (além do TR/PB e da minuta do contrato), tais como: declarações (de fato impeditivo de participação, de cumprimento do art. 7º., XXXIII da Constituição Federal, de cumprimento das condições de habilitação); formulário de proposta; carta de credenciamento do representante legal na sessão; planilhas de custo estimado.

Obtendo Acesso ao Edital

Conforme estudamos no Capítulo 1, para participar das licitações é importante manter cadastro atualizado no Registro Cadastral dos órgãos e entidades que promovem licitações, bem como nos provedores de pregão eletrônico. Mas é por meio das publicações de aviso de edital que se tem conhecimento de que um órgão "abriu licitação" para determinado objeto. Os avisos de licitação são publicados no Diário Oficial e também em jornal privado de grande circulação. No caso específico do pregão, tanto no presencial como no eletrônico, é obrigatória a publicação por meio eletrônico. A despeito dessas regras obrigatórias, praticamente todos os órgãos e entidades fazem divulgação em seus respectivos portais na internet.

Ao divulgar a abertura de uma licitação, o órgão que a promoverá publica apenas um aviso, que conterá as informações básicas: data, hora, local, modalidade tipo e como obter o inteiro teor do ato convocatório e demais informações, conforme os exemplos:

Prefeitura Municipal de Jaguariaíva
Departamento de Materiais e Compras

Aviso de Licitação
Pregão Presencial Nº 121/2013

OBJETO: Aquisição de materiais permanente e de consumo do Programa Crescer em Família. - TIPO: Menor Preço por Item - VALOR GLOBAL: R$ 35.494,83 (trinta e cinco mil, quatrocentos e noventa e quatro reais). ABERTURA DA LICITAÇÃO: 19/12/2013. - Horário: 09:00 horas. - LOCAL DE ABERTURA: Prefeitura Municipal. INFORMAÇÕES COMPLEMENTARES: Os Editais poderão ser adquiridos no **email: compras@jaguariaiva.pr.gov.br**. Maiores Informações no Dept.º de Materiais e Compras – sito a Praça Getulio Vargas, 60 - telefone (43) 3535.1833 – Ramais: 226, 228, 230 e 231, no horário: das 09:00 às 11:00 e das 14:00 as 17:00 horas.

Jaguariaíva, 04 de dezembro de 2013.

Elio Zub Junior
Pregoeiro

FIGURA 5-1: Exemplo de Aviso de Licitação Publica em jornal de grande circulação

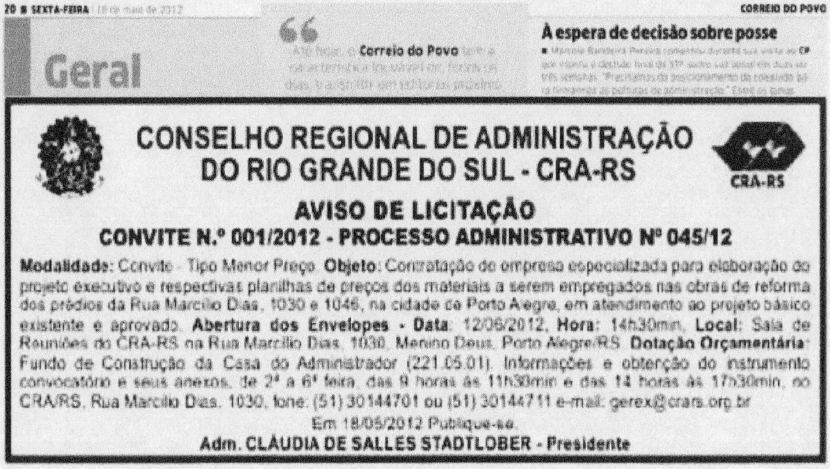

20 ■ SEXTA-FEIRA | 18 de maio de 2012 CORREIO DO POVO

Geral

À espera de decisão sobre posse

CONSELHO REGIONAL DE ADMINISTRAÇÃO
DO RIO GRANDE DO SUL - CRA-RS

CRA-RS

AVISO DE LICITAÇÃO

CONVITE N.º 001/2012 - PROCESSO ADMINISTRATIVO Nº 045/12

Modalidade: Convite - Tipo Menor Preço. **Objeto:** Contratação de empresa especializada para elaboração do projeto executivo e respectivas planilhas de preços dos materiais a serem empregados nas obras de reforma dos prédios da Rua Marcílio Dias, 1030 e 1046, na cidade de Porto Alegre, em atendimento ao projeto básico existente e aprovado. **Abertura dos Envelopes - Data:** 12/06/2012, **Hora:** 14h30min, **Local:** Sala de Reuniões do CRA-RS na Rua Marcílio Dias, 1030, Menino Deus, Porto Alegre/RS. **Dotação Orçamentária:** Fundo de Construção da Casa do Administrador (221.05.01). Informações e obtenção do instrumento convocatório e seus anexos, de 2ª a 6ª feira, das 9 horas às 11h30min e das 14 horas às 17h30min, no CRA/RS, Rua Marcílio Dias, 1030, fone: (51) 30144701 ou (51) 30144711 e-mail: gerex@crars.org.br

Em 18/05/2012 Publique-se.

Adm. CLÁUDIA DE SALLES STADTLOBER - Presidente

FIGURA 5-2: Mais um exemplo de Aviso de Licitação Publica em jornal de grande circulação

A partir da publicação do aviso, a íntegra do edital, bem como todos os seus anexos, deverá estar disponível para os interessados, que poderão obtê-la ao acessar o portal indicado no aviso (conforme a figura 5-1) ou dirigir-se à repartição para obter a cópia (conforme a figura 5-2).

Não raro, o download do edital costuma ser dependente do preenchimento de um cadastro prévio (muitas vezes não vinculado ao registro cadastral do órgão). Esse cadastramento, geralmente, pese apenas as informações básicas, tais como razão social, número do CNPJ, nome do representante legal da empresa e telefones e endereço de e-mail para contato. É uma forma de o órgão controlar o número de empresas que acessaram e baixaram o edital.

Para retirada do edital na repartição, também será bem frequente encontrarmos cobrança para tal. A Lei permite que o órgão cobre do interessado o valor correspondente ao custo de reprodução (cópias) do edital.

Em contraponto, a lei não permite a cobrança de qualquer tipo de taxa de participação e, por isso mesmo, a cobrança que superar o custo de reprodução será considerada ilegal.

NESTE CAPÍTULO

Preparando os envelopes de documentação e proposta

Apresentando propostas nas licitações eletrônicas

Conhecendo as exigências de habilitação (documentação) e critérios de aceitação de propostas

Capítulo 6

Principais Regras do Edital

Sem dúvida, é com uma leitura atenta que o licitante terá condições de se apresentar adequadamente nas licitações. Mas o edital e seus anexos constituem documentos, na maioria dos casos, excessivamente rebuscados, recheados de jargões jurídicos, o que, por si só, já é suficiente para tornar muito difícil a tarefa de interpretá-los corretamente, sem falar que a legislação que regula as licitações são muito complexas (daí a iniciativa de escrever *Para Leigos*).

Adiante e a partir dos textos-padrão encontrados na maioria dos editais, vamos cuidar de esmiuçar as principais regras dos editais de licitação, visando preparar o leitor "leigo" para que tenha melhores condições de participação e sucesso nas licitações de que pretender participar.

Regras de Apresentação de Envelopes nas Licitações Presenciais

Todo edital inicia-se pelo preâmbulo, no qual são inseridas as informações sobre qual órgão e a data, hora e local onde se realizará a licitação. Também é aqui que, em geral, se aponta a forma de apresentação dos envelopes:

> 1- Preambulo
>
> 1.1 – Torna-se público, para conhecimento dos interessados, que na Comissão Permanente de Licitações do Tribunal de Justiça do Estado do Rio de Janeiro, localizada na Praça 15 de Novembro, n.º 02 - Térreo - Sala T-05, Centro, Rio de Janeiro, RJ, será realizada, no dia 29 de maio de 2008, a licitação Nº, na modalidade CONCORRÊNCIA, do tipo menor preço, visando à prestação de serviços técnicos de informática, incluindo as atividades de suporte a hardware e software, de desenvolvimento e os serviços de atendimento aos usuários da Rede Corporativa de Tecnologia da Informação (...).
>
> 1.2 – Os documentos de habilitação, bem como a proposta técnica e a proposta de preço, serão ENTREGUES no local supra indicado, em envelopes em material não translúcido, fechados, distintos, com identificação externa do seu conteúdo, às 14h da data acima designada, sendo ABERTOS a seguir, observado o devido processo legal.

Qualquer que seja a modalidade de licitação, o início da sessão de julgamento não se confunde com o ato de recebimento dos envelopes. A data, hora e local fixados no edital é o marco fatal para o recebimento dos envelopes das licitantes e serve para "fechar" o universo de competidores daquele torneio. No exemplo acima, após as 14 horas, nenhuma empresa poderá entregar envelopes visando participar daquela licitação. Por isso, é extremamente necessário a CPL dar início ao julgamento.

Atrasar o início da sessão não traduz possibilidade de recebimento tardio de novas empresas. Caso a CPL/Pregoeiro repute necessário adiar o início dos trabalhos, estará impedida de receber novos envelopes após o horário marcado no edital.

Digamos que a licitação tenha sido marcada para as 14 horas, mas, neste horário, a sala de sessão ainda não estivesse pronta para receber os licitantes. Neste caso, a autoridade julgadora (CPL ou Pregoeiro, conforme o caso) deve realizar o recebimento dos concorrentes até a hora marcada, mas somente fará a abertura da sessão, convidando os presentes a adentrar no recinto, quando o plenário (sala de sessão) estiver em totais condições de recebê-los. O horário determinado como limite para recebimento dos envelopes será rigorosamente observado, sob pena de violação aos princípios da vinculação ao edital e da isonomia. Ao longo dos anos em que estive à frente de Comissões de Licitação e como Pregoeiro, pude presenciar inúmeros casos de licitante chegando após o horário designado no edital e se frustrando por não recebê-lo no torneio.

Para evitar a decepção de não participar da licitação por ter chegado atrasado, tome o cuidado de verificar com atenção o local exato onde deve haver a entrega dos envelopes, pois o horário se esgota nesse local e não ao adentrar no prédio. Veja no nosso exemplo acima, que a entrega deve ser feita em uma sala específica do prédio. De nada adiantará o licitante estar no prédio no horário, mas não entregar o envelope no local especificamente designado para tal.

Alguns editais fixam um período de tolerância para recebimento após o horário. Digamos: "**Os envelopes deverão ser entregues até as 14 horas na sala de sessão, sendo concedido o período máximo de tolerância de 15 minutos**".Neste caso, a bem da verdade, a autoridade julgadora **não** poderá deixar de receber outros envelopes até que se esgote o período de tolerância, pois ficou **vinculado** à tolerância permitida.

Chegando ao local, a empresa interessada na participação fará a entrega dos envelopes ao servidor designado para isso, além de contrarrecibo em que seja anotado a data e hora de entrega.

DICA

Para evitar a decepção de não participar da licitação por ter chegado atrasado, planeje chegar com boa margem de antecedência, lembrando que muitos prédios públicos possuem protocolos de segurança que tornam engarrafada a entrada do prédio. Além disso, mesmo estando dentro do prédio, caso o licitante não esteja habituado a ele, pode ser demorado encontrar o local da entrega dos envelopes. Se o órgão, por exemplo, for uma universidade pública, essa antecedência deverá ser maior, pois, em virtude da sua extensão, há uma grande probabilidade de o licitante se perder entre os vários prédios que compõem o *Campus*.

Como se viu acima, os envelopes, em número de dois (seriam três nas licitações do tipo melhor técnica e técnica e preço), devem identificar externamente o nome do licitante, o tipo de conteúdo (habilitação e proposta de preços) e a licitação pretendida. No momento da entrega, devem estar devidamente lacrados.

O certame propriamente dito se inicia com a abertura da sala de sessões com um membro da equipe que julgará a licitação, anunciando o torneio em disputa e convidando os participantes a ingressarem no recinto. O licitante possui a faculdade de enviar representantes legalmente habilitados a agir em seu nome para intervir durante o procedimento licitatório. O representante presente deve apresentar-se à mesa de julgamento e identificar-se por meio dos seguintes documentos, os quais poderão ser entregues dentro do envelope de habilitação ou mesmo fora dele, no o caso de o represente ser sócio-gerente:

- Contrato Social ou Estatuto da Empresa;
- RG;

» No caso de procurador (representante comercial), além dos documentos acima, o competente instrumento de mandato (procuração, carta de credenciamento etc.).

A presença de pessoas representando as licitantes não é obrigatória, mas mera faculdade. A empresa poderá apenas fazer a entrega dos envelopes não permanecendo seu representante para acompanhamento da sessão. É ilegal o edital que condiciona a participação da empresa à presença de um de seus representantes legais. Para o julgamento da licitação, é suficiente o encaminhamento dos envelopes.

Após devidamente recebidos os envelopes e credenciados os representantes, cumprirá ao Órgão Julgador anunciar as orientações para fins de prosseguimento dos trabalhos, além de avisos gerais.

Ultrapassada essa etapa, o Órgão Julgador estará apto a iniciar a abertura dos envelopes.

Peculiaridades no pregão presencial

Além da entrega dos envelopes, a participação no pregão presencial depende da fase de **credenciamento**, na qual a empresa se apresenta formalmente assim como o seu representante. Trata-se de uma fase do julgamento importantíssima, pois vai determinar quem, de fato, poderá participar da licitação. Assim, além das orientações anteriores, os editais de pregão presencial costumam trazer a seguinte redação:

> 5 - DO CREDENCIAMENTO
>
> 5.1 – No dia, hora e local designados para a sessão pública, o licitante poderá ser representado por procurador ou preposto, mediante apresentação de:
> 5.1.1 - cédula de identidade, prova de inscrição no Cadastro Nacional de Pessoas Jurídicas (CNPJ), ato constitutivo da sociedade empresária que comprove a capacidade do outorgante e procuração, onde deverão constar PODERES EXPRESSOS PARA A FORMULAÇÃO DE PROPOSTAS EM LANCES VERBAIS, PARA A INTERPOSIÇÃO DE RECURSOS, BEM COMO PARA OS DEMAIS ATOS INERENTES AO CERTAME, conforme modelo sugestivo (Anexo IV). 5.1.2 – declaração de que não incide em qualquer das vedações estabelecidas no art. 3º, § 4º, da Lei Complementar nº 123/06 (Anexo VI), no caso de microempresa ou empresa de pequeno porte.
> 5.2 - Cada credenciado poderá representar um único licitante.
> 5.3 - O credenciamento (Anexo IV) e a declaração (Anexo III) deverão ser entregues fora dos envelopes.

Enquanto nas modalidades tradicionais o licitante se apresenta com envelopes de habilitação e proposta, na modalidade pregão, além desses envelopes, o licitante deverá entregar alguns documentos fora dos envelopes, a saber:

- » Ato Constitutivo (contrato social ou estatuto);
- » Declaração prestada pelo representante legal de cumprimento das condições de habilitação;
- » Procuração ou Carta de Credenciamento, além do RG do procurador;
- » Declaração de Enquadramento na Condição de ME ou EPP (se for o caso), bem como de que não Incide nas vedações estabelecidas no art. 3º, § 4º, da Lei Complementar nº 123/06.

Com essa documentação, a empresa poderá ser credenciada a participar do pregão.

A presença do represente da empresa na sessão tem muito maior importância no pregão do que nas demais modalidades em razão da fase de lances verbais. Mas cumpre salientar que essa presença não pode ser considerada condição obrigatória de participação. A empresa licitante que assim o desejar, poderá simplesmente deixar os envelopes com o agente responsável sem necessariamente permanecer na sessão. Ora, se a licitante apenas deixou os envelopes com a proposta escrita, significa que seu preço escrito é o melhor que pode praticar. Caso ainda tivesse alguma margem de negociação, certamente se faria representar na sessão. Vamos lembrar que o lance não é obrigatório, ou seja, o licitante selecionado para a etapa competitiva não está obrigado a reduzir seu preço, podendo declinar da faculdade de ofertar novos valores. Se é assim, não faz sentido ser ele for forçado a permanecer. Imaginemos a hipótese deste mesmo licitante (sem representante presente) ser o autor da proposta mais vantajosa, isto é, proposta que atende integralmente aos requisitos e critérios de aceitabilidade exigidos e ainda detentora do menor preço. Seria razoável afastá-lo do certame apenas e tão somente pelo fato de que não estava com representante credenciado na sessão? A resposta será, indubitavelmente, negativa.

Regras de Apresentação de Propostas nas Licitações Eletrônicas

Nos pregões eletrônicos a etapa de credenciamento é muito mais simples. Como pudemos ver no Capítulo 2, a participação em licitações nessa modalidade depende de a empresa interessada cadastrar-se nos provedores de pregão eletrônicos.

Para cada licitação presencial, é necessário que o interessado reúna toda lista de documentos especificados para cadastramento, mas, no pregão eletrônico, uma vez cadastrada no sistema por exemplo, `www.comprasnet.com.br`, a empresa estará apta a participar de todos os pregões que o site hospedar.

Interessando-se por uma licitação, o licitante entrará no sistema por meio de uma chave de identificação e sua senha e poderá preencher o formulário de propostas, fazer download do edital e demais documentos pertinentes.

Exigências de Habilitação (documentação)

Um dos pontos cruciais de um edital de licitação é a lista de documentos que deve ser apresentada pelo licitante na fase de habilitação. O edital formula as exigências de habilitação conforme a natureza e o grau de complexidade ou especialização do objeto.

A função desta fase é aferir se o licitante reúne condições para bem e fielmente realizar o objeto, caso se sagre o vencedor, isto é, verificar se o mesmo é pessoa idônea, se detém experiência anterior naquele objeto, se está em dia com suas obrigações fiscais, previdenciárias e tributárias e se possui condições financeiras para assumir o encargo que lhe será confiado. Nos arts. 27 a 31 da Lei nº. 8.666/93 encontram-se discriminados os documentos que servem para habilitação. A documentação é dividida em quatro subgrupos, a saber: *habilitação jurídica; regularidade fiscal e trabalhista; qualificação técnica* e *qualificação econômico-financeira.*

A lista de documentos é rígida, ou seja, os editais não podem "inventar" documentos que não estejam autorizados pela lei.

Passemos, pois, a analisar separadamente cada uma das categorias de documentos.

Habilitação jurídica

A primeira comprovação é a de cumprimento do disposto no art. 7º, XXXII da Constituição Federal, que proíbe o emprego de menores de 18 anos em trabalho noturno, perigoso ou insalubre e ainda qualquer trabalho a menores de 16 anos, salvo na condição de aprendiz, a partir de 14 anos. Essa comprovação se faz por mera declaração, normalmente há modelo como anexo ao edital, que o licitante apresentará dentro do envelope de habilitação. Uma declaração simples com o seguinte teor:

> "DECLARA, para fins de cumprimento ao disposto no inciso XXXIII do art. 7º da Constituição Federal, que não emprega menor de 18 (dezoito) anos, em trabalho noturno, perigoso ou insalubre e não emprega menor de 16 (dezesseis) anos, bem como comunicará a

> Administração Municipal qualquer fato ou evento superveniente que altere a atual situação."

A habilitação jurídica é o conjunto de documentos que visa verificar se aquele que se apresenta, de fato, encontra-se regularizado perante os órgãos estatais. Podem ser exigidos os seguintes documentos, nos termos da Lei 8.666/93:

> Art.28 – A documentação relativa à habilitação jurídica, conforme o caso, consistirá em:
>
> I – cédula de identidade;
>
> II – registro comercial, no caso de empresa individual;
>
> III – ato constitutivo, estatuto ou contrato social em vigor, devidamente registrado, em se tratando de sociedades comerciais, e, no caso de sociedades por ações, acompanhado de documentos de eleição de seus administradores;
>
> IV – inscrição do ato constitutivo, no caso de sociedades civis, acompanhada de prova de diretoria em exercício;
>
> V – decreto de autorização, em se tratando de empresa ou sociedade estrangeira em funcionamento no País, e ato de registro ou autorização para funcionamento expedido pelo órgão competente, quando a atividade assim o exigir.

Não traz maiores dificuldades esse conjunto de documentos pelo fato de constituir-se dos documentos que dizem respeito à própria existência regular (personalidade jurídica) da pessoa — física ou jurídica, conforme o caso — que se apresenta para oferecer proposta. São, portanto, a cédula de identidade (se o licitante for pessoa física); registro comercial, para o caso de empresa individual; contrato social e respectivas alterações se houver, devidamente registrados na Junta Comercial, além de documentação da eleição dos administradores quando se tratar de sociedades por ações (sociedade anônima); inscrição de atos constitutivos para as sociedades civis (ONGs, Fundações, Associações e demais instituições sem fins lucrativos), acompanhada de prova de diretoria em exercício; e, finalmente, decreto de autorização, em se tratando de empresa ou sociedade estrangeira em funcionamento no país, e ato de registro ou autorização para funcionamento expedido pelo órgão competente, quando a atividade assim o exigir.

A questão do registro ou autorização para funcionamento

De especial precisamos esclarecer que esse registro é aquele **necessário** ao exercício da atividade empresarial. Muito embora a nossa Constituição Federal preze pelo Princípio da Livre Iniciativa (qualquer um pode empresariar o que quiser desde que não seja objeto ilícito), algumas atividades exigem maior controle do Poder Público. É o caso, por exemplo, das empresas de vigilância patrimonial, que necessitam de autorização do Departamento de Polícia Federal[01]; ou empresas cuja atividade esteja relacionada a medicamentos, drogas e insumos Farmacêuticos, em que é necessária a Autorização da Anvisa[02], órgão vinculado ao Ministério da Saúde.

Muito importante que se saiba que essa exigência só pode ser formulada nos editais se realmente o exercício da atividade empresária, objeto da licitação, estiver condicionada a essa autorização especial. E isso somente poder ser ditado por lei (vejam as notas de rodapé).

Assim, caso o edital faça exigência dessa natureza, a mesma deverá ter o respaldo legal pertinente. Do contrário, o edital deverá ser impugnado (sobre impugnação veremos mais adiante).

Regularidade fiscal e trabalhista

Uma das exigências clássicas é a de que aquele que quiser realizar negócios com órgãos e entidades do Poder Público, não pode ser seu devedor. No campo da regularidade fiscal, o edital pretenderá "fechar" a licitação para ser disputada apenas por aqueles que estejam regulares perante o fisco.

> Abaixo, os documentos relativos, conforme art. 29, da Lei 8.666/1993
>
> I – prova de inscrição no Cadastro de Pessoas Físicas (CPF) ou no Cadastro Geral de Contribuintes (CGC);
>
> II – prova de inscrição no cadastro de contribuintes estadual ou municipal, se houver, relativo ao domicílio ou sede do licitante, pertinente ao seu ramo de atividade e compatível com o objeto contratual;
>
> III – prova de regularidade para com a Fazenda Federal, Estadual e Municipal do domicílio ou sede do licitante, ou outra equivalente, na forma da lei;
>
> IV – prova de regularidade relativa à Seguridade Social e ao Fundo de Garantia por Tempo de Serviço (FGTS), demonstrando situação regular no cumprimento dos encargos sociais instituídos por lei. (Redação dada pela Lei nº 8.883, de 1994)
>
> V – prova de inexistência de débitos inadimplidos perante a Justiça do Trabalho, mediante a apresentação de certidão negativa,

[01] Lei 7.120/83, art. 20 c/c Portaria 3.233/2012-DPF

[02] Lei nº 6.360/76, Decreto nº 79.094/77 e Lei nº 9.782/99Decreto nº 3.029/99

nos termos do Título VII-A da Consolidação das Leis do Trabalho, aprovada pelo Decreto-Lei no 5.452, de 10 de maio de 1943. (Incluído dada pela Lei nº 12.440, de 2011)

No que tange às certidões negativas das Fazendas Públicas, é importante frisar que o tributo cuja regularidade se pretende verificar é aquele que diz respeito à atividade empresária do licitante, ou seja:

» **Certidão de Tributos Federais** para comprovar regularidade com a Fazenda Federal;

» **Certidão Negativa de Débito em relação ao ICMS**, para comprovar a regularidade com a Fazenda Estadual;

» **Certidão Negativa de Débito em relação ao ISS** para comprovar a regularidade com a Fazenda Municipal.

Os documentos que comprovam a regularidade para com o sistema de seguridade social (Certidão Conjunta da SRF e INSS e do FGTS, esta, expedida pela Caixa Econômica Federal) jamais poderão deixar de ser exigidos dos licitantes por força do disposto no art. 195, § 3º, da CF, que proíbe o Poder Público de contratar pessoa jurídica em débito com o sistema de seguridade social. Trata-se, pois, de exigência obrigatória em qualquer licitação neste País.

Desde 2011, passou a ser exigida também a CNDT, *Certidão Negativa de Débitos Trabalhista*, expedidas pela Justiça do Trabalho, obrigatória em todas as licitações. Mas não se deve confundir essa comprovação de regularidade com uma certidão emitida pelas Delegacias Regionais do Trabalho desde 1968.

DICA

"ACORDAM os Ministros do Tribunal de Contas da União, reunidos em Sessão do Plenário, ante as razões expostas pelo Relator, em: (...) Determinar ao Senac/RS que em futuras licitações abstenha-se de: (...) exigir certidão negativa de débito salarial prevista no Decreto-Lei n. 368/1968 e fornecida pelas Delegacias Regionais do Trabalho como condição para a habilitação de licitantes, ante a falta de amparo legal para tanto; (TCU, Acórdão 737/2012 – Plenário)"

A despeito de a Lei ser bastante clara no sentido de que não se pode exigir o que nela não foi descrito, alguns editais insistem em fazer exigências impertinentes e inadequadas no campo da regularidade fiscal, tais como certidões de *não contribuinte* ou comprovação de regularidade com a tributos não relacionados com o exercício da atividade empresária, tais como: certidão negativa de débito com o IPTU ou o IPVA, tributos que não se relacionam com a atividade empresarial. Essas exigências devem ser afastadas dos editais por meio de impugnação, pois se constituem em exigência impertinente e, por isso mesmo, restringem ilegalmente o caráter competitivo do torneio.

PAPO DE ESPECIALISTA

Uma das maiores autoridades em matéria de licitações e contratos, o Professor Marçal Justen Filho, ensina que a comprovação de que trata o art. 29 da Lei Geral é fiscal, e não fazendária. Daí porque a exigência de regularidade em relação, por exemplo, ao IPTU e IPVA — tributos fazendários de natureza não fiscal — não guarda conexão com o sistema da Lei[03]. Idêntico é o caso da exigência das certidões de *não contribuinte*. O art. 29, II, é explícito no sentido de que a comprovação de inscrição no Cadastro de Contribuinte será feita de acordo com o "ramo de atividade e compatível com o objeto contratual." Na hipótese de o objeto da licitação ser a aquisição de um equipamento, a prova de inscrição ora tratada deverá ser relativa ao cadastro de contribuinte estadual (ICMS). Não será necessário que o licitante apresente comprovação de "não ser contribuinte" do ISS.

DICA

Veja como decidiu o Tribunal de Contas da União: "Determinar à Subsecretaria de Planejamento, Orçamento e Administração que as exigências de regularidade fiscal nos certames licitatórios atenham-se ao que dispõe o art. 29 da Lei 8.666/93, e que essas exigências não sejam excessivas para não se confundirem com instrumento indireto de cobrança de tributos e créditos fiscais, o que configuraria desvio de poder, e também para não restringirem o caráter competitivo da licitação." (Acórdão n. 04/2006, Processo n. 009.651/2006, 2ª. Câmara)

Note-se, por fim, que a lei exige apenas e tão somente **regularidade**. Não usa a expressão **quitação**. Por regularidade, entende-se o tributo que, muito embora não tenha sido recolhido (pago), está em parcelamento ou obteve efeito suspensivo em grau de recurso. Se o contribuinte foi autuado, mas recorreu da autuação, apesar de não ter pago o valor da autuação, não está irregular. Nesses casos, a Fazenda correspondente (Estadual ou Municipal) expedirá uma *Certidão Positiva com Efeito de Negativa*. Isso será suficiente para atender à exigência da lei.

Qualificação técnica

Neste conjunto de documentos verifica-se se o proponente reúne experiência na execução daquele objeto; se tem, à disposição, instalações, máquinas, ferramentas e equipamentos adequados; se conta em seus quadros com profissional habilitado e equipe técnica com formação e experiência necessárias à perfeita execução do contrato.

Imagine que uma Prefeitura pretenda contratar uma obra, por exemplo, a construção de um hospital. Deve cerca-se de cuidados para verificar se o licitante conta com engenheiro civil devidamente habilitado e com experiência adequada.

Em falar nisso, normalmente são exigidos em licitações de serviços e obras e, só com alguma raridade, vemos nas aquisições.

[03] O art. 27, IV, da L. 8.666/93 fala em "Regularidade Fiscal".

De acordo com a legislação (art. 30, da Lei 8.666/1003), podem ser exigidos os seguintes documentos:

> I – registro ou inscrição na entidade profissional competente;
>
> II – comprovação de aptidão para desempenho de atividade pertinente e compatível em características, quantidades e prazos com o objeto da licitação, e indicação das instalações e do aparelhamento e do pessoal técnico adequados e disponíveis para a realização do objeto da licitação, bem como da qualificação de cada um dos membros da equipe técnica que se responsabilizará pelos trabalhos;
>
> III – comprovação, fornecida pelo órgão licitante, de que recebeu os documentos, e, quando exigido, de que tomou conhecimento de todas as informações e das condições locais para o cumprimento das obrigações objeto da licitação;
>
> IV – prova de atendimento de requisitos previstos em lei especial, quando for o caso.

Registro em entidade profissional

As profissões de nível superior, em sua maioria, são exercidas pelos profissionais sob a fiscalização de entidades que têm a finalidade justamente de acompanhar e fiscalizar o seu exercício. São os Conselhos Regionais da respectiva profissão. Assim, e para ficar no exemplo acima, o engenheiro, se formar na faculdade, ainda não pode responsabilizar-se por projetos de engenharia. Antes, deverá inscrever-se no Conselho Regional de Engenharia e Arquitetura (CREA). Sem estar inscrito no CREA, o indivíduo, mesmo que tenha concluído a faculdade de engenharia, não poderá exercer a profissão.

Do mesmo modo, para o exercício de atividades empresariais que importem no exercício de profissões regulamentadas e fiscalizadas por estes Conselhos, a Lei que regula tal profissão impõe seja a empresa registrada na respectiva entidade profissional fiscalizadora (OAB, CREA, CRA, CRQ etc.). Se a Lei impõe esse dever, logo a primeira anotação que se faz é que, caso a atividade exija, o edital **deverá** obrigar o licitante a comprovar tal registro. Não será, portanto, uma faculdade, sob pena de admitir contratar com empresa irregular.

Comprovação de aptidão para desempenho da atividade

Este documento comprova ter o licitante experiência anterior na execução de atividade de mesmas características do objeto que está sendo disputado na licitação. Também serve para demonstrar que a empresa é, de fato, do ramo pertinente ao objeto, o que confere muito mais segurança na contratação, caso ela seja a vencedora da disputa. Essa comprovação é feita por meio de declaração emitida, a favor do proponente, expedida por clientes seus anteriores, que dê conta de que aquele licitante executara de forma satisfatória o contrato anterior. São conhecidos como atestados de capacidade técnica. Vamos a um exemplo bem simples.

Uma secretaria estadual pretende comprar 1mil computadores e exige o atestado de capacidade técnica na fase de habilitação, de modo que os licitantes comprovem ter fornecido anteriormente equipamentos de informática. A empresa interessada e que detém essa experiência solicitará de seu cliente, para quem já efetuara venda de equipamentos, uma declaração com o seguinte teor:

> A Secretaria Estadual de Educação declara para os devidos fins que a empresa Dias & Dias Parados Ltda. forneceu para esta Prefeitura 500 notebooks e 500 impressoras jato de tinta, com garantia de fábrica de 2 anos, não tendo havido nada que comprometesse sua reputação ético-profissional, cumprindo integralmente as disposições contratuais estipuladas"

ENTENDA MELHOR

A comprovação, como visto, sempre se dará por declarações emitidas por pessoas jurídicas públicas ou privadas. Não serão aceitas declarações emitidas por pessoas físicas. Devem se referir à execução anterior compatível com o objeto da licitação em características, quantidades e prazos. Entende-se por características do objeto a especificidade do mesmo, com suas nuances mais relevantes; quantidades, lógico, o volume da coisa que se pretende contratar; e prazo, diz respeito ao tempo de duração da obra ou do serviço. Estes três elementos, somados, presumem maior segurança de que o licitante não utilizará o contrato em jogo para experiências.

O interesse coletivo reclama que os contratos sejam celebrados com empresas aptas e já experimentadas, com a ressalva de que é vedada qualquer exasperação ou o excesso de rigor nesse sentido. Se a Administração pretende contratar serviço de limpeza higiene e conservação de um prédio com 30milm^2 de área interna, corresponderá às características do serviço quesitos tais como: a proporção de área mobiliada e área livre; se o prédio tem ou não área externa; se é alto ou linear, se haverá fornecimento de material de limpeza, se há espaços de área de risco (hospitais, laboratórios, fábrica de explosivos). As quantidades serão medidas pela área total do prédio. Finalmente, o prazo terá como parâmetro o tempo inicial de duração previsto para o contrato.

Para compras, bastará que o cliente anterior do licitante emita a declaração conforme acima exemplificamos. Mas, para obras e serviços, a declaração muda um pouco e ganha um outro ingrediente.

Como a prestação de serviços e as obras quase sempre envolvem uma atividade profissional vinculada a um Conselho Profissional, os atestados emitidos a favor dos licitantes, antes de serem apresentados na licitação, devem ser

registrados na entidade competente (se o atestado é referente a uma obra, o mesmo deverá ser registrado no CREA). Uma vez que o atestado é registrado, o Conselho emite uma certidão chamada de **Atestado de Responsabilidade Técnica**(ART). É este ART que será apresentado no dia da licitação. O esquema a seguir resume bem a matéria.

Nas compras:

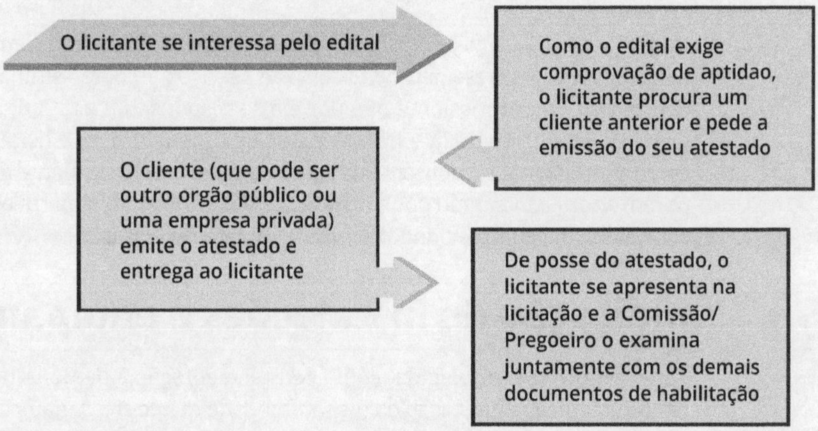

FIGURA 6-1: Esquema para emissão do Atestado de Responsabilidade Técnica (ART)

Nas obras e serviços:

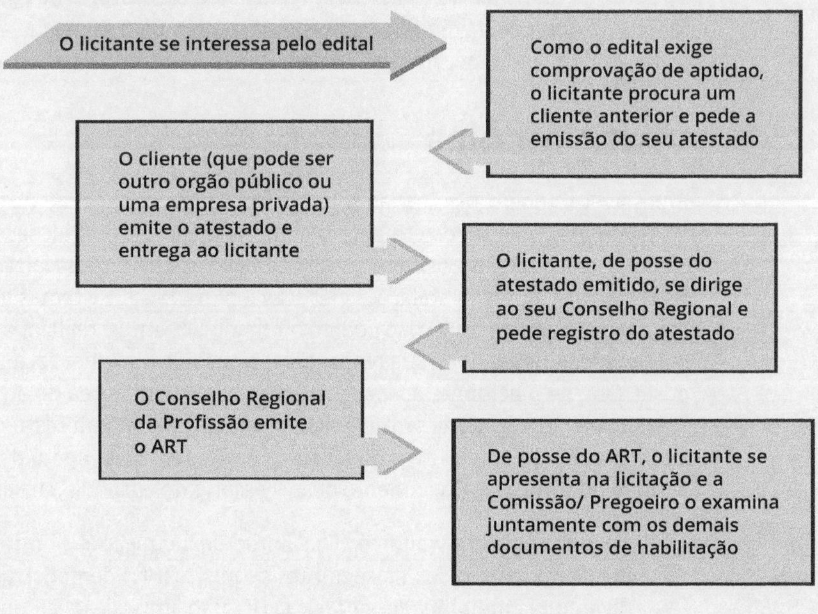

FIGURA 6-2: Esquema para emissão do Atestado de Responsabilidade Técnica (ART)

A comprovação de aptidão para obras e serviços pode ser de duas espécies: capacidade *técnico-profissional* ou *técnico-operacional.*

A primeira visa demonstrar que o licitante tem em seus quadros, **na data da licitação**, profissional de nível superior detentor de ART por execução de serviços compatíveis. Ou seja, não será verificado se a empresa Dias & Dias Parados Ltda. executou a obra ou o serviço, mas se conta em seus quadros com um profissional com a experiência necessária, mesmo que tenha realizado o serviço anterior por outra empresa.

Já a capacitação *técnico-operacional* terá como finalidade a demonstração de que a própria empresa já teria executado serviços ou obras similares, independentemente do profissional que por ela se responsabilizou. A distinção é relevante dado ao fato de que haverá casos em que a empresa licitante apresenta como profissional responsável um técnico detentor de excelente acervo técnico, porém agora contratado por empresa cujo histórico não registra obras ou serviços de mesma complexidade técnica do objeto da licitação.

Indicação de instalações e equipamentos

Também poderá ser exigida, como complementação à demonstração de qualificação técnica, a indicação da disponibilidade de recursos materiais e humanos para a realização do objeto. As instalações e o aparelhamento devem ser também compatíveis com a execução do objeto de maneira que possa induzir um mínimo de garantia para a Administração de que o licitante terá condições de suportar o contrato a que se propõe. É de extrema importância quando se trata de licitação que envolva assistência técnica em laboratório ou oficina próprios, tais como: locação de máquinas ou equipamentos com assistência técnica, contratação de oficina mecânica para manutenção da frota etc.

Visita técnica

É possível também facultar ao interessado tomar conhecimento das condições locais de execução do objeto para o cumprimento das obrigações contratuais. É conhecido atestado de visita técnica. É comum nas licitações típicas de engenharia (reformas, obras, instalações elétricas e hidráulicas, sistemas informatizados etc.). O edital, entretanto, não poderá obrigar o licitante a realizar a visita técnica, pois a única finalidade de sua realização é possibilitar melhor formulação da proposta. Ora, se o licitante, apenas com base nas informações do ato convocatório se sente em condições de formular sua proposta para a Administração, exigir que assim mesmo se apresente para tal fim, configura cerceamento do caráter competitivo do torneio, pelo aumento desnecessário do custo de participação.

DICA

"A exigência de visita técnica antes da licitação é admitida, desde que atendidos os seguintes requisitos: (i) demonstração da imprescindibilidade da visita; (ii) não imposição de que a

> visita seja realizada pelo engenheiro responsável pela obra; e (iii) não seja estabelecido prazo exíguo para os licitantes vistoriarem os diversos locais onde os serviços serão executados." (TCU, Acórdão no. 2.628/2014)

Qualificação econômico-financeira

Muitas vezes, a empresa precisa investir capital para executar um contrato. Em determinadas situações, esse investimento é elevado, como em uma obra por exemplo. Como na Administração Pública **é proibido o pagamento antecipado**, esse investimento sempre é muito elevado, pois o pagamento somente ocorre após a execução da parcela. Se foi contratada uma obra, a empresa responsável irá primeiro adquirir material de construção, pagar funcionários, executar a primeira parcela da obra, para, somente após, emitir a Nota Fiscal (NF). Quer dizer que ela precisou investir na obra para depois se ressarcir dos custos e receber o lucro proporcional. E não é só isso. Como o pagamento é um processo burocrático, após a emissão da NF, o pagamento pode levar mais 30 dias, sendo que o contrato permanece operando e gerando mais investimentos por parte do contratado.

Resultado disso é que o empresário, ao assumir um contrato com um órgão público, precisa ter fôlego financeiro para honrar com as suas obrigações. Assim, quem for contratar com órgão ou entidade do Poder Público deve demonstrar possuir condições de suportar esse investimento. Aqueles que não possuem tais condições acabam por abandonar o contrato, justamente por não terem como sustentar os investimentos necessários.

A qualificação econômico-financeira cumpre a finalidade de angariar elementos que permitam minimizar o risco de que o futuro contrato possa não ser suportado pelo contratado. Dependendo do vulto da contratação e/ou da complexidade técnica do objeto, deve o órgão promotor da licitação cercar-se de cuidados de modo a selecionar proponentes que tenham saúde financeira suficiente para suportar os encargos do próprio contrato.

> I – balanço patrimonial e demonstrações contábeis do último exercício social, já exigíveis e apresentados na forma da lei, que comprovem a boa situação financeira da empresa, vedada a sua substituição por balancetes ou balanços provisórios, podendo ser atualizados por índices oficiais quando encerrado há mais de 3 (três) meses da data de apresentação da proposta;
>
> II – certidão negativa de falência ou concordata expedida pelo distribuidor da sede da pessoa jurídica, ou de execução patrimonial, expedida no domicílio da pessoa física;
>
> III – garantia, nas mesmas modalidades e critérios previstos no "caput" e § 1o do art. 56 desta Lei, limitada a 1% (um por cento) do valor estimado do objeto da contratação.

ENTENDA MELHOR

Ainda segundo a legislação, a exigência de índices, cuja finalidade é a de demonstrar se o licitante possui boa capacidade financeira, deverá ser proporcional aos compromissos que terá que assumir caso lhe seja adjudicado o contrato. Não é permitida a exigência de valores mínimos de faturamento anterior ou índices de rentabilidade ou lucratividade.

Também poderá o edital exigir, nas licitações de compra cujo objeto seja para entrega futura ou na execução de obras e serviços, um percentual mínimo de Capital Social ou de patrimônio líquido. Também será possível estabelecer uma caução em garantia para fins de participação, na razão de 1% do valor estimado da contratação.

A exigência de capital mínimo ou o valor do patrimônio líquido não pode exceder a 10%.

Poderá ser exigida também, a relação dos compromissos assumidos pelo licitante que importem diminuição da capacidade operativa ou absorção de disponibilidade financeira, calculada em função do patrimônio líquido atualizado e sua capacidade de rotação.

Balanço patrimonial e demonstrações contábeis

O balanço patrimonial do último exercício e demais demonstrações contábeis só terão utilidade se o edital fixar os índices que considera como sendo aptos a indicar "boa saúde financeira". De acordo com o que dispõe o § 1º do art. 31, a Administração poderá fixar índices com o fito de aferir a capacidade financeira do licitante em razão dos compromissos que terá de assumir caso se torne o vencedor ao final do certame.

Os mais utilizados são: o ***ILC*** (índice de liquidez corrente), que compara as dívidas de curto prazo com o Ativo Circulante; o ***ILG*** (índice de liquidez geral), que confronta as dívidas de curto prazo mais as de longo prazo com o Ativo Circulante e o Realizável a Longo Prazo; e também o ***IE*** (índice de endividamento), que tem por finalidade expor o nível de financiamento do capital da empresa. O parâmetro utilizado para fins de cadastramento no SICAF para o ***ILC***, por exemplo, é de 1, ou seja, indica que para cada real de dívidas de curto prazo, há R$ 1,00 no ativo circulante. Somente se justificaria a utilização de índices mais elevados no caso de objeto de maior complexidade e que envolvesse grande vulto, sob pena de agressão ao princípio da igualdade e da competitividade. Poderá ainda exigir-se comprovação de capital mínimo ou de patrimônio líquido mínimo, o que também é aferido no balanço patrimonial.

ENTENDA MELHOR

A lei fala em "balanço patrimonial do último exercício", mas esse balanço só pode ser extraído da escrituração contábil de empresas que já tenham pelo menos um ano de atividade social. Uma empresa recém-criada não pode ter balanço do último exercício simplesmente porque no último exercício ela ainda não existia. Isso, em princípio, excluiria a participação de empresas jovens, o que afrontaria o princípio da igualdade (Capítulo 1). A solução é o edital, alternativamente, exigir de empresas jovens o "balanço de abertura", uma vez que balancetes provisórios também são proibidos de serem exigidos nos editais.

Certidão de falências e recuperação judicial

A decretação de falência de uma empresa encerra as suas atividades e permite ao Poder Judiciário administrar os ativos e passivos dessa empresa para que ela salde as suas dívidas. Ora, se uma empresa está em plena execução de um contrato e tem a sua quebra decretada, o órgão contratante sofrerá graves prejuízos pois o contrato também será interrompido. Para evitar essa "surpresa", os editais poderão exigir que as empresas apresentem certidão emitida pelo Poder Judiciário que dê conta de que ela não está sofrendo nenhuma ação falimentar.

A certidão negativa de distribuição de pedidos de falências e recuperação judicial deve ser expedida pelo Cartório Distribuidor da sede do licitante, por força do art. 3º, da Lei nº. 11.101/2005[04]. Nos casos em que o licitante possui vários estabelecimentos (matriz e filiais) a certidão ora tratada deverá ser aquela relativa à sede do estabelecimento autor da proposta. Portanto, nada provará uma certidão emitida pelo cartório da sede de uma das filiais do licitante, no caso em que a matriz for a autora da proposta.

Garantia de proposta

Uma outra forma que a lei entendeu ser pertinente para verificar "boa situação financeira" é o edital exigir do licitante uma garantia financeira de 1% do valor estimado da licitação como condição de participação na mesma. Esta garantia, quando exigida poderá ser apresentada na forma de caução em dinheiro, a ser depositada em conta indicada no próprio edital; título da dívida pública; fiança bancária ou ainda seguro-garantia. A opção por qual modalidade de garantia será sempre do licitante, que poderá escolher a que lhe parecer mais conveniente.

Essa exigência **não** pode ser formulada nas licitações realizadas na modalidade pregão (presencial ou eletrônico).

A forma de apresentação da documentação nas licitações presenciais

De acordo com os termos do art. 32 da Lei 8.666/93, os documentos exigidos na fase de habilitação deverão ser acondicionados em envelopes opacos e devidamente lacrados para serem apresentados no dia da licitação e poderão ser apresentados sob três formas:

[04] Art. 3º - É competente para homologar o plano de recuperação extrajudicial, deferir a recuperação judicial ou decretar a falência, o juízo do local do principal estabelecimento do devedor ou da filial de empresa que tenha sede fora do Brasil.

- Em original;
- Por qualquer processo de cópia autenticada por cartório ou por servidor da Administração;
- Por publicação em órgão da imprensa oficial.

Quem faz a escolha é o licitante. Não pode o edital, a Comissão ou o Pregoeiro indicar uma forma específica para a apresentação da documentação. Notem que a alternativa indicada no item *b* acima faz referência à cópia autêntica. Logo, não será válida a entrega da cópia do documento sem que tenha passado por processo de autenticação, que nada mais é senão a fé pública de que a cópia representa com fidelidade o original.

Não menos importante, ainda em relação à cópia autêntica, é o fato de que o próprio agente público (Pregoeiro, Presidente ou membro de Comissão de Licitação) poderá autenticar as cópias apresentadas pelo licitante. Para isso, é necessário que, além das cópias, o licitante também traga para a sessão os respectivos originais para serem conferidos com as cópias.

Infelizmente, é muito frequente encontrarmos Pregoeiros e Comissões de Licitação que se recusam a dar autenticação nos documentos dos licitantes. Mas é importante o interessado ter consciência de que essa alternativa é um direito seu que não pode ser suprimido. Ou seja, os Pregoeiros e Comissões são **obrigados** a dar autenticação em documentos para fins de habilitação em licitações sempre que o licitante assim o desejar.

Empresas já cadastradas no órgão promotor da licitação não precisam apresentar os documentos exigidos no edital e que já constem de seu cadastro. A Comissão/Pregoeiro consultará o cadastro para realizar a análise de habilitação. Trata-se de outra faculdade atribuída ao licitante cadastrado, independentemente de anuência do edital.

A forma de apresentação da documentação na licitação eletrônica

Na licitação na forma eletrônica, obviamente, não há envelopes. Todo o processamento se dá pelo sistema do provedor. É por lá que se faz o *download* do edital e seus anexos; preenchem-se as propostas; é por onde são interpostas impugnações, pedidos de esclarecimentos e recursos e também onde ocorre a disputa por lances. Mas os documentos continuam a ser apresentados por meio físico.

Como já explicitado na lição do Capítulo 2, uma vez declarado vencedor, o licitante será, via sistema, convidado a apresentar os documentos exigidos para a habilitação, lembrando que, no Pregão (presencial e eletrônico), só se analisa a habilitação do vencedor na fase de lances. A apresentação dos documentos se dá logo após o Pregoeiro declarar o licitante vencedor por transmissão via eletrônica (documento escaneado) ou por fax. Os originais ou cópias autênticas devem ser entregues por correio em até três dias úteis contados da declaração de vencedor, para ratificação da habilitação. Caso o licitante vencedor não transmita imediatamente os documentos ou não faça a remessa dos originais ou cópias autenticadas no prazo legal, será considerado inabilitado, podendo, inclusive, receber uma punição administrativa por esse fato.

Critérios de Aceitação de Propostas

O documento principal da fase de proposta é, claro, a própria. O Termo de Referência/Projeto Básico fixa regras específicas para a apresentação das mesmas. A essas regras chamamos de "critérios de aceitabilidade de proposta". Por critério de aceitabilidade entende-se tudo aquilo que deve ser observado pelo proponente, sem o qual a proposta não poderá ser admitida. Em geral, constituem critérios de aceitabilidade:

- Especificações técnicas do objeto;
- Condições de execução do contrato;
- Certificações de órgãos técnicos;
- Apresentação de amostras do produto;
- Planilhas de composição de custos (nas licitações para contratação de obras e serviços);
- Preço máximo;
- Prazo de validade da proposta;
- Outros requisitos formais.

É bastante comum os editais acompanharem um formulário padrão de proposta, com exceção das licitações eletrônicas, visto que o formulário já estará disponível no sistema e é o único meio de apresentação de propostas.

Para as licitações presenciais, recomenda-se que o licitante preencha o formulário que acompanha o edital, visando minimizar a ocorrência de falhas na formulação que poderiam provocar sua desclassificação. Mas como o preenchimento deste formulário não pode se tornar obrigatório, o proponente poderá optar por utilizar papel timbrado próprio. Neste caso, sua proposta deverá observar integralmente as especificações e demais condições fixadas no ato convocatório sob pena de desclassificação.

Por requisitos formais, entenda-se a forma como deverá ser apresentada a proposta, ou seja, a forma de preenchimento. Nas licitações presenciais, muitos editais determinam que a proposta venha datilografada ou digitada, norma que, no máximo, visa obter um pouco de organização e tornar a proposta inteligível.

Também costuma-se exigir que a proposta seja apresentada em duas ou mais vias; que não contenha rasuras, ressalvas ou entrelinhas. A fixação dessas formalidades, todavia, não deverá induzir desclassificação caso desatendida, exceto na hipótese da proposta ter se tornado ilegível. Por exemplo: se o edital determinava que a proposta fosse formulada em editor de texto e impressa, mas o licitante preferiu escrevê-la a mão, a proposta somente seria afastada caso não estivesse legível o seu teor, jamais pelo fato de ter sido formulada de próprio punho.

CASOS E CAUSOS

Certa vez, em um pregão presencial em que o objeto eram 750 livros para a Biblioteca um dos licitantes indagou-me se poderia apresentar a proposta formulada a mão e apenas o valor numérico. Quer dizer, não só não a digitaria, como também não preencheria os campos destinados ao valor por extenso. Como cada um era uma obra específica, a licitação era de 750 itens distintos, justificou seu pedido pelo fato de que levaria muito tempo para formular a proposta. Claro que aceitei o pedido, deixando o alerta de que, se por acaso houvesse rasura que impossibilitasse ler corretamente a proposta, eu seria forçado a recusá-la (apenas em relação aos itens cuja redação estivesse truncada, conforme lecionamos no Capítulo 2).

Documentos que podem ser exigidos junto com a proposta

É possível solicitar que a proposta venha acompanhada de outros documentos que complementem seu conteúdo, de modo a viabilizar uma melhor análise pelo Pregoeiro/Comissão quanto ao atendimento dos requisitos exigidos no edital. Por isso, pode haver a previsão de apresentação de certos documentos, tais como certificados de aferição, catálogos técnicos, planilhas de custos (em geral nas licitações de serviços) entre outros. De importante é preciso salientar que essas exigências só podem ser formuladas caso seja absolutamente necessário. Não pode configurar exigência irrelevante ou impertinente, sob pena de tornar anulável o edital. Podemos citar como exemplos: manuais e desenhos técnicos, termos de garantia, certificados de adequação a normas de qualidade, quando obrigatórios por lei, etc.

Para ilustrar, tomemos o caso de produtos do segmento de telefonia (aparelhos celulares, rádios transceptores, aparelhos telefônicos convencionais). Segundo a Resolução 242/2000 da Anatel, todos estes produtos devem sofrer processo de verificação junto àquela agência reguladora a fim de obter Certificado de Homologação, sem o qual, o produto não poderá ser comercializado. Como se trata de uma condição legal de comercialização, é passível de ser exigida nas licitações e deverá constar dentro do envelope de proposta.

Documentos da proposta nas licitações eletrônicas

Já foi dito que nas licitações eletrônicas a proposta é preenchida diretamente no sistema informatizado que hospeda a licitação, e que os documentos de habilitação são encaminhados via eletrônica ou fax e, posteriormente, por correio. Para a fase de proposta nos pregões eletrônicos, pode haver um problema. Como a licitação é anônima até o encerramento da disputa por lances, caso haja a necessidade de apresentação de algum documento, o mesmo não poderá revelar a identidade do proponente. Poderá, no máximo, fazer referência à marca/modelo do produto cotado. A apresentação de tais documentos seguirá a mesma orientação para o envio dos documentos de habilitação: meio eletrônico ou fax.

Preço máximo

O critério de preço máximo é aquele em que o edital já informa qual o valor máximo que está disposto a pagar pelo objeto. Uma vez estabelecido o limite de preços, o proponente que o superar em sua proposta será desclassificado sumariamente. Em que pese ser um critério absolutamente objetivo, muito órgãos acabam fazendo confusão com outro parâmetro de preços, que é o valor estimado da contratação (ou também chamado de valor de referência). O licitante deve ficar atento, pois muitos Pregoeiros e Comissões acabam desclassificando propostas que tenham superado o valor estimado, sem que o edital tenha fixado o limite máximo de preços.

Diferença entre "valor estimado" e "valor máximo"

ENTENDA MELHOR

Em qualquer situação que um órgão ou entidade pública necessite contratar algo, tenha ou não licitação, deverá proceder à investigação do mercado a que corresponde o objeto para apurar seu valor de mercado, de acordo com as especificações. A partir desse resultado, poderá decidir sobre a conveniência ou não da despesa. Logo, a apuração do valor de mercado (valor estimado da contratação ou ainda valor de referência) constitui ato da fase de planejamento da contratação. Repetindo: toda contratação exige prévia apuração de preços de mercado. Trata-se de ato obrigatório. E deve retratar fielmente a média do mercado. Portanto, o resultado obtido não pode ser arbitrado pelo órgão, mas sim se referir a dados coletados no mercado, a partir de contratações assemelhadas por outros órgãos e/ou cotações fornecidas por empresas consultadas diretamente pelos setores administrativos do órgão contratante.

DICA

O TCU, analisando hipótese em que o órgão auditado deixou de realizar a pesquisa de mercado, assim determinou: "Abstenha-se de utilizar a variação de índice inflacionário para estimar o custo de bens e serviços a serem licitados, realizando, para tal mister, a devida pesquisa de mercado, nos termos do art. 43, inciso IV, da Lei 8.666/1993." (Acórdão 2361/2009 Plenário)

Já a fixação do valor máximo, por tratar-se de critério de aceitabilidade de proposta, não é obrigatória. É uma faculdade a ser exercida caso a caso. Um mesmo órgão poderá fixá-lo em um edital e, em outro, preferir não fazê-lo. Trata-se de um valor que representa o limite máximo a que o órgão está disposto a pagar pelo objeto da licitação. Um limite que, uma vez superado pelo proponente, como dito acima, acarretará a sua desclassificação.

O problema do uso incorreto do "preço máximo"

O valor estimado normalmente não é divulgado no edital. E nem tampouco precisa sê-lo. Mas deve constar do processo licitatório. Considerando que o processo licitatório é de domínio público, qualquer interessado terá o direito de conhecer o valor que o órgão estimou para aquela contratação, bastando para isso que faça "vista" dos autos.

A expressão "vistas dos autos" é utilizada nos corredores das repartições públicas e, principalmente, nos órgãos do Poder Judiciário. No linguajar jurídico, quer significar "ter acesso (ver) ao processo" ou "ter o processo em mãos". Assim, quando falamos em ter vista dos autos, queremos dizer "ter acesso a ele.

Mas se o órgão estabeleceu o limite máximo de preço que está disposto a pagar, é obrigatório que o divulgue no edital. A despeito disso, muitos órgãos insistem em não divulgar os valores de referência e, pior ainda, o valor máximo, o que constitui uma grave ilegalidade. **o licitante tem direito de saber o valor estimado da contratação!!!**

Outra ilegalidade que vem sendo cometida por muitos Pregoeiros é a desclassificação da proposta quando seu valor termina acima do **valor estimado**. A proposta só pode ser desclassificada por motivo de preço quando ela supera o **valor máximo** (que já vimos serem coisas diferentes). Se o edital nada informa quanto a esse critério de aceitabilidade, significa que não o estabeleceu. Logo, não pode servir de motivo de desclassificação a mera superação do valor estimado. Mesmo porque o órgão não estará impedido de realizar a contratação com valor acima do estimado, desde que o mesmo esteja dentro da faixa normal de mercado (lembrando que o valor estimado da contratação é sempre estabelecido com a média do mercado, o que induz a existência de preços mais elevados e mais baixos).

Exigência de amostra do produto

Nas licitações para aquisição de produtos, muitos editais também exigem que o licitante apresente uma amostra do produto por ele cotado, cuja especificação não permita uma minuciosa caracterização, exemplo, material de escritório, material de limpeza, suprimentos de informática, vestuário para uniformes, EPIs, o que pode conduzir à aquisição de produtos não detentores do grau de qualidade desejável.

De modo a garantir a observância dos princípios da competitividade e do julgamento objetivo, mas, ao mesmo tempo, afastar as propostas cujos produtos não ofereçam um padrão aceitável de desempenho e qualidade, será possível admitir a exigência de apresentação de amostras em licitações sob as seguintes condições:

- Não se poderão exigir amostras de todos os participantes, mas somente do primeiro classificado, o que garante a competitividade por não onerar excessivamente a participação no torneio;
- O edital deverá fixar a metodologia a ser empregada e quais os parâmetros que serão utilizados nos testes, bem como determinar que resultados a amostra deverá apresentar para ser considerada classificada;
- Os critérios acima devem ser objetivos;
- O edital também deve apontar a data da sessão pública em que as amostras serão entregues e submetidas ao teste, de forma que os interessados, caso queiram, possam acompanhar os testes;
- Dar andamento à fase recursal apenas após o resultado dos testes e ensaios, garantindo, assim, o devido processo legal.

DICA

Sobre a exigência de amostras, veja a jurisprudência do TCU: "Limite-se a exigir a apresentação de amostras ou protótipos dos bens a serem adquiridos, na fase de classificação das propostas, apenas ao licitante provisoriamente em primeiro lugar e desde que de forma previamente disciplinada e detalhada no instrumento convocatório, nos termos dos arts. 45 e 46 da Lei nº 8.666/93, observados os princípios da publicidade dos atos, da transparência, do contraditório e da ampla defesa." (Acórdão 099/2005, Plenário)

NESTE CAPÍTULO

Reconhecendo as situações em que o edital deve ser republicado

Identificando os casos em que a alteração não revalida o prazo da licitação

Capítulo 7

Alterações do Edital Após sua Divulgação

Uma vez que se encontre publicado o edital, podem ocorrer modificações em seu texto original. Tais modificações podem ter origem no próprio órgão, que poderá rever a qualquer tempo as regras e condições estabelecidas, ou mesmo as características técnicas ou contratuais do objeto; ou ainda, por provocação de terceiros interessados, normalmente por via das impugnações ao edital. Mas, dependendo da alteração promovida, os desdobramentos podem importar em necessidade de republicação. Vamos ver como e em que situações isso ocorrerá.

Alteração do Edital e Republicação

Imagine que você é um empresário e tenha tomado conhecimento de que um órgão publicou um edital de licitação para a contratação de um serviço que é justamente a sua especialidade. Ao obter o edital, você se vê interessado pois tem condições de cumprir as exigências. Você começa a se mobilizar para reunir os documentos e comprovantes necessários (o que pode envolver, inclusive, algum custo) para formular a sua proposta. No dia e hora marcados para a entrega dos envelopes (ou no dia da disputa do pregão eletrônico), você é pego de surpresa com uma nova exigência da qual não constava no edital que você teve acesso. A tal exigência foi incluída depois da publicação do edital e você não teve acesso a essa alteração e, logo, não teve como se preparar para atendê-la. Resultado: VOCÊ É INABILITADO!

Claro que essa seria uma situação absolutamente injusta!

Pode ainda ocorrer que o interessado até tenha conhecimento das eventuais modificações do edital, mas não disponha de tempo suficiente para adaptar-se às novas condições criadas, o que redundaria no mesmo e negativo desdobramento: o afastamento de possíveis interessados. Afinal, alterações de última hora certamente poderiam servir de meio para favorecimentos, ou cerceamento do caráter competitivo do torneio, comprometendo sua regularidade. Visando proteger a lisura e a manutenção das regras nas licitações, bem como evitar injustiças, a Lei n. 8.666/93 disciplina da seguinte forma:

Vamos "mastigar" direitinho o que quer dizer esse texto da lei.

> Art. 21, §4º Qualquer modificação no edital exige divulgação pela mesma forma que se deu o texto original, reabrindo-se o prazo inicialmente estabelecido, exceto quando, inquestionavelmente, a alteração não afetar a formulação das propostas.

O texto indica que o órgão ou entidade promotora da licitação será obrigado a republicar o edital nos mesmos veículos (Diário Oficial, imprensa, meio eletrônico) sempre que promover modificações que importem em alteração na formulação das propostas. A ideia é forçar o promotor da licitação a dar publicidade das modificações promovidas a fim de evitar que um interessado seja "pego de surpresa" no meio do caminho. Mas não é só isso. Além de publicar novamente, o prazo para a entrega das propostas também se reinicia. Se porventura uma modificação é promovida a um dia da entrega das propostas, por exemplo, em uma Tomada de Preços, do tipo "menor preço" (Capítulo 2), o prazo mínimo de quinze dias começa a contar do zero novamente. É como se o órgão estivesse publicando pela primeira vez o edital. A intenção é evitar que, mesmo tendo tomado conhecimento das novas condições, o interessado disponha de tempo hábil para adaptar sua proposta.

Assim, se o órgão/entidade alterar as especificações técnicas do objeto, criar ou desistir de exigir um determinado critério de aceitabilidade de propostas (veja-se lição sobre o tema no Capítulo 6) ou mesmo a forma de execução, porque importaria em novo cálculo de custos, o edital deve ser republicado e os prazos de publicidade renovados.

ENTENDA MELHOR

Em um primeiro momento, pode parecer que somente as alterações que importem diretamente em modificação na formulação das propostas é que exigiriam a republicação do edital. Não é bem assim. Caso a alteração se dê nas exigências de habilitação, isto é, nos documentos que devem ser apresentados, igualmente exige a nova publicação e nova contagem do prazo a partir da data em que a alteração foi promovida. A regra também se estende aos anexos que integram o edital (Projeto Básico/Termo de Referência, minuta do contrato, planilhas de custo). Isto porque, uma vez que haja alguma alteração nas condições de habilitação, pode ser que um interessado que, antes da alteração, estaria apto a participar da competição, perca essa aptidão. Ora, isso importaria em modificação do universo de competidores e, claro, modificação na formulação das propostas.

Alterações do Edital que Não Obrigam a Republicação

O edital poderá vir a ser alterado com origem em quatro situações:

1. por ato próprio da administração, que, reconhecendo ilegalidade, inconveniência ou mesmo a necessidade de tornar o regulamento mais claro, provoca, *de ofício*, ou seja, independentemente da provocação de terceiros, o ajuste do edital;
2. em virtude da formulação de pedidos de esclarecimentos por parte dos interessados no torneio, que, não raro, apontarão alguma omissão ou ambiguidade que exigirão reparos no edital;
3. por força de deferimento à impugnação interposta pelo cidadão (art. 41, §1º) ou pelos interessados(art. 41, §2º); e
4. por determinação do controle externo (Tribunais de Contas).

Algumas delas, entretanto, podem não afetar qualquer interessado, o que não exigiria a republicação. Porém, como visto, a regra é no sentido de que, havendo modificação — mínima, que seja — na formulação das propostas (ou na habilitação), a republicação e a recontagem dos prazos para apresentação das propostas passa a ser condição de legalidade do procedimento.

CUIDADO

Infelizmente, muitos órgãos usam do expediente de publicar uma *errata* no lugar de republicar o edital. *Errata* é o termo empregado que indica uma mera correção de redação. Apesar de a *errata* ser utilizada apenas para pequenas correções, frequentemente os órgãos publicam-na como uma forma de proceder a uma alteração do edital, mas evitar que o mesmo seja republicado desde o início. Claro que isso configura uma grave ilegalidade e pode vir a causar a anulação da licitação.

Se você está interessado em participar de uma licitação, nunca deixe de ler a íntegra do edital, por mais maçante que possa parecer . Também se recomenda manter-se atento às possíveis modificações do texto. Claro que será mais difícil quando o órgão que promove a licitação só faz publicidade pela imprensa oficial, mas, se o edital é disponibilizado na internet ou for pregão eletrônico, o interessado deverá visitar o portal de vez em quando a fim de acompanhar as mensagens e com isso ficar atualizado acerca das exigências para o dia da licitação.

Alteração em Razão de Pedidos de Esclarecimento ao Edital

O sucesso em uma licitação depende, além de uma boa proposta, da boa interpretação do edital. Um edital mal interpretado pode conduzir o licitante ao fracasso se deixar de observar alguma regra importante que venha a provocar sua inabilitação ou desclassificação.

Já dissemos aqui inúmeras vezes que o edital e seus anexos são documentos muito difíceis de serem *digeridos*. Pode ser que ele seja redigido com excesso de rebuscamento, utilizando jargão muito erudito ou técnico; pode ser que seus termos estejam realmente ambíguos ou omissos. O fato é que o interessado jamais deve deixar qualquer sombra de dúvida sobre os termos do edital, justamente porque o não atendimento deste poderá provocar seu afastamento da licitação.

Quando o licitante não compreende perfeitamente o texto do edital, poderá encaminhar ao órgão um *pedido de esclarecimento*. Trata-se de um direito do interessado em obter do órgão promotor da licitação todos os esclarecimentos que reputar necessários. É uma petição que se encaminha à Comissão de Licitação/Pregoeiro, na qual o interessado discorrerá sobre a sua dúvida e solicitará o esclarecimento devido.

CASOS E CAUSOS

Certa vez fui procurado por uma empresa para dar assessoria em um caso no qual a mesma teria sido inabilitada em uma licitação de que participara em um órgão em Belo Horizonte e pretendia recorrer da decisão. Sua certidão de distribuição de falências (Capítulo 6) não foi aceita pelo Pregoeiro, que a inabilitou. Tal decisão se baseou na seguinte cláusula do respectivo edital: "*os documentos de habilitação que não apontarem prazo de validade serão considerados válidos por até 30 (trinta) dias contados da emissão*". De fato, a certidão de distribuição de falências não possui prazo de validade. Ocorre que esta empresária estava habituada a participar de licitações no Rio de Janeiro onde, habitualmente, é aceita esta certidão com validade de 180 (cento e oitenta) dias. Orientei não recorrer, porque o Pregoeiro estava corretíssimo. Como ela não deu atenção à cláusula do edital, acabou sendo inabilitada, o que poderia ser facilmente evitado se tivesse mais cuidado.

Voltando ao assunto, o pedido de esclarecimento tem por finalidade propiciar ao interessado na licitação solução de dúvidas de interpretação do edital. A Lei Geral de Licitações não faz referência a esse procedimento, que, para a modalidade Pregão, é regulado no art. 12 do Decreto no. 3.555/2000: "**Até dois dias úteis antes da data fixada para recebimento das propostas, qualquer pessoa poderá solicitar esclarecimentos, providências ou impugnar o ato convocatório do pregão.**"

Não que isso signifique que somente no Pregão se podem solicitar esclarecimentos. A ausência de um dispositivo específico na Lei Geral apenas remete ao edital a regulação desse procedimento. Mas é dever do órgão esclarecer eventuais dúvidas dos interessados. Para que você tenha uma ideia, veja abaixo a cláusula padrão utilizada nos editais de licitação do Tribunal de Justiça do Rio de Janeiro:

> Os pedidos de esclarecimento de natureza técnica, referentes a este Edital, deverão ser dirigidos ao pregoeiro, por escrito, devidamente assinados, e encaminhados à Praça XV de Novembro, nº 02, Térreo, sala T-05, Centro, nesta cidade, até 02 (dois) dias úteis antes da data indicada no subitem 1.1 deste Edital. Os respectivos pedidos serão respondidos da mesma forma, com cópia para todos os interessados, ou na sessão inaugural.
>
> 15.4.1 - Será aceito, para o efeito de atendimento a esse prazo, o envio por fax do pedido de esclarecimento, assinado e impresso em papel timbrado do interessado. Por e-mail, para o endereço "pregaoeletronico@tjrj.jus.br", será aceito para o mesmo efeito, desde que assinado pelo interessado, razão pela qual deve ser encaminhado por anexo e em PDF.

Procedimentos

Os pedidos de esclarecimentos devem ser dirigidos **sempre** por escrito à Comissão ou ao Pregoeiro, conforme o caso.

Durante a fase de publicidade do edital (lapso de tempo entre a publicação do aviso e o dia do recebimento das propostas), é possível, aliás, muito frequentemente, que os interessados encontrem dificuldade de compreender o que nele está descrito. Para dirimir dúvidas de interpretação do edital, os interessados poderão encaminhar ao Pregoeiro ou Comissão um pedido de esclarecimento.

As dúvidas podem ter origem das mais variadas, tanto no que se refere às cláusulas jurídicas, como de natureza técnica ou comercial relativas ao objeto. Caso o Pregoeiro/Comissão reconheça não ter condições de responder à dúvida suscitada, ele a redirecionará ao setor técnico responsável para que este ofereça a resposta.

As respostas aos pedidos de esclarecimento devem ser divulgadas com a maior publicidade possível, ou seja, não só a quem formulou a consulta, mas também a todos os interessados. É um direito do licitante conhecer toda a comunicação que é feita aos interessados.

DICA

Uma vez que você tenha se interessado em participar de uma licitação, não deixe de dar atenção às mensagens do portal eletrônico do órgão (hoje em dia praticamente todos os órgãos divulgam as respostas aos esclarecimentos e outros avisos por esse meio). As dúvidas levantadas por outros participantes podem despertar em você uma dúvida da qual ainda não se tinha dado conta. Pode ser a diferença entre a derrota ou a vitória.

Em geral, é fixado um prazo máximo de 02 dias úteis anteriores à data para o recebimento dos envelopes. Essas solicitações devem sempre ser formuladas por escrito, podendo assumir o meio eletrônico, desde que previsto no edital. A resposta ao pedido de esclarecimento tem o mesmo poder *vinculante* que o edital possui. E sendo assim, o Pregoeiro/Comissão não poderá interpretar o edital no dia do julgamento das propostas de forma diversa daquela que integrou o esclarecimento ofertado.

Digamos que um licitante formule a seguinte dúvida: "Como a certidão negativa de débito do município onde minha empresa está inscrita não aponta prazo de validade, pergunto: qual prazo de validade será considerado? Se o pregoeiro responder que será considerado válido por 180 dias da emissão, no dia da licitação não poderá adotar qualquer outro parâmetro, pois a sua resposta passou a ter força de regra do edital.

O Pregoeiro/Comissão não podem criar regra nova ou alterar alguma regra já escrita por meio de resposta a pedidos de esclarecimentos!

Recurso de Impugnação ao Edital

Lançado o edital, todos os cidadãos passam a exercer o controle de legalidade sobre a Administração. Por vezes o edital de licitação conterá algum vício, alguma ilegalidade que mereça correção a fim de que o procedimento esteja de acordo com as normas legais. Pode ser que as especificações do objeto, por exemplo, um equipamento, esteja direcionada a uma marca específica, o que deixaria de fora marcas que poderiam disputar o torneio; ou pode haver a exigência de uma comprovação impertinente ou irrelevante que também elimine a possibilidade de participação de alguma empresa ou um grupo de empresas. Essas situações, entre outras tantas, justificariam provocar o órgão que promove a licitação a corrigir. O meio para fazê-lo é a *impugnação ao edital*.

Impugnação é o nome que se dá ao recurso que o interessado e a sociedade em geral podem apresentar contra o teor do edital. Deve sempre ser escrita e protocolada junto ao órgão promotor da licitação, salvo nas licitações eletrônicas em que a impugnação, assim como os pedidos de esclarecimentos, podem ser atravessados via sistema. Uma vez que o interessado tenha apresentado a impugnação dentro do prazo (logo abaixo veremos esse assunto) o órgão tem o dever de analisá-la e decidir. Caso decida pelo provimento (aceitar a impugnação), o edital será modificado e republicado, contando o prazo para a licitação desde o início, como se fosse um novo edital. Se, ao contrário, decidir pelo improvimento (não aceitar a impugnação), a licitação será mantida normalmente.

ENTENDA MELHOR

Quando o órgão nega um recurso da via administrativa, ou seja, uma impugnação ao edital ou um recurso contra a decisão da Comissão/Pregoeiro, o interessado que ainda não estiver conformado poderá tentar o mesmo recurso junto ao Tribunal de Contas ou na via judicial.

São dois os prazos para impugnar o edital de licitações, conforme abaixo:

» **Qualquer cidadão:** 05 dias úteis.
» **Interessado:** 02 dias úteis.

O primeiro prazo é o destinado à sociedade. Apesar de a lei usar a expressão "cidadão", que significa um indivíduo que convive em uma sociedade, a interpretação que se dá é mais extensiva. Quer dizer que qualquer membro da sociedade (não apenas um indivíduo) poderá se valer desse mecanismo de controle da legalidade dos atos da Administração Pública. Por isso, não só as pessoas que fazem parte da sociedade, mas também empresas, associações e outras sociedades podem impugnar **qualquer** edital de licitações.

Nenhum órgão ou entidade pública escapa dessa forma de controle da sociedade. Ela é tão extensa, que um edital de pregão eletrônico, por exemplo, de um município do interior do Pará pode sofrer impugnação de um indivíduo que resida no Rio de Janeiro. Como vimos logo acima, no caso das licitações eletrônicas, as impugnações e os recursos podem ser interpostos por meio eletrônico, o que facilita muito.

Por *interessado* considera-se aquele que tem a possibilidade de apresentar proposta. É o licitante em potencial, isto é, pessoa física ou jurídica do ramo pertinente ao objeto do certame que estaria apta a participar do torneio, apresentando proposta e, caso vencedora, apta também a celebrar o contrato. Este terá prazo mais elástico para discutir os termos do edital. Terá até 02 dias úteis anteriores à data marcada para a sessão para apresentar sua impugnação.

CASOS E CAUSOS

Na época em que exercia a função de Pregoeiro junto ao Tribunal de Justiça do Rio de Janeiro, recebi certa vez uma impugnação a um dos nossos editais para contratação de serviços de limpeza, higiene e conservação, com uma característica bem interessante. A impugnação foi interposta pela Associação Brasileira de Controle de Pragas e Vetores-ABCPV, que reclamava, em síntese, do fato de nos serviços estarem embutidos os serviços prestados pelas suas associadas. Para tal, a ABCPV usou o prazo de 02 dias úteis anteriores à data da licitação, porém, por ser uma associação empresarial, não teria condições de apresentar proposta. Deveria, pois ter respeitado o prazo destinado à sociedade, ou seja, 05 dias úteis. Apesar de fora do prazo (diz-se, *intempestivo*), assim mesmo preferi enfrentar o mérito da impugnação e julgamos improcedente o pedido, pois não havia (e ainda não há) nada que fosse contrário à forma de contratação por nós escolhida.

Os prazos são contados da data marcada para o recebimento das propostas (ou data limite para apresentação de propostas no pregão eletrônico). Logo, são contados de trás para frente. São contados excluindo o dia do início e incluindo o dia final. Finais de semana e feriados, ou dias em que não haja expediente no órgão não entram na contagem, o prazo corre em dias úteis. Saber contar corretamente os prazos é determinante para não perder a oportunidade de impugnar ou recorrer.

Considere que a data marcada para recebimento das propostas foi o dia 24, de outubro, sexta feira. Caso um cidadão qualquer queira impugnar esse edital, deverá fazê-lo contando cinco dias úteis **anteriores** e **excluindo o dia do início**, ou seja, não contando o próprio dia 24, o prazo final para interposição de impugnação será dia 17, que é a sexta anterior. Isso porque o dia final não pôde ser incluído em razão de ter caído no domingo, dia 19. Como o prazo é em dias úteis, a contagem tem que voltar até o primeiro dia útil subsequente. No quadro abaixo, a mesma situação, para o caso de a impugnação ser interposta por um "interessado":

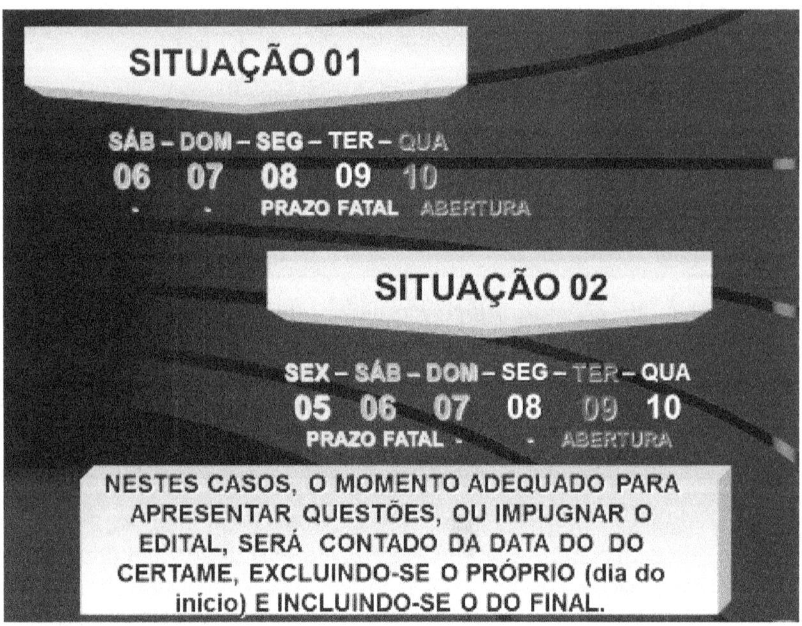

FIGURA 7-1: Quadro explicativo para contagem de prazos de impugnação de edital.

Notem que, na situação 01, a abertura é na quarta-feira, que na contagem é excluída, para chegar ao prazo final na segunda-feira. Já na situação 02, como o prazo final cairia no domingo, o prazo retroagiu para o primeiro dia útil subsequente, que é na sexta-feira.

Uma vez interposta a impugnação ao edital, não significa que a licitação será adiada. A impugnação não trava a licitação, que, em princípio, ocorrerá na mesma data agendada. Não possui o chamado "efeito suspensivo". Por isso, mesmo tendo apresentado impugnação ao edital, o licitante deve ficar atento para o caso de a mesma ser indeferida, e usar de outros meios a fim de continuar discutindo o edital ou adaptar-se para participar da licitação.

A impugnação será analisada primeiro pela Comissão/Pregoeiro no prazo de 05 dias e encaminhada à autoridade superior que decidirá em outros 05 dias. Não é a Comissão/Pregoeiro que decide a impugnação. Apesar de a lei estipular prazo para que seja proferida a decisão, é bastante comum a resposta demorar muito mais tempo. É que este prazo não é considerado terminativo (diz-se peremptório). Quer dizer que pode ser alongado. Contudo, enquanto não for decidida a impugnação, a licitação não poderá ocorrer.

3

A Licitação Passo a Passo

NESTA PARTE . . .

Aqui vamos "passear" pela licitação propriamente dita. Seguindo a ordem em que os atos de julgamento ocorrem, desde o recebimento dos envelopes, vamos explicar o que acontece e como devem ser julgadas cada fase da licitação.

No Capítulo 8, vamos conhecer a licitação nas modalidades tradicionais (Convite Tomada de Preços e Concorrência). No Capítulo 9, falaremos do Pregão na forma presencial e, no Capítulo 10, observaremos como se dá o julgamento da licitação em sua forma eletrônica.

Ao final dessa Parte, o leitor terá visto um roteiro prático para o julgamento e terá melhores condições de se reconhecer dentro de uma licitação.

NESTE CAPÍTULO

Identificando as fases do procedimento licitatório

Familiarizando as variações dos procedimentos nos diferentes tipos de licitação

Conhecendo as peculiaridades na modalidade Convite

Capítulo 8

Na Concorrência, Tomada de Preços e no Convite

A Concorrência, a Tomada de Preços e a modalidade Convite são as modalidades licitatórias utilizadas há mais tempo na Administração Pública, estando no ordenamento jurídico desde o Decreto-Lei 200/1967. Daí serem, hoje, chamadas de *modalidades tradicionais*.

As licitações realizadas nas modalidades tradicionais, julgadas pelo tipo menor preço, são desenvolvidas em duas fases distintas na seguinte ordem: habilitação e, encerrada esta, análise de proposta.

Seus procedimentos, desde então, se alteraram muito pouco, estando estabilizados desde a edição da atual Lei Geral de Licitações (Lei Federal n. 8.666/93). A característica principal das licitações processadas nessas modalidades é o fato de que são compostas por fases preclusas, ou seja, ultrapassada a fase de julgamento, não se poderá a ela retornar para refazimento, salvo em raríssimas exceções.

Nas próximas páginas, estudaremos passo a passo o andamento de uma sessão de julgamento. Sendo assim...DECLARO ABERTA A SESSÃO!!!

Até o início da década de 2000, isto é, antes de entrar em vigor a lei do Pregão, as licitações eram julgadas com excessivo rigor e apego ao formalismo. Costumava-se afastar as empresas por qualquer motivo. Por exemplo, se um licitante entregasse os envelopes com os conteúdos trocados, ou seja, documentos de habilitação dentro do envelope nomeado "Proposta", as Comissões simplesmente inabilitavam a empresa, sob o argumento de que não poderia abrir o outro envelope fora da hora. Mas, com o advento do Pregão, essa noção passou a ser mais ferozmente combatida e a jurisprudência passou a enxergar esse tipo de atitude das Comissões de Licitação (e Pregoeiros, claro) como abusivas e prejudiciais ao interesse público. Ora, muitas vezes se afastavam licitantes por razões banais, ainda que esse licitante tivesse a melhor proposta.

Abertura da Sessão de Julgamento - Recebimento dos Envelopes

No dia e hora marcados no preâmbulo do edital, a Comissão de Licitação estará pronta para receber os licitantes munidos de seus envelopes de habilitação e proposta. Os órgãos e entidades podem estabelecer procedimentos diferentes para a entrega dos mesmos, mas de um modo geral, eles costumam ser entregues à própria Comissão. Contudo, como dito no Capítulo 6, é importante não confundir o ato da entrega dos envelopes com o ato da abertura da sessão de licitação. O licitante deve estar atento à hora designada no Edital e procurar não se atrasar, sob pena de ser impedido de participar.

No início da década de noventa, quando o País entrou no processo de privatização das empresas estatais, era comum as transmissões ao vivo pela TV das sessões de leilão de privatização e era marcante como os licitantes interessados deixavam para entregar os envelopes segundos antes do horário designado

As empresas podem optar por apenas deixar os envelopes lacrados na Comissão. Neste caso, a Comissão procederá ao julgamento, mesmo sem a presença de representantes da empresa licitante. Quer dizer que não é necessária a presença de pessoas, mas sim, de envelopes. Caso optem por se fazerem representar pelos seus sócios ou representantes comerciais (procuradores), deverão apresentar externamente aos envelopes os documentos que comprovam a representação, chamados de documento de credenciamento, que são os seguintes:

» Contrato social ou estatuto para o caso de o sócio ou diretor ser o representante na sessão, ou ainda, no caso das Sociedades Anônimas, a ata da eleição da diretoria;

- Contrato social ou estatuto e procuração ou carta de credenciamento, para o caso de o sócio ou diretor indicar um terceiro para representá-lo;
- RG ou outro documento de identificação oficial do sócio ou representante, conforme o caso.

A Comissão verificará, no Contrato Social da empresa, na Cláusula de Gerência, se o representante presente tem poderes de fato para agir em nome da empresa licitante. Se for o sócio, bastará que a cláusula indique que o indivíduo possa exercer a gerência e representar a firma; se o representante for um procurador, a Comissão verificará se a procuração ou carta de credenciamento está assinada pelo sócio que tem poderes de gerência.

Se o contrato social não permitir o exercício da gerência de forma *isolada*, isto é, o sócio agir em nome da firma sozinho, caso ele venha para a licitação, terá que trazer também uma procuração do(s) outro(s) sócio(s), dando poderes a ele para agir isoladamente. Do contrário, estará impedido de intervir durante o julgamento.

Bom que se diga que, ao contrário do que veremos adiante para a modalidade Pregão, a ausência do representante legal da empresa licitante, nas modalidades tradicionais, quase não interfere no andamento da sessão, e, portanto, não lhe causará maiores prejuízos caso isso ocorra.

A sessão é aberta no momento em que o Presidente da Comissão ou um de seus membros anuncia o início da sessão. Normalmente a sala de sessões permanece fechada até o momento do anúncio da licitação. Somente após o anúncio do início é que a sala das sessões se abre e recebe os representantes legais dos licitantes e demais ouvintes.

O primeiro passo será o recebimento dos envelopes e os documentos de credenciamento. (se os mesmos ainda tiverem sido entregues no protocolo ou na Secretaria). Em seguida, a Comissão analisará a regularidade da representação, para aqueles que optaram por se fazerem representar na sessão. Uma vez concluída essa etapa do trabalho, a Comissão poderá iniciar a abertura dos envelopes de habilitação.

ENTENDA MELHOR

Como explicamos no Capítulo 4, há casos em que nenhum licitante comparece à licitação, não atraindo interessados em apresentar proposta. Nessas situações, a Comissão de Licitação se instala normalmente e dá início à sessão para, logo em seguida, encerrá-la declarando a *Licitação Deserta*, o que possibilitará ao órgão escolher diretamente a empresa que executará o objeto.

DICA

Em qualquer órgão público a sessão de licitação é pública e pode ser presenciada por qualquer cidadão, sem necessidade de cadastro prévio, inscrição ou outra formalidade. Quer dizer que a Comissão de Licitação não pode proibir o acesso de pessoas que estejam interessadas em acompanhar os trabalhos, salvo se houver comprometimento da tranquilidade, como por exemplo, a sala não comportar o número de pessoas que queiram assistir à licitação.

Fase de Habilitação

Feito o credenciamento, segue-se a abertura dos envelopes de habilitação de todos os licitantes. A Comissão passa todos os documentos às mãos dos participantes para que eles os rubriquem. Essa é uma forma de garantir transparência no procedimento e dar maior garantia aos participantes de que não haverá subtração ou inclusão de documento no processo. A seguir, a comissão passará a examinar os documentos, realizando verdadeiro *check list* de acordo com as exigências do edital.

É frequente as Comissões, nos casos em que a licitação atrai muitos participantes, visando dar maior rapidez ao procedimento, optar por solicitar que os licitantes elejam dois ou três representantes para que apenas estes rubriquem os documentos. A ideia é evitar muita demora com a passagem dos documentos pelas mãos de todos os presentes. Muito embora não seja ilegal, é importante destacar que TODOS os licitantes têm o direito de rubricar a documentação, mesmo aqueles que não estejam entre os "eleitos".

Quanto mais complexa for a licitação, maior será a probabilidade de falhas por parte das empresas participantes, o que poderá gerar seu afastamento do torneio. Por ser mais complexa, a Comissão de Licitação poderá se reunir de modo reservado e suspender a sessão, para exame mais acurado, podendo levar alguns dias para concluir sua análise.

Após examinados os documentos, a Comissão anunciará o resultado desta fase, apontando os licitantes que cumpriram as condições do edital, tornando-os aptos a prosseguirem no torneio, e aqueles que descumpriram o edital, afastando-os.

ENTENDA MELHOR

Quando o licitante é afastado da licitação por descumprir uma condição de habilitação, diz-se que o mesmo foi **inabilitado**. Logo, aquele que cumpriu essas mesmas condições foi **habilitado**.

Corrigindo as falhas na documentação

Hoje em dia, a maior parte das certidões fiscais é emitida diretamente pelo emissor em seu portal na internet. Em documentos extraídos dessa fonte, a Comissão deve confirmar, na página do emissor, sua autenticidade, por meio de consulta em tempo real. Nos casos em que encontrar problemas na documentação das licitantes, a Comissão poderá corrigir eventuais falhas, realizando diligência externa.

Como destacamos acima, até há alguns anos, as licitações eram excessivamente formalistas. Mas hoje não há mais espaço para isso. A jurisprudência encontra-se consolidada no sentido de que as Comissões e Pregoeiros devem realizar procedimentos que possibilitem o aproveitamento do maior número possível de propostas. E isso faz muito sentido se considerarmos que, quanto mais licitantes estiverem na "briga", mais competitiva ela será, e, consequentemente, mais vantajosa para a Administração.

Imaginemos que em uma certa licitação, o edital tenha exigido comprovação de regularidade perante o FGTS. Essa comprovação se faz por meio da apresentação da certidão negativa emitida pela Caixa Econômica Federal. Se um licitante tiver trazido dentro do envelope de habilitação sua certidão com prazo de validade vencido (falha corriqueira) e, ao consultar a página da CEF, a Comissão verifica que o licitante está em situação regular, não haverá razão alguma para a CPL inabilitá-lo?

Ora, se a situação a ser comprovada — regularidade perante o FGTS — foi devidamente verificada, não considerar a licitante habilitada seria o mesmo que dar mais valor ao meio de prova do que a situação que precisava ser provada. Afinal de contas, o meio de prova utilizado pelo licitante (documento dentro do envelope) não condiz com a real e verdadeira situação que precisaria ser comprovada. O limite para correção de defeitos na habilitação é que a correção não altere ou possibilite alterar a situação de fato que se quer ver comprovada. Vamos a mais um exemplo para compreender melhor.

No exemplo que demos acima, imaginemos que o licitante que apresentou a certidão vencida, estivesse realmente em débito com o FGTS. Neste caso, a Comissão nada poderia fazer, pois o problema não estaria apenas no documento, mas na própria situação da empresa.

DICA

A jurisprudência no TCU é farta no sentido de que as Comissões e Pregoeiros devem possibilitar o aproveitamento do maior número possível de licitantes. Veja-se o seguinte precedente, que tratava da diligência promovida pela Pregoeira da Eletronorte que permitiu a juntada de certidão extraída na internet obtida na própria sessão de julgamento:

> "Ressalto, preliminarmente, que o edital não constitui um fim em si mesmo. Trata-se de instrumento para a consecução das finalidades do certame licitatório, que são assegurar a contratação da proposta mais vantajosa e a igualdade de oportunidade de participação dos interessados, nos precisos termos do art. 3º, caput, da Lei 8.666/93. Assim, a interpretação e aplicação das regras nele estabelecidas deve sempre ter por norte o atingimento das finalidades da licitação, evitando-se o apego a formalismos exagerados, irrelevantes ou desarrazoados, que não contribuem para esse desiderato. Não se configura, na espécie, qualquer afronta ao interesse público, à finalidade do procedimento licitatório nem à segurança

da contratação, uma vez que venceu o certame empresa que, concorrendo em igualdade de condições, ofereceu proposta mais vantajosa e logrou comprovar, na sessão, a aptidão para ser contratada." (TCU, Ac. 1758/2003, Plenário)

ENTENDA MELHOR

Pode ocorrer (e é mais frequente do que se pensa) que todos os licitantes sejam inabilitados pela Comissão, não sobrando nenhuma empresa apta a prosseguir para a fase de proposta. A essa situação dá-se o nome de *Licitação Fracassada*. Quando isso ocorre, a Comissão tem a faculdade de possibilitar às empresas corrigirem as falhas que deram causa às suas respectivas inabilitações, concedendo o prazo de oito dias úteis para uma nova sessão. Este prazo, no caso de licitação na modalidade convite, pode ser reduzido para dois dias úteis.

Fase de Recurso e Encerramento da Fase de Habilitação

Tendo examinado toda a documentação apresentada por todas as empresas licitantes, a Comissão divulgará o resultado final, apontando as empresas que foram habilitadas e as que foram consideradas inabilitadas. Agora, somente as empresas habilitadas poderão seguir adiante na competição e ter seus envelopes de proposta abertos e revelados seus preços.

Mas a Comissão não poderá abrir as propostas logo em seguida, pois entre a fase de habilitação e a fase de proposta, há uma intermediária: a fase de recursos, cujo prazo será obrigatoriamente aberto a favor de todos os licitantes, independente de manifestação. A abertura de prazo para recurso é automática. É que os licitantes podem não ter se conformado com as decisões da Comissão de Licitação, seja porque foram inabilitados ou mesmo porque não concordaram com a habilitação de seu concorrente. Por isso, a Lei dá-lhes o direito de recorrer das decisões da Comissão. Para isso, terão os seguintes prazos:

- » **Na Concorrência e na Tomada de Preços**: 05 dias úteis, contados do anúncio da decisão.
- » **No Convite**: 02 dias úteis, contados do anúncio da decisão.

Os prazos são contados em dias úteis, por isso, não correm nos dias em que não há expediente normal (sábados, domingos, feriados e pontos facultativos) para o órgão promotor da licitação. A contagem se inicia no útil seguinte ao dia em que a Comissão divulgou a decisão e se estende até o dia final da contagem. Quer dizer, se a decisão foi publicada numa segunda feira, e o prazo era de dois dias úteis (modalidade convite), o primeiro dia será a terça feira (e não a própria segunda); e o segundo dia será a quarta feira. Como se inclui o dia final, o interessado teria que protocolar o recurso até o final do expediente da quarta feira. Se o fizer na quinta, será considerado o recurso intempestivo (ver glossário):

DICA

> "(...)Recurso protocolado no último dia. Tempestividade reconhecida. Nos procedimentos de licitação, o prazo recursal, que de regra é de 5 (cinco) dias, sempre úteis, se inicia apenas na data em que seja franqueada vista dos autos aos interessados, mas excluindo-se esse dia e incluindo-se o do vencimento." (STF, RMS nº 23.546/DF, 1ª Turma, Rel. Min. Cezar Peluso)

O recurso deve sempre ser por escrito e protocolado dentro do prazo acima no órgão. É possível que, transcorrido o prazo, nenhum licitante tenha recorrido da decisão, o que possibilitaria agendar a sessão de continuação da licitação para abertura das propostas. Caso algum licitante tenha apresentado recurso, a Comissão terá que abrir novo e idêntico prazo (5 ou 2, conforme acima) para as demais empresas interporem, caso queiram, uma impugnação ao recurso interposto. Concluídos esses prazos, a Comissão analisará os recursos e os submeterá à Autoridade Superior (normalmente, a mesma autoridade que admitiu a licitação). Somente após concluídos todos esses atos é que a Comissão poderá marcar a reabertura da sessão (que se encontrava suspensa para julgamento dos recursos interpostos) e prosseguir com a licitação.

ENTENDA MELHOR

Impugnação ao recurso ou contrarrazões recursais é uma espécie de recurso contra o recurso. Se uma empresa é inabilitada, claro que as demais licitantes vão aplaudir essa decisão. Afinal, é menos um concorrente para a fase de proposta. Se esse licitante que foi inabilitado apresenta recurso contra a sua própria inabilitação, é igualmente óbvio que os demais concorrentes não vão querer que esse recurso seja aceito, tornando-o agora habilitado. Por isso, desde logo, os demais concorrentes podem "atacar" o recurso interposto para que a decisão que lhes interessa seja mantida, mantendo a inabilitação do recorrente.

Só excepcionalmente a Comissão terá autorização para abrir os envelopes de proposta imediatamente após encerrar a fase de habilitação, no caso de todos os licitantes renunciarem ao direito ao recurso a que fazem jus. É raro isso ocorrer. Primeiro, porque faz parte da competição um licitante querer "derrubar" o outro. Segundo, porque essa renúncia, que deve ser feita por escrito, tem que ser declarada por TODOS os licitantes, não apenas por aqueles cujos representantes estejam na sessão. Se cinco empresas entregaram envelopes, mas apenas quatro delas encaminharam representantes para a sessão, não será possível obter a renúncia de TODOS. De nada adiantaria colher a renúncia dos presentes, pois o prazo recursal teria que assim mesmo ser deflagrado.

CASOS E CAUSOS

No julgamento de uma das minhas primeiras licitações como Presidente de Comissão de Licitação, tínhamos 10 empresas participantes, mas apenas 8 estavam com seus representantes na sessão. Ou seja, duas delas haviam deixado apenas os envelopes. Ao final do exame da documentação e tendo habilitado as dez empresas participantes, e como não era possível colher a assinatura de TODOS os licitantes, comuniquei aos presentes que teria de suspender a sessão para dar o prazo de recurso. Recordo que os representantes ficaram inconformados com a suspensão do torneio, porque, na visão deles, esse prazo seria uma burocracia desnecessária, visto que nenhuma empresa havia sido inabilitada (a licitação era de pequeno valor e para aquisição de material simples). Confesso que naquele dia, pela minha pouca experiência à época (lá se vão vinte anos), fiquei muito inseguro em abrir o prazo do recurso, concordando que poderia ser mesmo uma burocracia desnecessária. Mas, no fim, muito a contragosto dos licitantes presentes, mantive a suspensão da sessão. E para minha surpresa, a Comissão recebeu um recurso justamente de uma das empresas que não haviam mandado represente para o dia da sessão. O recurso era dirigido contra uma concorrente sua que eu havia declarado habilitada. Caso eu tivesse cedido aos argumentos dos representantes, eu teria provocado uma grave ilegalidade, pois teria suprimido um dos direitos mais fundamentais da Constituição que é o direito à ampla defesa. Resumindo, para seguir adiante após a habilitação, a Comissão dependerá da ocorrência de uma das seguintes situações:

- » Renúncia expressa do direito de recorrer a ser declarada por escrito por TODOS os licitantes;
- » Não sendo possível a situação acima, o escoamento do prazo recursal (5 ou 2 dias úteis conforme o caso), desde que nenhum licitante tenha interposto recurso;
- » Julgamento final dos recursos eventualmente interpostos.

A empresa licitante só poderá desistir da sua participação até o encerramento desta fase do procedimento. Uma vez que tenha sido encerrada a fase de habilitação, o licitante é obrigado a permanecer com a sua proposta e, caso venha a se sagrar vencedor, será obrigado a aceitar o contrato. A desistência da participação após o início da fase de proposta somente será permitida pela Comissão se requerido com motivo relevante e decorrente de fato superveniente. A desistência de participação não autorizada gera a possibilidade de aplicação de multa e outras penalidades administrativas contra o licitante desistente.

Como são processados os recursos

Das decisões proferidas pela Comissão de Licitação no julgamento da habilitação e da proposta de preço (também da proposta técnica, quando for o caso) cabem recurso para a autoridade superior. Significa que o licitante não está obrigado a aceitar passivamente as decisões da Comissão. Não se conformando com o decidido pela Comissão, o interessado poderá ainda discuti-lo junto ao próprio órgão promotor da licitação, endereçando o recurso à autoridade superior.

Os licitantes tanto podem recorrer das decisões que, no seu entendimento, tenham lhe prejudicado diretamente, como por exemplo, ter sido desclassificado ou inabilitado, como também daquelas decisões que causem um prejuízo indireto ao seu interesse. Seria o caso de um licitante recorrer da decisão da Comissão que considerou um concorrente seu habilitado. Ora, se porventura a Comissão habilita uma empresa em desacordo com as normas do edital, claro que está sendo ferido um direito dos demais participantes em não serem obrigados a concorrerem com empresa que não tenha reunido as condições definidas no edital. Daí seu direito de recorrer também de decisões dessa natureza.

ENTENDA MELHOR

Para recorrer, é necessário que o indivíduo tenha *legitimidade*. Vamos falar um pouco sobre isso. *Legitimidade* é a condição ou o atributo que um indivíduo tem para exercer um direito, no caso, recorrer de uma decisão. Vimos logo acima, que dois grupos distintos possuem *legitimidade* para impugnar um edital de licitação: o interessado e o cidadão. Vimos também que *interessado* é aquele indivíduo (pessoa física ou jurídica) que tem condições de apresentar a proposta; e *cidadão*, qualquer membro (pessoa física ou jurídica) da sociedade. Com a licitação já em julgamento, a *legitimidade* para recorrer é só para quem participou da competição. Quer dizer que quem não tiver apresentado proposta, não poderá interpor recurso.

Digamos que a empresa Dias&Dias Parados Ltda tenha interposto impugnação a um edital de licitações por conta de uma cláusula que ela entendia ilegal e que a impedida de participar do torneio. Tendo sido julgada improcedente a impugnação, ou seja, o texto foi mantido tal qual se encontrava, a empresa ficou impossibilitada de participar e a licitação segui normalmente. A Dias&-Dias Parados Ltda, não terá legitimidade para recorrer das decisões da Comissão pelo fato de não ter participado da licitação. Caso ela insista em recorrer, seu recurso não será recebido.

Voltando ao assunto, inconformado com uma decisão da Comissão, o interessado (agora você já sabe de quem estamos falando) poderá interpor o competente recurso, explicitando as suas irresignações e fundamentando o seu pedido de revisão da decisão.

ENTENDA MELHOR

A esse recurso dá-se o nome de *recurso hierárquico*. É assim chamado porque dirigido à autoridade hierarquicamente superior àquela que proferiu a decisão recorrida.

Já vimos que, nas licitações realizadas sob as modalidades tradicionais, a Comissão somente poderá avançar de uma fase para a outra (da habilitação para a proposta de preços, por exemplo) após a verificação de uma das três seguintes hipóteses:

- Renúncia expressa de todos os licitantes ao direito de recorrer;
- Decisão definitiva sobre os recursos interpostos;
- Escoamento do prazo recursal sem que tenha havido interposição.

Perceba que não há como a licitação prosseguir sem que a Comissão dê oportunidade para os participantes recorrerem.

Isso significa que somente se iniciará a fase de proposta depois de esgotados os recursos disponíveis ou com a renúncia expressa dos licitantes do direito de recorrer. A renúncia precisa ser expressada por todos os concorrentes. Se um ou mais licitantes deixarem de encaminhar representantes, nem adiantará a Comissão sugerir que os presentes abram mão do direito de recorrer.

O Termo de Renúncia é o documento que normalmente a Comissão utiliza ao fim de cada fase para que os licitantes presentes possam, caso reputem conveniente, renunciem expressamente ao direito recursal a que têm direito, declarando que concordam com o resultado até então apurado. De posse desse documento, a Comissão poderá proceder à abertura dos envelopes contendo as propostas dos licitantes habilitados sem que se espere pelo esgotamento do prazo recursal respectivo. Sem este documento, a Comissão é obrigada a suspender a sessão até que decorra o prazo legal, mesmo que não haja manifesto interesse em recurso. A renúncia expressa também poderá ser lavrada na Ata de julgamento, devendo, neste caso, ser assinada pelos licitantes. Mas não considero a melhor solução. Como a Ata somente é lavrada ao final da sessão, e considerando o fato de que pode ocorrer que ao longo da mesma algum licitante queira se ausentar, a Comissão ficaria impedida de obter todas as assinaturas necessárias. Diante disso, penso ser mais produtivo a Comissão iniciar a sessão já com o Termo de Renúncia pronto para apenas ser assinado. Na hipótese de algum representante se afastar, a CPL não estaria obstada de solicitar sua assinatura.

Normalmente as Comissões (os Pregoeiros também, mas deles iremos falar mais adiante) ficam muito mal-humoradas quando o licitante recorre. Seja por vaidade, seja porque atrasa o processo, seja porque acaba gerando muito mais trabalho (com o exame do recurso, das contra-razões, elaboração de pareceres), seja pelas três razões, é fato que muitas CPLs procuram evitar ao máximo a interposição de recurso, quase obrigando os licitantes a assinarem os Termos de Renúncia. Caso interessante a respeito desse aspecto foi decidido pelo TCU, senão vejamos:

DICA

> "Determinar à Prefeitura Municipal de (...) que, ao realizar licitação com aporte de recursos federais: (...) deixe de orientar seus licitantes, mesmo que facultativamente, a apresentarem 'termo de renúncia de prazo recursal' no envelope referente aos documentos da fase de habilitação, vez que não se pode induzir ou obrigar o licitante a renunciar, em momento inoportuno e inadequado, a direito subjetivo não apenas previsto em lei, mas também necessário à garantia

do princípio constitucional do contraditório e à busca da proposta mais vantajosa para a Administração" (TCU, Ac. nº 225/2008, Plenário, Rel. Min. Augusto Sherman)

Enquanto nenhuma das situações acima descritas se configurar, a Comissão estará impedida de proceder à abertura das propostas, ainda que todas as empresas tenham sido habilitadas. É de se frisar que é a **renúncia** que tem de ser expressa; não a intenção de recorrer. Esta se presume do silêncio. Repisando, a renúncia ao direito de recorrer somente tem validade na medida em que figurarem todos os participantes, inclusive aqueles que não mandaram representante para a sessão de julgamento, os quais poderão renunciar através de termo apartado (fora da Ata ou do Termo de Renúncia).

CASOS E CAUSOS

Em certa oportunidade, ao tempo em que presidia a CPL do já extinto Tribunal de Alçada Criminal do Rio de Janeiro, recebi um recurso já fora do prazo de uma empresa cuja sede se localizava em outro município. Como estava fora do prazo, não conheci do recurso, ou seja, o mesmo não foi processado e julgado. A empresa recorrente pediu reconsideração alegando que o prazo havia sido respeitado, pois, como era contado em dia útil, não deveria ter sido computado um feriado que ocorreu no curso do prazo recursal. Ocorre que o feriado a que ela se referia era um feriado restrito ao município onde a mesma tinha sua sede, mas, claro, o feriado não alcançava o município do Rio de Janeiro. Por ter interpretado de forma equivocada a contagem, acabou perdendo o prazo do recurso.

Fase de Propostas

Uma vez que todos os atos relativos à fase de habilitação estejam perfeitamente concluídos, a Comissão de Licitação poderá dar início à fase de exame das propostas. Aliás, é a fase mais aguardada pelos licitantes, porque é nesse momento que se conhecerão os preços, que até agora estão guardados dentro dos envelopes em caráter sigiloso. A Comissão publicará na Imprensa Oficial a data para a sessão de continuação, de modo que os interessados tomem conhecimento e possam comparecer, caso queiram, e acompanhar a abertura dos envelopes.

No dia, hora e local designados, o primeiro passo a ser dado é a devolução dos envelopes de proposta às empresas que foram inabilitadas na fase anterior. Até que a fase de habilitação seja concluída, a Comissão tem o dever de guardar os envelopes de todos os licitantes, mesmo os inabilitados, pois caso um recurso venha a ser provido, o envelope poderá ser aproveitado. Caso o licitante não compareça à sessão, a Comissão poderá inutilizar o envelope não retirado. Mas a documentação da empresa inabilitada permanece no processo.

Uma vez que os envelopes das empresas inabilitadas tenham sido devolvidos (ou incinerados), a Comissão abrirá os envelopes contendo as propostas e as examinará de acordo com os critérios estabelecidos no edital (conforme Capítulo 6). Após esse exame, declarará as propostas que foram e as que não foram aceitas, estabelecendo a classificação em ordem crescente de preços, conforme o exemplo a seguir:

TABELA 8-1 Lista de Classificação Final

Classificação		Valor da Proposta
1ª Vencedora	Empresa A	R$ 1.000,00
2ª	Empresa B	R$ 1.112,00
3ª	Empresa C	R$ 1.125,00
4ª	Empresa D	R$ 1.142,00
5ª	Empresa E	R$ 1.150,00
6ª	Empresa F	R$ 1.175,00
7ª	Empresa G	R$ 1.200,00
8ª	Empresa H	R$ 1.220,00
9ª	Empresa I	R$ 1.230,00
10ª	Empresa J	R$ 1.250,00

Conforme dissemos no Capítulo 2, nas licitações do tipo "menor preço por item", as propostas são tratadas como se fossem várias propostas tantos quantos itens estiverem em julgamento. Portanto, se a licitação for de dez itens, cada um dos itens vai receber tratamento próprio. A empresa poder ser **desclassificada** em relação ao item 01 da sua proposta, mas ser vencedora nos outros nove.

ENTENDA MELHOR

Quando o licitante é afastado da licitação por descumprir um critério de aceitabilidade de proposta, diz-se que o mesmo foi **desclassificado**. Logo, aquele que cumpriu integralmente tais condições e teve sua proposta aceita, diz-se que o licitante foi **classificado**.

Situações que podem causar a desclassificação da proposta

Do mesmo modo que na fase de habilitação, na fase de proposta o licitante deverá respeitar as regras estabelecidas no edital no que se refere à formulação das propostas. Nada adiantará ter atendido a lista de exigências da fase de habilitação, se no momento de formular a proposta o licitante comete uma falha que inviabilize a sua participação. Mas além das regras específicas, também a formação de seu preço, muito elevado ou de valor ínfimo, também poderão causar seu afastamento, ainda que tenha respeitado aquelas regras. É no artigo 48 da nossa Lei 8.666/93 que vamos encontrar as causas da desclassificação da proposta, a saber:

1. Não atendimento às exigências do edital;
2. Prática de preço excessivo;
3. Formação de preço inexequível.

ENTENDA MELHOR

Inexequibilidade significa inviabilidade de execução. Diz-se inexequível a proposta que é formulada sem condições de execução pelo proponente. A inexequibilidade (ou inviabilidade) da proposta pode se revelar na prática de preço muito baixo, que não será suportado pelo proponente caso o mesmo venha a ser contratado, ou em relação à forma de execução. Por exemplo, se a proposta se refere a um serviço de limpeza em que o proponente se compromete em executar limpeza diária em um prédio de dez andares empregando apenas um servente, sua proposta pode até ter o preço coerente com os custos, mas é certo que apenas um servente não dará conta do recado. Logo, sua proposta será considerada inexequível.

Entretanto, é necessário enxergar o "problema" da proposta com certo cuidado a fim de evitar que a mesma seja desclassificada desnecessariamente. Infelizmente, a falta de preparo de muitos membros de Comissão de Licitação, bem como ausência de regras legais mais detalhadas, tornam as comissões, não raro, excessivamente rigorosas. Veremos adiante, quais e como devem ser interpretados os motivos causadores da desclassificação de uma proposta.

Não atendimento às exigências do edital

Vimos no Capítulo 1, que uma dos princípios que regem a licitação pública é o da *Vinculação ao Instrumento Convocatório*, que obriga as partes (Administração e Licitante) a cumprirem as regras estabelecidas no edital. Assim, uma vez descumprida uma exigência do edital pelo licitante, o mesmo, pelo menos em princípio, deve ser afastado.

Mas é bom que se diga que não é uma regra qualquer que, caso descumprida, terá força suficiente para afastar o licitante da competição. Algumas regras são de caráter de mera organização e visam facilitar os trabalhos da Comissão, não importando em uma condição essencial. Em outras palavras, tais regramentos, quando descumpridos, não devem causar o afastamento do licitante. São exemplos de regras de mera organização:

» Formulação da proposta em duas vias;
» Apresentação de documentos e propostas encadernadas e com folhas numeradas;

» Preenchimento do formulário padronizado de proposta;

» Apresentação de catálogos técnicos junto à proposta.

DICA

No Superior Tribunal de Justiça, há vários casos julgados sobre os excessos cometidos por Comissões de Licitação. Veja um exemplo:

> "O valor da proposta grafado apenas em algarismos – sem indicação por extenso – constitui mera irregularidade de que não resultou prejuízo, insuficiente, por si só, para desclassificar o licitante.(...) O formalismo no procedimento licitatório não significa que se possa desclassificar propostas eivadas de simples omissões ou defeitos irrelevantes."(MS nº 5.418/DF, 1ª. Seção, Rel. Min. Demócrito Reinaldo).

DICA

Até no Supremo Tribunal Federal já se encontra consolidado o entendimento da necessidade de as Comissões julgarem as propostas com desapego ao excesso de formalismo, sendo pacífica a jurisprudência nesse sentido. Veja-se o seguinte precedente:

> "Licitação: irregularidade formal na proposta que, por sua irrelevância, não gera nulidade. (...) Verifica-se, pois, que o vício reconhecidamente praticado pela ora recorrida, embora reflita desobediência ao edital, consubstancia tão somente irregularidade formal, incapaz de conduzir à desclassificação de sua proposta. (RMS nº 23.714/DF, 1ª. Turma, Rel. Min. Sepúlveda Pertence).

Prática de preço excessivo

Duas são as situações em que o preço elevado provocará a desclassificação da proposta. Na primeira, como já visto no Capítulo 6, quando o edital fixar valor máximo para a contratação. Caso o licitante insista em formular seu preço acima do estipulado infringirá regra objetiva do edital de caráter obrigatório. Não caberá qualquer espécie de correção, como por exemplo, o licitante pretender reduzir seu preço (lembrando que nas modalidades tradicionais não há fase de lances como no Pregão). A desclassificação, nesse caso, é obrigatória.

DICA

Veja, caro leitor, como se manifestou o Superior Tribunal de Justiça-STJ ao apreciar essa situação: "Não é nulo o ato desclassificatório de proposta fundado na desobediência de critério objetivo pertinente ao limite expresso no edital como contraprestação máxima (preço) que a Administração se dispôs a pagar pelos serviços licitados."(MS nº 7.256/DF, Corte Especial, Rel. Min. Cesar Asfor Rocha)

Situação distinta é aquela em que o edital não fixa o valor máximo a que se dispõe pagar. Mas, mesmo não tendo fixado valor máximo, o valor de referência estará determinado no processo (exatamente como vimos no Capítulo

6). Apesar de haver um valor de referência, nesse caso, a correta interpretação é de que o edital deu liberdade ao licitante para formular o preço que bem entendesse.

Ocorre que muitas Comissões (e Pregoeiros) entendem que o conceito de "preço excessivo" (conforme art. 48, II, da L. 8.666/93) envolveria o fato de o licitante apresentar proposta com valor acima do preço de referência da Administração. Isso é um grande erro, exatamente como já mencionei no Capítulo 6!

"Preço excessivo", para os fins da aplicação do dispositivo legal citado, é aquele praticado com superfaturamento, ou seja, um valor criminoso, que signifique tentativa de enriquecimento ilícito a favor do licitante. A proposta que for apresentada com valor acima do preço de referência, que é sempre a média dos valores apurados no mercado pela Administração, pode estar perfeitamente enquadrado na faixa normal do mercado, apesar de acima da média. Isso não significa que houve prática de superfaturamento.

Em duas situações pode haver superfaturamento: ou por conluio (combinação fraudulenta) entre os licitantes, que se reúnem previamente à licitação para "acertarem" o valor que cada um praticará para dar aparência de legalidade à fraude. Também pode ocorrer superfaturamento na hipótese de o licitante, ao perceber que disputará sozinho a licitação (ninguém mais compareceu ao torneio), aproveitando-se da situação de não haver disputa efetiva, apresenta proposta com valores superfaturados ante a certeza de que se sagrará vencedor. Em qualquer das duas situações, o ponto central a ser observado pela Comissão será se o preço está muito acima do praticado pelo mercado.

Imagine uma licitação para aquisição de um equipamento, na qual a pesquisa de preços encontrou os seguintes parâmetros de mercado: R$ 550,00; R$ 600,00 e R$ 625,00. O valor de referência foi apurado, de acordo com a média do mercado, ficou em R$ 591,66. Se o edital elegeu esse valor como critério de preço máximo, o licitante que cotar um centavo a mais estará desclassificado. Mas se o edital não fixou valor máximo, deixando livre a formação de preço, o licitante que cotar, por exemplo, R$ 700,00 não poderá ser sumariamente desclassificado, pois, apesar de seu preço encontrar-se acima da média, não está tão distante do maior valor encontrado na fase de pesquisa de preço. Não pode ser considerado preço superfaturado. Porém, se nessa mesma licitação, o licitante é o único que comparece e apresenta proposta no valor de R$ 1.500,00, esse preço pode ser considerado "excessivo" e a Comissão de Licitação deverá desclassificá-lo.

A Lei 8.666/93 (art. 96, I) considera crime a prática de preço excessivo, punível com pena de detenção, de 3 (três) a 6 (seis) anos, e multa.

Formação de preço inexequível

Explicamos acima o conceito de inexequibilidade como sendo a incapacidade de a proposta ser suportada pelo autor quando convocado a celebrar o contrato.

Dissemos que essa condição, na maioria dos casos, é decorrente de formação muito baixa de preço. Como uma proposta inexequível gera um grande risco para a Administração contratante (o órgão que promove a licitação), a Lei de Licitações entendeu por bem afastá-la da competição, pois é melhor prevenir do que remediar. Caso essa proposta permaneça válida e venha a ser a vencedora, provavelmente traria enorme prejuízo com o abandono do contrato por parte da empresa executora.

Mas, o que seria, de fato, proposta inexequível? Como determinar com segurança se uma proposta é ou não viável; poderá ou não ser suportada pelo proponente ao longo da execução? Essas costumam ser as questões que mais inquietam as Comissões de Licitação e Pregoeiros. O drama é o seguinte: de um lado, a Administração corre risco de suportar prejuízo pelo abandono do contrato; de outro, pode deixar de usufruir de proposta de valor muito interessante e que seria suportável pelo proponente. E o pior...não há fórmula!

Tudo dependerá de a Comissão analisar cuidadosamente a proposta. Mas, entendo que maior cuidado deve ter o licitante em estar preparado para justificar e demonstrar que terá condições de executar o contrato, mesmo que seu preço esteja realmente muito baixo.

Conforme dissemos, a preocupação da Lei de Licitações é com a execução do contrato. Portanto, a questão não está no preço em si, mas se esse preço ofertado bem abaixo do mercado pode ou não ser suportado pelo proponente. Se seu preço está situado em patamar abaixo até mesmo do custo de execução, mas demonstra ter totais condições de executar o contrato por aquele preço, a proposta não poderá ser desclassificada.

PAPO DE ESPECIALISTA

Um dos estudiosos mais respeitados no País e já aqui neste livro citado, Marçal Justen Filho, defende a teoria segundo a qual a inexequibilidade de uma proposta pode ser enxergada sob dois ângulos: do ponto de vista *relativo* e do ponto de vista *absoluto*. Neste primeiro caso, não haverá problema em aceitar a proposta, pois, apesar de valor realmente muito baixo, o contrato não sofrerá risco de inexecução pela capacidade econômica do proponente. No segundo caso, mesmo que a intenção do proponente seja a de executar a proposta, ele não dispõe dessa condição e falhará na execução. Esta, sim, deve ser afastada pelas Comissões de Licitação. (*Op. Cit.*, pág. 653)

ENTENDA MELHOR

Relativamente inexequível é a proposta que, a despeito de registrar valor muito aquém do mercado e até mesmo abaixo do custo, pode ser suportado pelo proponente. Aqui, o proponente pode até querer encarar um prejuízo. Afinal, no mundo dos negócios, não existe vantagem em um contrato apenas com a obtenção de lucro. É possível que o empresário tenha outros interesses, como por exemplo, expandir seu mercado, viabilizando a sua contratação com um preço imbatível; ou ainda minimizar um prejuízo já suportado, facilitando o escoamento de um estoque encalhado. Por outro lado, *absolutamente* inexequível é aquela proposta que, além de encontrar-se em valor muito abaixo do mercado, não pode ser suportado pelo proponente. Ele não tem poderio econômico que lhe possibilite amargar prejuízo em prol do contrato, que fatalmente seria abandonado dano para a Administração contratante.

Mas não é apenas o baixo preço que conduz à inexequibilidade da proposta. O proponente poderá formular sua proposta em bases financeiras coerentes com a forma de execução e esta, sim, ser de execução arriscada. Imagine que um órgão queira contratar serviços de limpeza, higiene e conservação para uma área total de 100milm² e prevê a utilização de um servente para cada 600 m², a empresa que formular proposta contemplando um servente para cada 1.200 m² certamente será impossível de ser executada. Seu preço será baixo em relação aos que propuseram dentro da estimativa do órgão, por utilizar a metade da mão de obra prevista, porém, a empresa dificilmente conseguirá executar os serviços com bom nível de qualidade por empregar número pequeno de serventes. Logo, sua proposta também será considerada inexequível e será desclassificada.

Dentro ainda do conceito de inexequibilidade, a Lei 8.666/93 (art. 44, §3º) também lista outras três situações cuja ocorrência acarretará a desclassificação da proposta, não admitindo como válidas as de valor irrisório, simbólico ou de valor zero.

Corrigindo as falhas nas propostas

A exemplo do que dissemos sobre a possibilidade de correção de falhas na documentação, na fase de proposta também será possível corrigir algumas falhas a fim de aproveitar o máximo possível os licitantes presentes. O princípio é o mesmo empregado para a fase de habilitação, ou seja, o dever de a Comissão aproveitar o maior número possível de propostas, e evitar a desclassificação por falhas de menor importância, que não prejudiquem o processo ou o direito de terceiros. Assim, nos casos em que as propostas apresentarem pequenos defeitos em sua formulação, a Comissão poderá corrigi-las, realizando diligência externa.

O limite dessas correções será o de não permitir a modificação do conteúdo das propostas, tais como, alterar preço, condições de execução, marca/modelo do produto ou equipamento no caso das compras. Também não será possível aproveitar as propostas que forem formuladas de modo impreciso ou duvidoso.

Se uma proposta é formulada com rasura no valor numérico, mas o valor por extenso está perfeitamente legível, não há razão para desclassificação da mesma, pois pode-se perfeitamente aproveitá-la. Mas, se a proposta não indica a marca do equipamento, essa complementação não pode ser feita por se tratar de complementação do conteúdo da proposta. Também será possível admitir corrigir erros de soma nas propostas, mas não será permitido alterar os custos informados nela.

Uma questão bastante delicada ocorre quando o licitante entrega a proposta sem assinatura. Em princípio, entregar uma proposta não assinada é a mesma coisa que não entregá-la. É que a proposta é considerada uma declaração escrita de vontade. Mas, se o autor não a assina, significa que ele não a declarou

Contudo, a presença da assinatura não deixa de ser uma formalidade (importante, mas uma formalidade) e por isso mesmo poderá admitir correção. Caso o licitante tenha apresentado a proposta não assinada (apócrifa), mas seu representante legal esteja presente na sessão, não haverá impedimento algum permitir que o mesmo assine o documento, ratificando os termos da proposta apresentada, validando-a. Entretanto, se o licitante preferiu não ser representado na sessão, a proposta será desclassificada.

DICA

O Supremo Tribunal Federal já teve oportunidade de julgar um caso em que a proposta foi entregue sem assinatura e decidiu da seguinte forma: "Se o licitante apresenta sua proposta financeira sem assinatura ou rubrica, resta caracterizada, pela apócrifa, a inexistência do documento. (...) É imprescindível a assinatura ou rubrica do licitante na sua proposta financeira, sob pena de a Administração não poder exigir-lhe o cumprimento da obrigação a que se sujeitou." (RMS nº 23.640/DF, 2ª. Turma, Rel. Min. Maurício Corrêa).

Procedimento no caso de empate entre duas ou mais propostas

Uma vez que a Comissão tenha agrupado na ordem crescentes de preços (lembrando que estamos tratando da licitação do tipo *menor preço*), pode ocorrer situação de empate de duas ou mais propostas. O desempate sempre será feito por sorteio em sessão pública.

O apontamento de que o sorteio deve ser realizado em sessão pública (ato solene) não é redundante. Normalmente, as propostas são abertas na sessão pública, mas não são ali decidias, principalmente nos casos em que envolve análise de planilhas de composição de custos. É comum a Comissão suspender a sessão para deliberação e comunicar a decisão sobre as propostas na Imprensa Oficial.

A Lei não fixa prazo para a realização da sessão, o que dá liberdade para a Comissão estipular o prazo que reputar conveniente. Mas, claro, o prazo não poderá ser exíguo de modo a causar dificuldade dos licitantes comparecerem à sessão. Recomenda-se o prazo mínimo de cinco dias úteis, que é o prazo de publicidade da modalidade Convite.

A forma do sorteio também é livre, desde que seja garantida a imparcialidade da Comissão. Poderá ser simples mesmo, com pequenos papelotes com o nome das empresas que disputarão o sorteio, dobrados e colocados dentro de um envelope opaco, como se faz na brincadeira de Amigo Secreto, muito comum nas empresas e repartições em fim de ano.

Nova fase de recursos e encerramento da licitação

Comunicada a classificação final com o apontamento do vencedor da licitação, caberá recurso contra as decisões da Comissão relativos à fase de propostas. Os procedimentos e prazos serão exatamente os mesmos descritos no Capítulo 8 Enquanto os recursos, eventualmente interpostos, não forem decididos, a Administração não poderá contratar com o vencedor. Mas, exatamente como ao final da fase de habilitação, a Comissão de Licitação poderá tentar obter o Termo de Renúncia ao direito de recorrer dos licitantes. Caso todos o assinem, a licitação será encerrada e a Administração poderá formalizar o encerramento e contratar o vencedor.

Julgados os recursos e nada mais havendo a ser decidido, a Comissão encaminhará os autos do processo à autoridade superior para que este proceda ao ato de *adjudicação* e *homologação* da licitação, finalizando o torneio. Após isso, poderá expedir a comunicação para que o vencedor assine o contrato.

ENTENDA MELHOR

Adjudicação é o ato por meio do qual a autoridade superior "atribui" ao vencedor o objeto da licitação. É um ato formal que reconhece o autor da proposta mais vantajosa o vencedor da licitação. Trata-se de uma espécie de solenidade formal que confere ao vencedor (adjudicatário) o direito ao contrato, caso a Administração venha a convocá-lo. Não significa que o órgão será *obrigado* a contratar o objeto da licitação. Afinal, o órgão público pode desfazer a licitação por ato de conveniência (revogação) ou mesmo por verificação posterior de ter havido alguma ilegalidade (anulação). Mas, caso venha a necessitar do objeto, o vencedor da licitação é que será necessariamente o contratado. Eis o efeito jurídico do ato de *adjudicação.*

ENTENDA MELHOR

Homologação constitui-se no ato no qual a autoridade superior reconhece a legalidade e conveniência dos atos desenvolvidos pela Comissão, ratificando a validade de todos os seus atos. O contrato só poderá ser celebrado após a publicação da homologação da licitação.

Para um melhor entendimento do ciclo do procedimento vejamos um fluxograma:

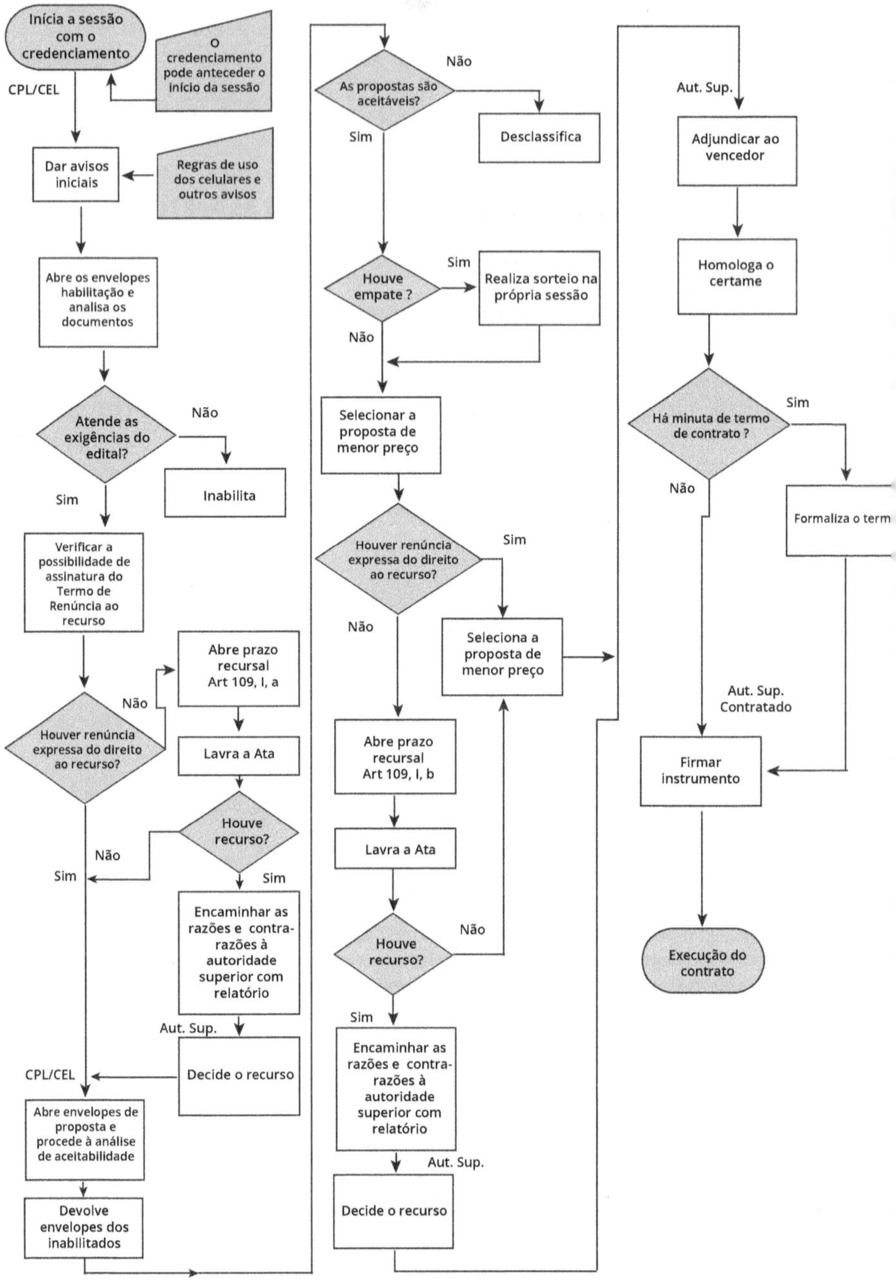

FIGURA 8-1: Fluxograma de julgamento–Concorrência, Tomada de Preços e Convite

Procedimentos de Julgamento no Tipo de Licitação "Melhor Técnica" e "Técnica e Preço"

Nas licitações cujos critérios de julgamento sejam os acima indicados, além da análise da documentação (Fase de Habilitação) e de aceitabilidade das propostas de preço (Fase de Classificação), a Comissão terá que analisar e julgar uma outra proposta, a proposta técnica. Conforme visto no Capítulo 2, esses tipos de licitação são marcados pelo fato de que não apenas o preço será levando em consideração para definição do vencedor, mas também a contraposição da proposta técnica com o preço ofertado.

Os trabalhos seguirão os mesmos passos, e na mesma ordem até aqui verificada, com a inclusão de uma fase intermediária, justamente a de julgamento das propostas técnicas.

Assim, encerrada a fase de habilitação, abrir-se-ão os envelopes contendo as propostas técnicas que serão julgadas e pontuadas de acordo com o que foi disposto no edital. Após aplicar as ponderações fixadas no edital, a Comissão ordenará as propostas técnicas em ordem decrescente (da maior para a menor nota técnica), e desclassificará as empresas que não tenham atingido a pontuação mínima determinada.

Para o encerramento dessa fase e passagem para a fase de preços, repetem-se os prazos de recurso e de contrarrazões. Também poderá ser extraído o Termo de Renúncia de todos os licitantes, o que permitirá avançar imediatamente para a fase de proposta de preços.

Ultrapassado o julgamento dos recursos relativos a essa fase, seguir-se-á a fase de exame de propostas de preços, e devolução dos envelopes lacrados das empresas desclassificadas, exatamente como ocorre entre a fase de habilitação e proposta de preços.

Peculiaridades em Relação à Modalidade Convite

Conforme dissemos no Capítulo 2, a licitação realizada na modalidade Convite só poderá prosseguir regularmente se houver a presença de, no mínimo, três licitantes. Por isso, a Comissão de Licitação, ao iniciar o procedimento e constatar que não houve a presença do número mínimo de licitantes exigidos na Lei, deverá encerrar a licitação para remarcar para uma próxima tentativa de obter esse número, convidando outras empresas.

Excepcionalmente, se as empresas convidadas recusarem expressamente o convite (enviar comunicação dando conta de que não participarão) ou se for possível determinar que o mercado é realmente restrito (poucas empresas atuam naquele segmento), a Comissão poderá, com essas justificativas, avançar no procedimento de forma regular.

Efeito Vinculante das Propostas Após o Encerramento da Licitação

Encerrada a licitação, tendo sido expedidos os atos de adjudicação e homologação, a Administração passará a ter poder para convocar o vencedor para iniciar o contrato. As propostas apresentadas na licitação são válidas por 60 dias contados da data da apresentação. Uma vez convocado, o vencedor não poderá recusar o contrato, desde que tenha sido chamado dentro do período de validade da sua proposta.

Em relação aos demais classificados, em princípio, com o encerramento do torneio, cessa a sua participação. Mas, pode ocorrer que o vencedor desista da contratação (o que seria uma falta contratual) e, sendo assim, a Administração poderá convocar os demais remanescentes, na ordem de classificação, para assumir o encargo.

Para essa condição, será necessário que o licitante convocado no lugar do vencedor desistente (ou inadimplente) aceite cumprir com as mesmas condições do vencedor, inclusive (e principalmente!) quanto ao preço. O que significa que este novo convocado poderá recusar a convocação, mesmo que sua proposta ainda esteja dentro do prazo de validade.

NESTE CAPÍTULO

- **Verificando na prática as diferenças do pregão e demais modalidades**
- **Negociando com o Pregoeiro**
- **Aprendendo a recorrer das decisões do Pregoeiro**

Capítulo 9

No Pregão Presencial

Enquanto que no Convite, na Tomada de Preço e na Concorrência a licitação inicia-se pelo exame da documentação de todos os licitantes para, somente após, proceder-se à abertura dos envelopes contendo as propostas, no pregão presencial, o início do julgamento é marcado pela abertura da proposta de preços em primeiro lugar. A habilitação, ou seja, os documentos das empresas participantes, só serão analisados ao final quando já se souber quem é o vencedor. E tem mais! Só será aberto o envelope de habilitação do vencedor. Os envelopes dos demais licitantes permanecerão fechados, sendo abertos apenas no caso de o vencedor vir a ser declarado inabilitado.

Conforme já estudado no Capítulo 2 e revisto acima, a modalidade Pregão prevê uma ordem de julgamento diferente da adotada para as modalidades estudadas no Capítulo anterior. As modificações são bastante sensíveis e neste capítulo vamos abordar minuciosamente o desdobramento do julgamento, destacando as diferenças existentes.

Falaremos também sobre como se deve proceder aos lances verbais na fase competitiva (não existente nas modalidades tradicionais), bem como a questão vanguardista, ou seja, a possibilidade de o Pregoeiro negociar diretamente com o autor da melhor proposta.

Outra diferença muito significativa encontrada no julgamento da modalidade Pregão está na fase recursal. Dedicaremos uma atenção toda especial a essa fase do julgamento, porque importa sensivelmente no sucesso da empresa na licitação. Afinal, é por meio desse instrumento (o recurso) que se evita o cometimento de ilegalidades, favorecimentos e injustiças e se garante, de fato, que a proposta mais vantajosa seja declarada a vencedora.

Dito isto, declaro aberta a sessão!

Credenciamento e Abertura das Propostas

A fase de entrega dos envelopes e o credenciamento dos representantes é muito parecida com o que ocorre nas demais modalidades. Como na modalidade pregão só é cabível o tipo "menor preço", os envelopes serão sempre em número de dois, Envelope de Proposta e Envelope de Habilitação. Além deles, devem ser entregues os documentos de credenciamento fora de envelopes, justamente para possibilitar o ingresso da empresa licitante, assim como seu representante.

A presença do representante da empresa no Pregão não é obrigatória, mas é essencial para o caso de a empresa pretender oferecer lances verbais e recorrer das decisões. Sem seu representante presente na sessão, a empresa não terá como "dar lances" e seu preço poderá ser batido pelo representante de sua concorrente que estiver presente na sessão. Na fase de recursos, sua presença também será essencial, pois, ao contrário do que se vê nas modalidades tradicionais, a interposição de recurso se dá imediatamente após a declaração de vencedor por parte do Pregoeiro. Recomendamos à empresa licitante se esforçar em mandar seu representante para a sessão de julgamento, sempre que possível.

Realizado o credenciamento de todos os competidores, a sessão é declarada aberta pelo Pregoeiro com o imediato início da fase de exame das propostas. Esta etapa consistirá na aferição da compatibilidade da proposta inicial de todos os licitantes com os requisitos exigidos no edital. Vale para esta etapa tudo o que foi dito no Capítulo 8.

Assim que decidir sobre a aceitabilidade das propostas, classificando as que atenderam ao edital e afastando (desclassificando) aquelas que não atenderam, o Pregoeiro agrupará as propostas em ordem crescente (do menor para o maior preço) e selecionará **a de menor valor** e aquelas que tenham ficado acima **desta até o limite de 10%** para a etapa de lances verbais. As demais propostas, que eventualmente não forem selecionadas (mas estão classificadas), permanecem na disputa, mas, como não terão direito a dar lances, dificilmente terão condições de sagrarem-se vencedoras.

Esta limitação visa evitar a chamada competição falsa, na qual os licitantes "engordam" os preços esperando ter mais fôlego para ofertar lances. Com isso, o licitante que superfaturar seu preço para poder ter maior poder de barganha, sem abdicar da sua margem de lucro, provavelmente ficará afastado do torneio, esta atitude facilitará ao competidor com preço inicial mais agressivo.

Ainda hoje ocorre de muito licitante arrepender-se de ficar de fora da etapa competitiva por seu preço inicial não ter ficado dentro da margem de 10%, apesar de ter condições para dar lances.

Vamos exemplificar como funciona essa fase do julgamento. Para as simulações a seguir, e visando facilitar o entendimento, não vamos levar em consideração as regras de preferência de contratação para Microempresas e Empresas de Pequeno Porte. Esse tema abordaremos na Parte IV.

TABELA 9-1 **Simulação I**

Classificação		Proposta Inicial	% Sobre o Menor Preço	Situação
1ª	Empresa A	R$ 1.000,00	Menor Preço	SELECIONADA
2ª	Empresa B	R$ 1.050,00	5%	SELECIONADA
3ª	Empresa C	R$ 1.080,00	8%	SELECIONADA
4ª	Empresa D	R$ 1.084,00	8,4%	SELECIONADA
5ª	Empresa E	R$ 1.085,00	8,5%	SELECIONADA
6ª	Empresa F	R$ 1.090,00	9%	SELECIONADA
7ª	Empresa G	R$ 1.092,00	9,2%	SELECIONADA
8ª	Empresa H	R$ 1.095,00	9,5%	SELECIONADA
9ª	Empresa I	R$ 1.098,00	9,8%	SELECIONADA
10ª	Empresa J	R$ 1.100,00	10%	SELECIONADA
11ª	Empresa K	DESCLASSIFICADA		
12ª	Empresa L	DESCLASSIFICADA		

Nessa primeira simulação, percebemos que das empresas que apresentaram propostas, duas (Empresas "K" e "L") foram desclassificadas e das dez empresas restantes, todas estão aptas a ofertar novos preços verbalmente. Isso porque todas elas estão com seus preços iniciais (as propostas que estavam no envelope) dentro da faixa máxima de 10% em relação à proposta de menor valor apresentada.

Vejamos agora outra situação:

TABELA 9-2 **Simulação II**

Classificação		Proposta Inicial	% Sobre o Menor Preço	Situação
1ª	Empresa A	R$ 1.000,00	Menor Preço	SELECIONADA
2ª	Empresa B	R$ 1.050,00	5%	SELECIONADA
3ª	Empresa C	R$ 1.080,00	8%	SELECIONADA
4ª	Empresa D	R$ 1.100,00	10%	SELECIONADA
5ª	Empresa E	R$ 1.110,00	11%	Fora dos lances
6ª	Empresa F	R$ 1.190,00	19%	Fora dos lances
7ª	Empresa G	R$ 1.200,00	20%	Fora dos lances
8ª	Empresa H	R$ 1.220,00	22%	Fora dos lances
9ª	Empresa I	R$ 1.230,00	23%	Fora dos lances
10ª	Empresa J	R$ 1.250,00	25%	Fora dos lances
11ª	Empresa K	DESCLASSIFICADA		
12ª	Empresa L	DESCLASSIFICADA		

Assim como no primeiro exemplo, duas empresas foram desclassificadas e das que sobraram, apenas as que estavam dentro da faixa de até 10% acima da menor proposta foram selecionadas para a etapa de lances verbais, ou seja, as empresas "A", "B", "C" e "D". Só estas brigarão na fase de lances.

As que não foram selecionadas (Empresas "E" a "J") permanecerão no torneio, pois foram classificadas e, caso seja necessário, em virtude de inabilitação das anteriores, poderão ainda sagrarem-se vencedoras.

ENTENDA MELHOR

É um equívoco considerar que empresas fora da faixa dos 10% estão desclassificadas. A classificação da proposta opera em razão dos critérios de aceitabilidade fixados no edital. Uma vez verificado integral atendimento das condições mínimas obrigatórias, a proposta é tida como apta, não se modificando essa situação pelo fato de a mesma não ter sido selecionada para a fase competitiva. Logo, a etapa de seleção das propostas que irão para a fase de lances não é eliminatória, mas classificatória.

É necessária a seleção de pelo menos três propostas aptas a ofertar lances verbais, ou seja, a proposta de menor preço e, pelo menos, mais duas dentro da faixa de 10%. Caso seja impossível, porque a licitação não atraiu grande número de participantes, ou porque várias empresas foram desclassificadas, ou ainda porque, das empresas classificadas, várias estavam com seus preços muito elevados, o Pregoeiro selecionará tantas quanto forem necessárias, até o máximo de três, quaisquer que sejam os preços oferecidos.

Vamos a mais uma simulação:

TABELA 9-3 Simulação III

Classificação		Proposta Inicial	% Sobre o Menor Preço	Situação
1ª	**Empresa A**	**R$ 1.000,00**	**Menor Preço**	**SELECIONADA**
2ª	**Empresa B**	**R$ 1.050,00**	**5%**	**SELECIONADA**
3ª	**Empresa C**	**R$ 1.080,00**	**8%**	**Fora dos lances**
4ª	Empresa D	R$ 1.100,00	10%	Fora dos lances
5ª	Empresa E	R$ 1.110,00	11%	Fora dos lances
6ª	Empresa F	R$ 1.190,00	19%	Fora dos lances
7ª	Empresa G	R$ 1.200,00	20%	Fora dos lances
8ª	Empresa H	R$ 1.220,00	22%	Fora dos lances
9ª	Empresa I	R$ 1.230,00	23%	Fora dos lances
10ª	Empresa J	R$ 1.250,00	25%	Fora dos lances
11ª	Empresa K	DESCLASSIFICADA		
12ª	Empresa L	DESCLASSIFICADA		

TABELA 9-4 Simulação IV

Classificação		Proposta Inicial	% Sobre o Menor Preço	Situação
1ª	Empresa A	R$ 1.000,00	Menor Preço	SELECIONADA
2ª	Empresa B	R$ 1.200,00	20%	SELECIONADA

Na Simulação III, somente a Empresa "B" estava dentro da faixa percentual legal, logo, não foi possível obter o número mínimo de propostas para a fase competitiva. Por isso, o Pregoeiro convocaria a Empresa "C" para completar esse número. Na Simulação IV, percebe-se que apenas duas empresas se apresentaram ao torneio. Nem assim a licitação estaria perdida. O Pregoeiro selecionaria ambas as propostas.

Bem, ainda pode haver uma outra situação. É que algumas empresas podem vir com preços iguais e, nesse caso, estariam em situação de empate. As propostas escritas que se encontrarem nessa situação devem ser consideradas como sendo uma só oferta para o fim de seleção das licitantes que irão para a fase competitiva. Haverá um sorteio, sim, mas apenas para estabelecimento da ordem de lances verbais entre as propostas empatadas. Vamos a mais um exemplo:

TABELA 9-5 Simulação V

CLASSIFICAÇÃO		PROPOSTA INICIAL	% SOBRE O MENOR PREÇO	SITUAÇÃO
1ª	**Empresa A**	**R$ 1.000,00**		**SELECIONADA**
2ª	**Empresa B**	**R$ 1.112,00**	**11,2%**	**SELECIONADA**
3ª	**Empresa C**	**R$ 1.112,00**	**11,2%**	**SELECIONADA**
4ª	Empresa D	R$ 1.112,00	11,2%	SELECIONADA
5ª	Empresa E	R$ 1.118,00	11,8%	SELECIONADA
6ª	Empresa F	R$ 1.190,00	11,9%	Fora dos lances
7ª	Empresa G	R$ 1.200,00	20%	Fora dos lances
8ª	Empresa H	R$ 1.220,00	22%	Fora dos lances
9ª	Empresa I	R$ 1.230,00	23%	Fora dos lances
10ª	Empresa J	R$ 1.250,00	25%	Fora dos lances

Nessa simulação, o valor de R$ 1.112,00 foi formulado pelas empresas "B", "C" e "D" e por isso foram considerados como sendo **uma só oferta**. Assim, seguem à etapa competitiva: "A", menor preço; "B", "C" e "D", como 2ª melhor oferta; e, "E" como 3ª melhor oferta. Atendeu-se ao número mínimo de três **ofertas** para a fase competitiva.

Fase Competitiva: Recebendo Lances Verbais

Agora que as empresas foram selecionadas para a fase de lances, é hora da "briga começar"!

O Pregoeiro ordenará as empresas de forma decrescente em relação aos preços iniciais (e de acordo com o resultado do sorteio no caso de empate). O Pregoeiro convidará nessa ordem, cada licitante individualmente para oferecer lances sucessivos até completar a rodada. Assim, o autor da proposta inicial mais elevada dentre as selecionadas será o primeiro a dar lance e o de menor valor será o último. Como se fosse um leilão invertido.

O Pregoeiro só aceitará o lance proferido se o valor lançado for menor que o menor valor até então registrado. Quer dizer que o licitante, para permanecer na disputa, deve sempre dar um lance vencedor.

Os lances vão sendo recebidos até que ninguém mais possa bater o menor lance ofertado. Não podem ser aceitas propostas de lances iguais ao menor até então apurado. Não cabe desistência do lance ofertado, nem tampouco arrependimento por ter desistido de continuar a ofertar novos lances.

Vejamos um exemplo:

TABELA 9-6 **Evolução de Lances**

Licitante	Proposta Inicial	1ª Rodada	2ª Rodada	3ª Rodada	4ª Rodada	Classif.Final
Empresa F	R$ 1.090,00	R$ 990,00	Desistiu	X	X	6º
Empresa E	R$ 1.085,00	R$ 970,00	R$ 899,00	R$ 850,00	R$ 830,00	1º
Empresa D	R$ 1.084,00	R$ 950,00	R$ 890,00	Desistiu	X	3º
Empresa C	R$ 1.080,00	R$ 945,00	Desistiu	X	X	5º
Empresa B	R$ 1.050,00	R$ 940,00	R$ 870,00	R$ 840,00	Desistiu	2º
Empresa A	R$ 1.000,00	R$ 900,00	X	X	X	4º

As primeiras licitações realizadas na modalidade Pregão, no início da década de 2000, eram excessivamente litúrgicas. Como era novidade, era comum os Pregoeiros usarem de ritos excessivamente rebuscados. Alguns órgãos organizavam verdadeiros eventos, com arranjos de flores sob a mesa de julgamento (como em congressos internacionais), microfone para o licitante se apresentar e anunciar o seu lance. Com o tempo, as licitações foram ganhando mais dinamismo e menos cerimônia.

Um Pregoeiro habilidoso e bem preparado tornará essa fase bastante dinâmica. A ideia é incentivar o máximo possível a vinda de lances a fim de que os preços fiquem no patamar mais baixo possível. Quanto maior o número de rodadas de lances, melhor para a Administração.

CASOS E CAUSOS

Ao longo da minha carreira, julguei mais de mil licitações na modalidade Pregão. A licitação na qual tive o maior número de rodadas de lance atingiu o número de 357 para um único item e durou mais de 8 horas, só entre a fase de credenciamento e o final da fase competitiva.

Não é permitido ao Pregoeiro fixar número máximo de rodadas de lance ou estabelecer faixa mínima ou máxima de desconto. Caso venha a fazê-lo, a licitação poderá ser anulada por restrição ao caráter competitivo.

CUIDADO

O Pregoeiro é a autoridade máxima dentro da sala de sessão (exatamente como o é o Presidente da Comissão de Licitação). Portanto, suas determinações devem ser acatadas pelos presentes. Claro que se o Pregoeiro agir com abuso de poder ou de forma arbitrária, o licitante deverá buscar a defesa de seus direitos pelas vias corretas, mas jamais deixar de acatar as determinações do Pregoeiro. Se o Pregoeiro proibir o uso de celulares dentro da sessão, visando manter a urbanidade do ambiente, a insistência do licitante em utilizá-lo pode configurar prática de crime de desobediência, previsto no artigo 330 do Código Penal e o Pregoeiro poderá dar voz de prisão em flagrante delito.

Pode ser determinado um limite de tempo para que o licitante possa refletir sobre o lance que queira oferecer. Ultrapassado esse tempo, este perderá o direito de lançar. O licitante tem plena liberdade de oferecer a proposta que quiser e será dever do Pregoeiro aceitá-la, caso esteja em condições, ou seja, se for ofertada dentro do prazo estipulado e que o mesmo seja em valor abaixo do menor valor registrado até aquele momento. Mesmo que seja um centavo abaixo. Aliás, essa é uma tática bastante frequente nos pregões. Os licitantes ficam baixando o mínimo possível para ter a vitória com o maior preço possível. Como veremos mais um pouco adiante, essa tática, se utilizada na forma eletrônica do Pregão, pode ser desastrosa. Na forma presencial, apenas serve para cansar os concorrentes.

A negociação com o Pregoeiro

Uma das grandes novidades trazidas pela Lei do Pregão foi a possibilidade de o Pregoeiro negociar diretamente com o vencedor da licitação melhores condições para a Administração. Segundo o seu art. 4º, inciso XVII, da Lei 10.520/2002, o momento de o licitante vencedor e o Pregoeiro "conversarem" será logo após a disputa por lances e antes do exame da habilitação.

É bom deixar registrado que o Pregoeiro não está obrigado a negociar e nem tampouco o licitante estará obrigado a aceitar reduzir preços. O processo de negociação depende de avaliação subjetiva das circunstâncias que envolvem cada caso e o novo acordo dependerá apenas e tão somente do convencimento recíproco das partes.

A negociação no Pregão é um processo cíclico, isto é, muitas serão as oportunidades em que a mesma empresa estará diante do Pregoeiro em situação de negociação. Claro, como processo de natureza subjetiva que é, o resultado da negociação anterior será preponderante no ânimo do licitante em ceder a favor da Administração.

Qualquer processo de negociação deve ser encarado não como um jogo em que se haverá um vencedor e um perdedor. O bom negociador se importa com a satisfação da outra parte. Quando ambos os lados saem satisfeitos com o resultado da negociação, a próxima será muito mais favorável e menos estressante.

A negociação representou uma novidade tão favorável que até as Comissões de Licitação passaram a receber orientação de tentar negociar com o vencedor da licitação, mesmo nas modalidades tradicionais, como se vê da decisão do TCU, abaixo:

DICA

> É aplicável, na busca da proposta mais vantajosa para a Administração, a prerrogativa administrativa da negociação em todas as modalidades licitatórias. (Acórdão 1401/2014-Segunda Câmara)

O licitante deve lembrar que uma boa parceria comercial depende de boa relação entre as partes. Vimos no Capítulo 4 que há muitas situações em que o órgão contrata empresas sem precisar licitar (dispensa, inexigibilidade de licitação, Ata de Registro de Preço), convidando para assinar contrato quem bem entende. Ou seja, se o licitante é sempre resistente nas negociações dos Pregões de que participa, provavelmente essa circunstância não lhe soará favorável na hora do órgão escolher o contratado. Sendo possível, é sempre bom ceder um pouquinho.

Julgando o pregão com critério de preço máximo

Quando o edital impõe valor máximo como critério de aceitabilidade de propostas, a seleção para a fase competitiva é um pouco mais complicada. Relembrando, preço máximo é o valor que, quando superado na proposta, conduz esta à desclassificação. Mas como a modalidade Pregão permite a flexibilização dos preços, é possível que o licitante que tenha formulado sua proposta inicial acima do limite estabelecido no edital, possa reduzi-lo a patamares aceitáveis ao longo da fase de lances. Nesse caso, ele não seria desclassificado porque, muito embora tenha se apresentado inicialmente com valor acima do limite, seu preço final ficou abaixo do mesmo.

Vejamos mais outro exemplo:

TABELA 9-7 **Simulação VI — Valor Máximo do Edital: R$ 1.000,00**

Classificação		Proposta Inicial	% Sobre o Menor Preço	Situação
1ª	**Empresa A**	**R$ 1.000,00**		**SELECIONADA**
2ª	**Empresa B**	**R$ 1.050,00**	**5%**	**SELECIONADA**
3ª	**Empresa C**	**R$ 1.080,00**	**8%**	**SELECIONADA**
4ª	**Empresa D**	**R$ 1.084,00**	**8,4%**	**SELECIONADA**
5ª	**Empresa E**	**R$ 1.085,00**	**8,5%**	**SELECIONADA**
6ª	**Empresa F**	**R$ 1.090,00**	**9%**	**SELECIONADA**
7ª	Empresa G	R$ 1.200,00	20%	DESCLASSIFICADA
8ª	Empresa H	R$ 1.250,00	25%	DESCLASSIFICADA
9ª	Empresa I	R$ 1.300,00	30%	DESCLASSIFICADA
10ª	Empresa J	R$ 1.350,00	35%	DESCLASSIFICADA
11ª	Empresa K	DESCLASSIFICADA		
12ª	Empresa L	DESCLASSIFICADA		

As empresas "K" e "L" foram desclassificadas logo no início do torneio por não atenderem a algum critério de aceitabilidade (por exemplo, as especificações técnicas). Note também que apesar de as empresas "B" a "F" estarem com seus preços iniciais acima do limite estipulado no edital (R$ 1.000,00), estão dentro da faixa dos 10% em relação à proposta de menor valor. Mesmo estando acima do limite do edital, estas empresas têm condição de reduzir seus preços a patamares aceitáveis e, por isso mesmo, estão aptas a ofertar novos valores, daí terem sido selecionadas para a etapa competitiva. Já as empresas "G" a "J", por não terem sido selecionadas para a fase competitiva, não poderão reduzir seus preços, e sendo assim, devem ser desclassificadas.

TABELA 9-8 Resultado Final da Simulação VI — Valor Máximo do Edital: R$ 1.000,00

Classificação Final		Proposta Final (após o encerramento da fase de lances)	Situação
1ª	**Empresa A**	**R$ 850,00**	**VENCEDORA**
2ª	**Empresa B**	**R$ 860,00**	**2ª Lugar**
3ª	**Empresa C**	**R$ 1.080,00**	**DESCLASSIFICADA**
4ª	**Empresa D**	**R$ 1.084,00**	**DESCLASSIFICADA**
5ª	**Empresa E**	**R$ 1.085,00**	**DESCLASSIFICADA**
6ª	**Empresa F**	**R$ 1.090,00**	**DESCLASSIFICADA**
7ª	Empresa G	R$ 1.200,00	DESCLASSIFICADA
8ª	Empresa H	R$ 1.250,00	DESCLASSIFICADA
9ª	Empresa I	R$ 1.300,00	DESCLASSIFICADA
10ª	Empresa J	R$ 1.350,00	DESCLASSIFICADA
11ª	Empresa K	DESCLASSIFICADA	
12ª	Empresa L	DESCLASSIFICADA	

Agora que a fase competitiva se encerrou, com o esgotamento das possibilidades de lances dos licitantes, percebemos que as empresas "C" a "F" não reduziram seus preços a valores abaixo do limite máximo do edital e por isso foram desclassificadas.

Exame de Habilitação

Ultrapassada a fase competitiva e as negociações entre o Pregoeiro e o vencedor da disputa, segue-se o exame da habilitação, que será realizado apenas em relação ao **licitante vencedor**. A ideia era tornar o procedimento mais célere, pois é desnecessário verificar uma quantidade enorme de documentos.

Se do exame da documentação ou a consulta ao sistema cadastral resultar na inabilitação do licitante vencedor na fase de preços, o Pregoeiro passará imediatamente ao exame da documentação do segundo classificado e, se este também não se habilitar, prosseguirá fazendo o mesmo com os demais, sucessivamente, na ordem de classificação, até que encontre um proponente apto a assinar o contrato, o qual será declarado vencedor do torneio. A inabilitação do vencedor não desfaz a fase de lances, e os finais ficam mantidos.

Fase de Recursos

A fase recursal no Pregão é muito diferente daquela que encontramos nas demais modalidades licitatórias. Enquanto na Concorrência, Tomada de Preços e Convite há possibilidade de recurso para cada fase do julgamento (habilitação, proposta técnica e de preços), no Pregão somente ao final do julgamento, após o anúncio do vencedor, é que se abrirá oportunidade de se interpor recuso administrativo. O exercício do direito de recorrer também encontra sistema diferente das licitações tradicionais. Se na Lei Geral de Licitações o desejo de recorrer é presumido (o licitante não precisa anunciar que recorrerá); no pregão a presunção vai em sentido inverso.

Ao final do julgamento, o Pregoeiro perguntará aos presentes se alguém tem interesse em recorrer. Quem tiver essa intenção, deverá manifestá-la oral e imediatamente. Caso permaneça em silêncio, o licitante perde o direito de recorrer. Por isso, o licitante tem de permanecer na sala de julgamento até o final da sessão para, no momento correto, manifestar seu interesse em recorrer. Por exemplo, o licitante que teve o seu credenciamento recusado pelo Pregoeiro terá que aguardar até o final de todo o julgamento, mesmo que leve vários dias para ser concluído, a fim de interpor o recurso.

ENTENDA MELHOR

Não bastará ao licitante manifestar sua intenção de recorrer de forma oral imediata. Essa manifestação deve apresentar o motivo do recurso. Por **motivação** entendam-se as razões pelas quais o licitante se viu inconformado. Não é necessário que a explanação seja uma justificação completa. Mesmo porque, não se deve esperar que os representantes comerciais e empresários tenham condições técnicas de articular de supetão a argumentação jurídica para fundamentar seu recurso (nem para os juristas isso seria tarefa fácil). Por declaração motivada, portanto, entenda-se aquela declaração que revele, ao menos superficialmente, as razões do inconformismo. A motivação estará adequadamente caracterizada com a presença de dois elementos básicos: a) o ato contra o qual se recorre; b) as razões do inconformismo. Não basta anunciar o desejo de recorrer, deve-se explicitar o porquê do recurso. Não será suficiente que o licitante diga, por exemplo, "minha empresa deseja recorrer". Terá que discorrer um pouco mais sobre que razões o levaram a manifestar o interesse no recurso, o que envolve apontar o ato, propriamente dito, que se pretende ver reformado, e o motivo. Seria algo mais ou menos assim:

> Minha empresa deseja recorrer do ato que desclassificou minha proposta em relação ao item 5 (ato a ser reformado), porque estou convicto de que a proposta atende perfeitamente ao edital (motivo).

Antes do surgimento da modalidade Pregão e de acordo com o que falamos no Capítulo 8, era muito comum a Comissão de Licitação abrir o prazo para interposição de recursos e o mesmo transcorrer sem que ninguém o apresentasse.

Era igualmente comum, a Comissão receber recursos meramente procrastinatórios, ou seja, um meio que algumas empresas encontravam de adiar o resultado final da licitação, discutindo qualquer bobagem nos recursos. A sistemática do recurso na modalidade Pregão foi pensada exatamente para coibir esse tipo de estratégia promovida por empresas que não queriam aceitar sua derrota na licitação. Daí porque, no Pregão, o recurso depende da manifestação oral e imediata (evitando deflagração desnecessária de prazos) e que a mesma seja motivada (evitando os recursos meramente retardadores).

Caso nenhum representante presente manifeste intenção de recorrer, o Pregoeiro encerrará a sessão e, logo em seguida, o órgão poderá contratar. Mas quanto ao encerramento, veremos com mais detalhes no Capítulo 9.

Voltando à fase recursal, uma vez que algum licitante manifeste interesse em recorrer, o Pregoeiro registrará em Ata a manifestação e a motivação, concedendo três dias úteis para que o autor do recurso apresente suas razões por escrito e, subsequentemente, o mesmo prazo para os demais apresentarem suas *contrarrazões.*

Se o Pregoeiro entender não estar presentes quaisquer desses requisitos (manifestação + motivação), não receberá o recurso e encerrará a sessão como se recurso não houvesse sido interposto.

CUIDADO

Nessa fase do julgamento, chamada de *Juízo de Admissibilidade Recursal,* o Pregoeiro não pode prejulgar o recurso, deixando de recebê-lo por entender que ele "não procede". Ora, procedência ou improcedência é exame de mérito e não de requisitos de admissibilidade. A despeito disso, muitos Pregoeiros, principalmente no pregão eletrônico, cometem essa ilegalidade absurda, que viola o princípio constitucional da ampla defesa.

DICA

O Tribunal de Contas da União já se pronunciou diversas vezes sobre esse assunto. Veja-se uma dessas decisões: "Juízo de admissibilidade da intenção de recurso manifestada pelo licitante na sessão do pregão [...]oriente seus pregoeiros, ao procederem ao juízo de admissibilidade das intenções de recurso manifestadas pelos licitantes nas sessões públicas (pregão eletrônico ou presencial), que busquem verificar tão somente a presença dos pressupostos recursais, ou seja, sucumbência, tempestividade, legitimidade, interesse e motivação, abstendo-se de analisar, de antemão, o mérito do recurso", nos termos do art. 4º, XVIII, da Lei n. 10.520/2002, c/c o art. 11, XVII, do Decreto n. 3.555/2000 (pregão presencial), e do art. 26, caput , do Decreto n. 5.450/2005 (pregão eletrônico)." (TCU, Acórdão n. 339/2010)

Processamento e efeitos do recurso

Tendo admitido o recurso e recebidas as razões e contrarrazões recursais, cumpre ao pregoeiro dar o devido processamento até sua decisão final.

Como dito sobre a fase de recurso para as demais modalidades licitatórias, também no Pregão a contratação somente será possível com o julgamento de todos os recursos interpostos.

O recurso será analisado pelo Pregoeiro, que poderá reconsiderar sua decisão. Não havendo reconsideração, o Pregoeiro deverá encaminhar o processo à autoridade superior para que esta dê a decisão final.

O provimento do recurso apenas invalidará os atos insuscetíveis de aproveitamento, o que importa dizer que, caso o provimento recursal implique afastamento do licitante vencedor, continuam válidos os demais atos, devendo a autoridade competente reencaminhar o processo ao pregoeiro para que seja analisada a habilitação do segundo classificado e assim sucessivamente, na ordem de classificação, até que encontre o vencedor.

ENTENDA MELHOR

Se o recurso era contra a desclassificação de uma proposta, é possível que a fase de lances tenha que ser refeita, caso essa proposta antes afastada, e agora (como provimento ao recurso) válida, tenha preço para ficar entre as empresas selecionadas para a fase de lances. Se, mesmo tendo o recurso provido, o preço da proposta estiver acima da faixa de 10%, nem a fase de lances precisará ser repetida.

Encerrando a Licitação

Como vimos no Capítulo 8, a licitação se encerra com os atos de *adjudicação* e a *homologação*. Nas modalidades tradicionais, esses dois atos são proferidos pela autoridade superior. A Comissão de Licitação apenas encaminha o processo com a Ata de julgamento. No Pregão é um pouco diferente.

Se, ao final da sessão, nenhuma empresa manifestar intenção de recurso ou se os recursos manifestados não foram aceitos pelo Pregoeiro, temos a situação de *licitação irrecorrida* (não houve recursos). Nessas circunstâncias, o Pregoeiro é a autoridade para expedir o Ato de *adjudicação*. Mas, se houve recurso, o Pregoeiro deixa de ter competência para *adjudicar* o objeto, passando para a Autoridade Superior (em geral, o Ordenador de Despesa).

Com a homologação é que terá fim o procedimento licitatório, permitindo que o órgão contrate o objeto com o vencedor.

A seguir, o fluxograma com as fases e atividades que envolvem o julgamento do Pregão na forma presencial:

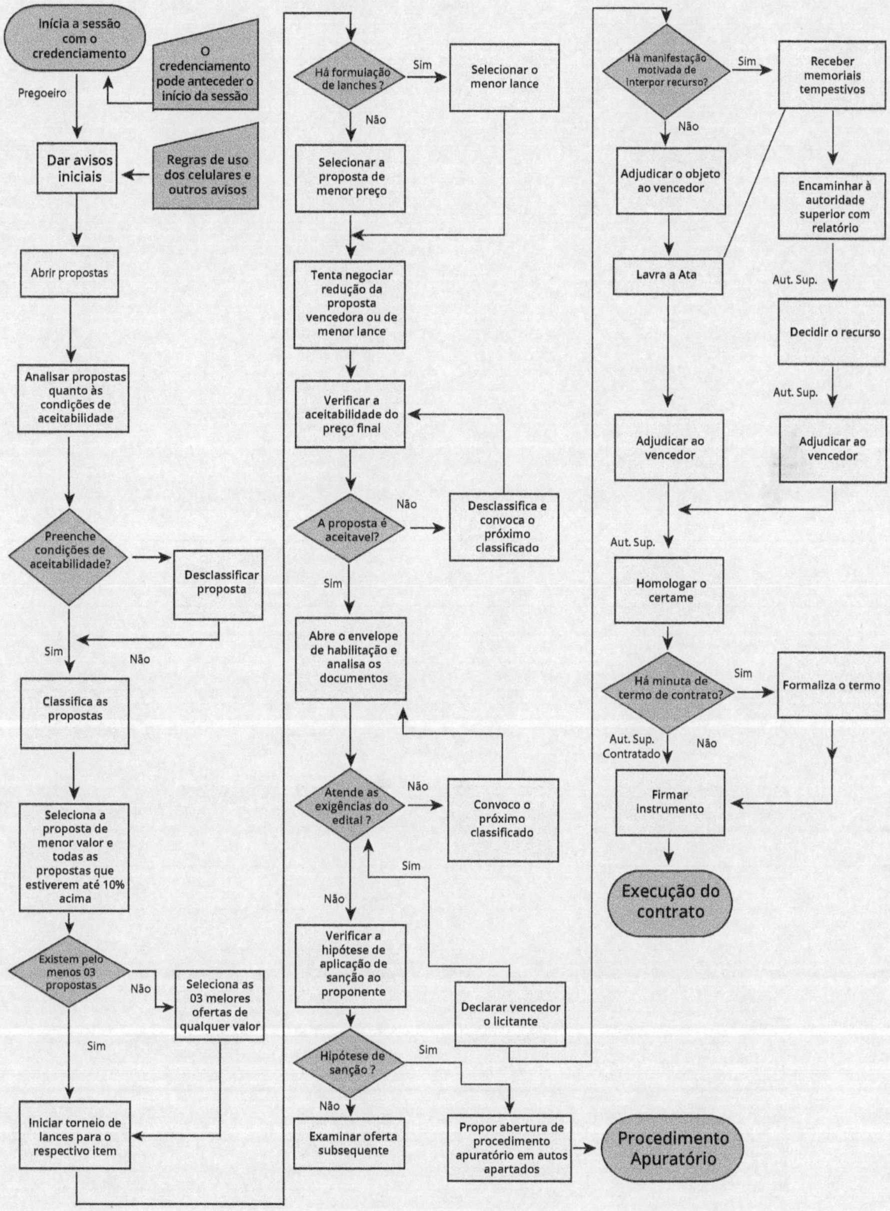

FIGURA 9-1: Fluxograma de fases e atividades do Pregão

**Aut. Sup.: Autoridade Superior*

NESTE CAPÍTULO

Reconhecendo o ambiente virtual de disputa

Participando de uma licitação à distância

Capítulo 10
No Pregão Eletrônico

A forma eletrônica do Pregão vem sendo uma das mais utilizadas pelos órgãos e entidades da Administração Pública. Tornou-se preferencial para os órgãos Federais em 2005, com o Decreto Federal n. 5.450/2005. De lá pra cá, vários Estados e Municípios fizeram o mesmo, editando seus respectivos decretos tornando a forma eletrônica a preferencial sobre a forma presencial.

Como salientamos no Capítulo 2, a licitação eletrônica se mostrou um grande avanço nas contratações governamentais, trazendo vantagens muito significativas para todos os lados. Para as empresas licitantes, houve uma redução sensível no custo de participação e ampliação da praça de disputa. Para o Governo, maior competitividade e redução de preços finais. Para a sociedade, maior transparência.

Neste capítulo abordaremos as peculiaridades da forma eletrônica de se julgar o Pregão, que, na essência, é a mesma modalidade, com algumas regras de adaptação devido à interface distinta.

Mas antes de tudo, é bom que se diga que o presente Capítulo não se transformará em um "tutorial" para operação de portal de licitação eletrônica. Não temos o interesse de "capacitar" o leitor na operação dos sistemas existentes, mas sim explicitar as regras do pregão eletrônico, bem como a melhor forma de condução do procedimento e soluções para as situações mais críticas. Ademais, todos os provedores de sistema de Pregão Eletrônico possuem manuais editados e disponibilizam para qualquer interessado o *t*, e, ao final deste capítulo, apresentaremos os links.

Fixada essa premissa, passemos às regras de julgamento dessa modalidade.

Credenciamento, "Abertura" das Propostas, Início da Disputa

Tudo que falamos a respeito do credenciamento para as modalidades licitatórias presenciais, aqui, pode esquecer!

O credenciamento para participação em pregão eletrônico começa sempre nos portais dos provedores de sistema de Pregão Eletrônico, conforme os links abaixo:

» **Comprasnet**: `http://www.comprasgovernamentais.gov.br/fornecedor/cadastro-de-fornecedor`

» **Banco do Brasil**: `http://www.licitacoes-e.com.br/aop/solicitar-credenciamento.aop`

» **Comprasnet Bahia**: `http://www.comprasnet.ba.gov.br/`

» **Caixa Econômica**: `https://www5.caixa.gov.br/fornecedores/pregao_internet/index.asp`

» **Bolsa Eletrônica de Compras São Paulo**: `http://www.bec.sp.gov.br/Caufesp/(S(gahd50pb3nlul1m1rgn401w3))/Publico/TipoEmpresa.aspx`

A empresa deve acessar o site de seu interesse e preencher o formulário, seguindo as recomendações e posteriormente enviar os documentos para fins de credenciamento. Uma vez que o portal receba os documentos e não haja nenhuma exigência, a empresa recebe um login (chave) e uma senha, que lhe possibilitará acessar o respectivo Portal e participar de todas as licitações nele divulgadas.

A participação efetiva na licitação se dá pura e simplesmente com a entrada da chave e senha do licitante no provedor do sistema. Feito isso, o licitante estará apto a participar da licitação escolhida, fazer o *download* do edital, preencher o formulário de proposta e acessar todas as informações relativas.

Ao receber a chave e a senha, a empresa passa a ser integralmente responsável pelas ações desenvolvidas dentro do sistema. A utilização das mesmas deve ser cuidadosamente confiada ao indivíduo capaz de operar em nome da empresa o pregão. Este será o responsável pela formulação das propostas, dos lances no dia da disputa e da manifestação eletrônica da intenção de recursos. Caso o sócio ou o empregado se desligue da empresa, a senha deve ser imediatamente trocada, visando à garantia das informações.

Enquanto na licitação presencial, a data e hora do torneio é momento de apresentação das propostas, no eletrônico há fixação de três momentos distintos:

1. Data e hora limite para acolhimento das propostas;
2. Data e hora da abertura das propostas;
3. Data e hora da disputa propriamente dita (fase de lances).

As propostas são recebidas a partir da publicação e poderão ser registradas no sistema até o dia e a hora limite para tanto designados, conforme o edital. Somente após o horário determinado para abertura das propostas é que o Pregoeiro terá acesso aos respectivos conteúdos. Em uma comparação com uma licitação presencial, é como se os "envelopes" ainda estivessem fechados, mas já entregues na repartição. Até a hora fixada para a abertura das propostas, o sistema não disponibiliza qualquer informação, a não ser a do número de licitantes que fizeram o *download* do edital e do número de licitantes proponentes, isto é, os que já registraram sua proposta. Durante esse período, chamado de "acolhimento de propostas", o licitante poderá retirar ou modificar sua proposta.

Chegado o dia e a hora para a abertura das propostas, o Pregoeiro terá, liberado pelo sistema, a ferramenta para revelar o conteúdo das propostas registradas. A essa altura, o licitante não mais poderá alterar ou retirar a proposta registrada.

No pregão eletrônico o licitante só pode desistir da participação até o momento imediatamente anterior ao horário limite de acolhimento das propostas, mesmo que o Pregoeiro não as tenha aberto ainda

A partir daí, o Pregoeiro realiza **os mesmos** procedimentos de análise de aceitabilidade das propostas que faria se estivesse diante de uma licitação presencial, com uma dificuldade a menos: a menor incidência de falhas na formulação.

Uma das características mais interessantes do Pregão Eletrônico é o anonimato dos proponentes. A identidade do proponente não é revelada junto com sua proposta. O Pregoeiro não tem acesso à identificação dos licitantes que estão participando do torneio. Apenas aparece a descrição "Fornecedor 1"; "Fornecedor 2"; "Fornecedor 3"; "Fornecedor 4" etc, além da identificação da data e hora do registro da proposta.

ERROS ACONTECEM

DICA

Apesar de ser menor a incidência, erros podem ocorrer na formulação da proposta, principalmente de digitação. Assim como nas demais modalidades, também no Pregão eletrônico será possível o Pregoeiro corrigir falhas na formulação das propostas, conforme se vê do posicionamento adotado pelo TCU:

"4. Com efeito, o pregoeiro solicitou e aceitou, via fax, retificação de proposta recebida durante pregão eletrônico via sistema Comprasnet. A alteração foi requerida ante a disparidade com os outros lances [...] e admitida considerando erro de digitação, além de ser inferior ao penúltimo lance da mesma empresa [...]. Assim, em que pese a ata ter mantido o registro eletrônico do menor lance como R$ 163.950,00 [...], o pregoeiro reconheceu como correto o valor de R$ 1.639.500,00 [...]. 6. De fato, mostra-se indevido o recebimento, em pregão eletrônico, de lance fora do sistema Comprasnet, e que, além do mais, alterou significativamente a substância da proposta, indo contra aos princípios constitucionais da isonomia e da publicidade, além de ferir os artigos 24, caput, e 26, § 3º, do Decreto 5.450/2005. 7. Não obstante a falha ocorrida, depreendo que o fato não prejudicou a competitividade no certame, nem ensejou prejuízo ao erário, como a seguir demonstrarei. 8. Em primeiro lugar, o fato de uma empresa apresentar uma proposta muito baixa a ponto de supostamente desestimular os demais licitantes, ou manifestamente inexequível, não impede que os demais continuem a apresentar seus lances, que podem ser superiores ao menor preço até então oferecido, desde que inferior ao por eles mesmos apresentado, conforme inteligência do art. 24, § 3º, do Decreto 5.450/2005, abaixo transcrito: [...] 12. Ressalto que as licitantes concorrentes, tendo em vista atuarem no ramo em questão, tinham condições de perceber a inexequibilidade da última oferta lançada no sistema, e, ainda assim, não reduziram suas propostas. Então, não há como defender que tenham sido prejudicadas com a retificação realizada pelo pregoeiro. 14. Assim sendo, tenho por apropriado considerar que a falha se reveste de natureza formal, razão pela qual cabe determinação, ao [omissis], no sentido de preveni-la em outras oportunidades [...].2. determinar ao [omissis] que se abstenha de aceitar lance e/ou correção de valor de lance, emitido por licitante em pregão eletrônico, mediante meio de informação fora do sistema informatizado em que se esteja operando o pregão, em atenção aos princípios constitucionais da isonomia e da publicidade, bem como ao disposto nos arts. 24, caput, e 26, § 3º, do Decreto 5.450/2005." (TCU, Acórdão n. 651/2007 - Segunda Câmara)

Fase Competitiva: Formulando Lances

Uma vez realizada a análise das propostas e decididas as eventuais desclassificações, o Pregoeiro estará apto a "Abrir a sala de Disputa". A Sala de Disputa nada mais é do que o ambiente virtual, tal como um *chat*, onde são registrados os lances virtuais. A etapa de lances no eletrônico é bem diferente da verificada no presencial. Não há faixa de preço para pré-classificação dos lançadores, sendo, portanto, todos os proponentes que registraram proposta e a tiveram classificada pelo Pregoeiro aptos a ofertar novas propostas dentro da sala de disputa. Também não há ordem de lançadores, como no presencial, nem rodadas de lances. A disputa é por tempo. É possível que um licitante, que tenha ficado o tempo todo da disputa sem alterar seu preço, faça um lance vigoroso ao final levando a adjudicação do objeto.

Vejamos o quadro comparativo abaixo:

TABELA 10-1 **Quadro Comparativo Presencial x Eletrônico**

	Presencial	Eletrônico
Seleção de ofertantes	Menor preço e até 10% acima	Todos os licitantes classificados
Ordem dos lances	Do maior para o menor preço	Não existe ordem
Duração da disputa	Número de rodadas infinito	Por tempo
Aceitabilidade de lances	Somente abaixo do menor preço ofertado	Abaixo do próprio preço, mesmo que não seja o menor da disputa

O tempo de disputa é divido em duas fases: o tempo normal de disputa e o tempo aleatório. O tempo normal de disputa é o comandado pelo Pregoeiro, que poderá manter o item em disputa pelo tempo que lhe parecer conveniente. Mas o Pregoeiro não tem como terminar a disputa de uma hora para outra. Quando decide que a disputa já teria chegado a seu limite, ou que os preços estagnaram, entra em cena o tempo aleatório.

Os lances são registrados pelo sistema de acordo com o horário de Brasília. Se dois lances iguais são formulados, o sistema torna válido o que foi registrado primeiro. Ao encerrar o tempo normal de disputa, o sistema dá início imediato e automático ao tempo aleatório, também conhecido como "randômico". Trata-se de um período que pode variar de 01 a 30 minutos, sorteado pelo sistema. O período aleatório não pode ser controlado pelo Pregoeiro. A partir desse momento, o sistema avisa por meio de um chamado na tela da disputa com a mensagem: "A disputa poderá ser encerrada a qualquer momento". Aqui, o anonimato também impera. Não é possível saber qual licitante está em primeiro lugar durante o torneio e, encerrada a disputa ao final do tempo randômico, a identidade do autor da proposta vencedora é revelada, assim como a dos demais participantes da licitação.

Com isso, encerra-se a fase de disputa.

ENTENDA MELHOR

No Comprasnet, o tempo de disputa é dividido em três momentos: tempo normal de disputa; tempo de iminência e tempo aleatório. Esse "tempo de iminência" é um aviso que o Pregoeiro dá aos participantes da disputa de que no prazo "X" o tempo aleatório será iniciado. É uma espécie de aviso de que em pouco tempo a disputa poderá ser encerrada.

Muitos empresários apelidaram o tempo aleatório de "Morte Súbita", pelo fato de que, durante o tempo normal de disputa, raramente os preços caem. Na grande maioria das licitações os concorrentes só se apressam em dar lances quando aparece o aviso de que a disputa se encerrará a qualquer momento.

CASOS E CAUSOS

Certa vez, em um intervalo de uma palestra que proferia para empresários, fui procurado por um ouvinte que lamentava o fato de que o sistema de Pregão eletrônico não seria confiável. Estranhei a afirmação e perguntei por que ele achava aquilo. Segundo ele, no dia anterior, estava disputando uma licitação no sistema licitacoes-e e, de acordo com ele, ficou o tempo todo na frente da disputa (com o menor preço) e, para sua surpresa, quando a disputa encerrou (pelo esgotamento do tempo aleatório, claro), o vencedor era outra empresa. Percebi que, na verdade, ele não estava "o tempo todo na frente", mas sim, a cada lance inferior que seu concorrente registrava, ele o batia imediatamente após, com um centavo abaixo. Ocorreu que, ao tentar "bater" seu concorrente, o tempo aleatório encerrou-se antes que fosse possível registrar o lance. Quando disse isso, o empresário ficou com uma dor de cotovelo muito grande. Aproveitei para "puxar a orelha dele", dizendo que, se ele tivesse dado logo seu melhor lance, em vez de adotar a tática da migalha, mesmo que não fosse o vencedor ao final, pelo menos teria se conformado.

A Negociação com o Pregoeiro

A negociação do licitante vencedor com o Pregoeiro também é possível no Pregão eletrônico. Encerrada a disputa, antes de se examinar a habilitação, o sistema abre um canal, via *chat*, para que o Pregoeiro negocie com o vencedor, cuja identidade agora está revelada, visando a, como no Pregão presencial, melhores preços para a Administração. Caso a negociação seja positiva, o proponente deverá encaminhar sua nova proposta para fins de registro no sistema e no processo. Mas a negociação só pode ser feita via sistema, conforme se vê da orientação do TCU que abaixo transcrevemos:

DICA

Nos termos do art. 24, § 9º, do Decreto 5450/2005, que disciplina o pregão eletrônico "as negociações das propostas são realizadas por meio do sistema, podendo ser acompanhadas pelos demais licitantes".(TCU, Acórdão n. 4384/2010 – Segunda Câmara)

Exame de Habilitação e de Recurso

As regras de habilitação são as mesmas para todas as modalidades de licitação. A forma de apresentação é que difere um pouco.

A habilitação no Pregão eletrônico é composta de duas etapas. Logo após o término da disputa e antes da declaração de vencedor, o licitante deve encaminhar por fax toda a documentação necessária para habilitação, conforme especificado no edital. Esse encaminhamento deveria ser imediato, mas muitos editais estipulam prazo de até duas horas para essa remessa. Hoje em dia, também é admitido que o próprio Pregoeiro baixe da internet os documentos que estejam disponíveis em sítios oficiais. É possível também o licitante vencedor digitalizar os documentos que não estejam sob a forma eletrônica e encaminhar por e-mail para o Pregoeiro (em endereço oficial, é claro).

Se o licitante não fizer o encaminhamento no tempo devido, o Pregoeiro deverá declarar a proponente inabilitada, convocando a segunda classificada a apresentar sua habilitação.

A inabilitação pode constituir-se em motivo de aplicação de suspensão do direito de licitar por até 5 anos (Lei 10.520/2002, art. 7º). Essa penalidade por ser aplicada ao licitante que deixa de transmitir sua documentação no tempo devido, podendo ser interpretada essa atitude como inabilitação provocada, para evitar ser convocado, caso ele queira dela desistir.

Recebidos os documentos por fax, e concluindo pela correção dos documentos apresentados, o Pregoeiro declarará a licitante vencedora no sistema, o que proporcionará a abertura do competente prazo recursal. A ratificação da habilitação ficará dependente do encaminhamento dos originais ou cópias autênticas pelo correio no prazo de 03 dias a contar da data da declaração de vencedor. Ultrapassado o prazo e não recebidos os documentos originais ou cópias autênticas, o Pregoeiro deverá declarar a licitante inabilitada e proceder à convocação da segunda classificada para habilitar-se, devendo persistir neste procedimento até que encontre uma empresa habilitada.

A fase recursal opera de forma idêntica ao Pregão presencial, com a diferença no sentido de que, em vez de manifestação oral, o licitante inconformado deverá manifestar-se em campo específico que se abre para ele logo depois de o Pregoeiro declarar a vencedora do certame. As orientações acerca do processo e julgamento dos recursos ocasionalmente interpostos são os mesmos já explorados no Capítulo 9. Não havendo recurso, o Pregoeiro adjudica, no sistema, o objeto da licitação ao vencedor e encaminha os autos para que a autoridade superior homologue o certame. Havendo recurso, os autos sobem à autoridade superior que decidirá sobre os recursos para, após adjudicar o objeto ao vencedor e homologar o certame, ou ainda, caso não haja possibilidade de aproveitar todo o julgamento em razão de provimento ao recurso interposto, fazer os autos retornarem ao Pregoeiro para que refaça aquilo que for necessário.

4 As Vantagens para as Microempresas e Empresas de Pequeno Porte

NESTA PARTE . . .

Uma das grandes inovações ao sistema de contratações do Governo, a Lei Complementar nº 123/2006, de 15/12/2006, institui o Estatuto da Microempresa e Empresa de Pequeno Porte. Saberemos os motivos das MPE's e EPP's terem preferência quando se apresentam para vender ao Poder Público.

NESTE CAPÍTULO

Entendendo porque existem as regras de preferência

Reconhecendo a situação de enquadramento

Entendendo a participação das MEs e EPPs na fase de habilitação

Prevenindo problemas na regularização da situação fiscal

Capítulo 11

As Facilidades para a Fase de Habilitação

Este é um capítulo muito importante para o cenário das licitações no Brasil. Vamos explicar o porquê e também como funcionam as regras de preferência para as microempresas (MEs) e empresas de pequeno porte (EPPs) nas licitações, além das possibilidades de negócios criadas a partir da vigência da Lei que tratou do regime diferenciado para essas empresas. Fundamentalmente, estas vantagens se resumem a:

» Direito de obter habilitação mesmo com irregularidade fiscal;
» Preferência de contratação em relação às demais empresas;
» Licitações de participação exclusiva para ME/EPP;
» Cotas de quantidades destinadas às MEs/EPPs nas grandes aquisições;
» Reserva de mercado nas grandes obras e serviços por meio de subcontratações das MEs e EPPs pelas grandes empresas ou consórcios.

Em um primeiro momento, causou muita estranheza entre o empresariado que vende para o Poder Público ver-se em posição de menor prestígio em relação às empresas de pequeno porte. Houve muita reclamação sobre ser a tal lei das microempresas violadora do princípio da isonomia. No pensamento dos descontentes, se a licitação é preconizada pela garantia constitucional de igualdade de condições a todos os participantes, por que algum nicho de mercado teria vantagens sobre outros segmentos?

Entretanto, não há motivo para perplexidade, porque as normas trazidas pelo novo Estatuto da Microempresa e da Empresa de Pequeno Porte recebeu inspiração na experiência internacional, que anota resultados muito positivos. Afinal, sequer deveria ser uma novidade uma norma que estabeleça regime diferenciado para essas empresas. Em primeiro lugar, a Constituição Federal de 1988, em seu art. 170, inciso IX e no art. 179, já dispunham que o tratamento favorecido para "empresas brasileiras de pequeno porte" seria princípio básico da atividade econômica no País. Ou seja, a LC 123/2006 apenas possibilitou a aplicação de uma regra que já estava prevista desde outubro de 1988, mas que dependia do Congresso Nacional regulamentar por lei.

Porque as MEs e EPPs Têm Tratamento Diferenciado?

Os pequenos negócios constituem um dos segmentos da economia mais importantes, sendo responsável por uma parcela significativa dos postos de trabalho e do total de empresas de qualquer país. No Brasil não seria diferente. Tais empreendimentos possuem importante função social, pois geralmente são os que absorvem a mão de obra oriunda das demissões em massa das grandes corporações, além de serem atividades que se adaptam muito facilmente a circunstâncias pontuais e mudanças na conjuntura econômica.

PAPO DE ESPECIALISTA

André Spínola, em excelente trabalho publicado no site *Jus Navigandi*, anota que John Naisbitt, um dos maiores nomes do mundo dos negócios, em entrevista para a Revista Exame (Ed. Abril, 1994), afirmava que "as pequenas empresas terão mais chances de sucesso por serem mais ágeis que as grandes para se mover no mercado e fazer inovações." (*O tratamento diferenciado, simplificado e favorecido concedido à microempresa e à empresa de pequeno porte.* Disponível em: `http://jus.com.br/artigos/3724/o-tratamento-diferenciado-simplificado-e-favorecido-concedido-a-microempresa-e-a-empresa-de-pequeno-porte#ixzz32TS9kLkZ`) O autor lembra, ainda, que no século XX vários produtos foram criados por empresas de pequeno porte, citando, como exemplos, o ar-condicionado, a lata de aerossol, o scanner ótico, o marca-passo, o computador pessoal e a câmera instantânea.

Sendo assim, o número de pequenos empreendimentos constitui um dos mais fiéis indicadores de desenvolvimento social e econômico de um país. Não foi por outro motivo que a nossa Constituição Federal, conforme dissemos acima, previu que o Estado se obrigaria a criar regras que possibilitassem um ambiente favorável ao microempreendedorismo. Não é um benefício meramente assistencialista, mas sim, parte de um projeto de macroeconomia de crescimento do País. É, pois, imperativo ao Estado Brasileiro, incentivar o surgimento e a criação de novos pequenos negócios, inclusive porque o fomento aos pequenos negócios tem se constituído em importante meio de incrementar a competitividade nacional e o desenvolvimento tecnológico.

Porque as MEs e EPPs têm preferência nas licitações?

Bem, para que houvesse, de fato, um incremento ao microempreendedorismo, era fundamental que as novas regras simplificassem e desonerassem essa atividade, tornando mais fácil a criação de novas empresas pequenas, bem como fosse possível ao microempreendedor mantê-las em atividade. Dados estatísticos demonstram que metade dos pequenos negócios fecham as portar até dois anos de existência. E uma das principais razões é a alta carga tributária que não é suportável pelo empresário.

Por isso, não bastaria aos objetivos da Constituição facilitar a criação de novas empresas; mas também mantê-las produtivas e em operação. Além da preocupação com a criação de regras específicas no campo fiscal e tributário, a lei complementar teria que se preocupar em oferecer condições de mercado para que a ME/EPP pudessem gerar negócios.

Como não é possível determinar a ninguém que contrate esta ou aquela empresa (a atividade particular é livre por garantia constitucional), a LC 123/2006 ocupou-se, no Capítulo 5, de criar condições de ordem operacional que facilitassem a penetração das MEs e EPPS no mercado (torná-las produtivas), usando a licitação como uma espécie de regulador de mercado. Como os órgãos públicos são obrigados a licitar, dar condições mais vantajosas para "facilitar" as vitórias dessas empresas nas licitações atenderia ao objetivo de "dar mercado" e tornar produtivas as MEs e EPPS, a partir de um único nicho de mercado: o Governamental.

A licitação pública foi transformada em uma ferramenta para o desenvolvimento econômico a partir da facilitação para as MEs e EPPS, melhorando as chances dessas empresas, ao participarem de torneios licitatórios, arrematando as oportunidades de negócio oferecidas pela Administração Pública. A ideia, isso é cristalino, é dar excelente oportunidade de os micro e pequenos empresários movimentarem seus negócios de forma a elevarem seus respectivos faturamentos, e crescerem e, cada vez mais, investirem em seus negócios.

ENTENDA MELHOR

MICRO E PEQUENAS PELO MUNDO

Esse fenômeno não é uma novidade nem tampouco uma inovação brasileira. Nos Estados Unidos, durante Segunda Guerra Mundial (1939-1945), as pequenas empresas minguaram por não terem como competir com as grandes indústrias, que destinavam seus esforços produtivos para atender à grande demanda oriunda do conflito. Com isso, a economia americana arricava-se a entrar em colapso, pois boa parte da mão de obra, que não estava engajada, não tinha emprego. Para minimizar esse impacto negativo e permitir que as pequenas empresas pudessem penetrar no mercado da guerra, foi criada, em 1942, a Corporação de Pequenas Fábricas de Material Bélico (Smaller War Plants Corporation - SWPC) que cuidava da obtenção de contratos governamentais pelas pequenas empresas. Com o fim do conflito, foi extinta a SWPC, sendo criado o Escritório da Pequena Empresa (Office of Small Business - OSB) do Departamento de Comércio. Pouco depois, na Guerra da Coreia (1950-1953), foi criada a Administração de Pequenas Fábricas Ligadas à Defesa (Small Defense Plants Administration - SDPA) que também incluía atividades relacionadas a contratos governamentais com as pequenas empresas. Enfim, eis que o Presidente Eisenhower decide propor a criação de uma agência independente para as pequenas empresas, como uma nova instituição, o que foi aprovado pelo Congresso em 30 de julho de 1953, com a Lei de Apoio às Pequenas Empresas (Small Business Act - Public Law 83-163, 67 Stat. 232) nascendo, assim, a Administração de Pequenas Empresas dos Estados Unidos (US Small Business Administration - SBA), norma que, desde então, vem sendo atualizada e se encontra em vigor atualmente.

Outros países adotam essa mesma política de incentivo ao microempreendedorismo por meio das contratações governamentais. O Japão do pós-guerra (1945-1954), criou a Agência da Pequena e Média Empresa (Small and Medium Enterprise Agency - SME), que, posteriormente, passou a tratar de desenvolvimento regional e inclusão das pequenas empresas nas compras governamentais. A França, em 1980, estabeleceu a sua política, incluindo o objetivo de desenvolvimento regional, a criação de emprego e os benefícios das pequenas empresas na área de licitações. A Alemanha e a Itália são outros exemplos de países que instituíram políticas de inserção das pequenas empresas nas contratações governamentais. Também o Canadá começou a implementar políticas de compras governamentais para as pequenas empresas a partir de 1995. Em 2003, foi a vez de a Inglaterra estabelecer seu plano de inclusão das pequenas empresas nas contratações públicas. Na mesma época, a União Europeia iniciava pesquisas para adoção, pelo bloco, de regras semelhantes.

Demonstração de Enquadramento como ME/EPP

Na maioria dos países onde há legislação sobre pequenas empresas, o critério para aferição dessa condição (de pequeno negócio) é o enquadramento pelo número de empregados. Isso porque, estatisticamente, em uma economia diversificada e desenvolvida (nesse contexto, podemos incluir países como o Brasil e outros em desenvolvimento), cerca de 90% das empresas em atividade possuem menos de 100 empregados.

Nos Estados Unidos, na Alemanha e na França, é considerada pequena a empresa com menos de 500 empregados; no Japão, com menos de 300.

Mas esse critério não é fidedigno, pois é bem possível que uma empresa com menos de 100 empregados tenha faturamento maior do que outras com quadro de empregados muito mais robusto. No Brasil, a solução adotada foi a de definir o enquadramento dos pequenos negócios em duas categorias: microempresa (ME) e empresa de pequeno porte (EPP) de acordo apenas e tão somente com a receita bruta.

Para que uma sociedade empresária seja considerada ME ou EPP e se beneficiar das facilidades que a LC 123/06 atribuiu a essa categoria de empresas, a receita bruta, em cada ano-calendário, deverá permanecer nos seguintes limites:

- Até R$ 360.000,00 (trezentos e sessenta mil reais), no caso da microempresa;
- Acima de R$ 360.000,00 (trezentos e sessenta mil reais) até R$ 3.600.000,00 (três milhões e seiscentos mil reais), no caso da empresa de pequeno porte.

Como o conceito depende, principalmente, do faturamento bruto, e este dado só é possível de ser verificado a partir de cálculos contábeis complexos, a solução da lei para uma empresa enquadrar-se na condição de ME ou EPP foi a de tornar a própria empresa responsável por **declarar-se** micro ou de pequeno porte perante o cartório do Registro Civil de Pessoas Jurídicas ou Junta Comercial, podendo ser penalizada pela falsidade da declaração.

Para fins de participação em licitações, alvitrando as vantagens legais relativas a essas empresas, o interessado deverá, ao apresentar-se (ou credenciar-se, conforme o caso), comprovar estar enquadrado no conceito de ME ou EPP por meio da certidão emitida pelo Registro Civil de Pessoas Jurídicas pela Junta Comercial de que conste a declaração da própria empresa de que é ME ou EPP, conforme o caso.

Contudo, não raro, o faturamento bruto da empresa não mais permite seu enquadramento como ME ou EPP, e ainda assim ela participa de licitações, utilizando-se dos benefícios conferidos pela Lei Complementar nº 123/06. Como a responsabilidade da declaração é do licitante, sua omissão quanto à informação de que não mais se encontra na condição de ME/EPP constitui grave violação das normas legais, justificando a imposição de sanções administrativas, como multa e impedimento do direito de licitar e contratar com a Administração Pública.

DICA

O Tribunal de Contas da União tem sido rigoroso com as empresas que declaram falsamente estarem enquadradas como ME/EPP para gozar dos benefícios do regime especial. Veja o seguinte caso:

> "A participação em licitação reservada a microempresas (ME) e empresas de pequeno porte (EPP) por sociedade que não se enquadre na definição legal reservada a essas categorias configura fraude ao certame. A responsabilidade pela atualização e veracidade das declarações de pertencimento às categorias acima compete às firmas licitantes" (...) Compulsando os autos, verifico a má-fé da sociedade inquinada, uma vez que, agindo com domínio de volição e cognição, acorreu ao certame apresentando-se indevidamente na qualidade de empresa de pequeno porte." (TCU, Ac. 2.578/2010, Plenário)

Mais um caso: "Participação de empresa, em processo licitatório, como microempresa (ME) ou empresa de pequeno porte (EPP), sem possuir os requisitos legais para tanto, pode ensejar a sua declaração de inidoneidade."(TCU, Ac. n.º 2924/2010-Plenário)

A Habilitação com Regularidade Fiscal Facilitada

A primeira vantagem nas licitações para as MEs e EPPs está na habilitação. O Estatuto da Microempresa concedeu maior facilidade a elas no que se refere à comprovação de regularidade fiscal, ou seja, demonstrar a regularidade com base nos documentos tratados no Capítulo 6.

Os editais de licitação deverão dispensar tais empresas da comprovação de regularidade fiscal na fase de habilitação da licitação. Essa comprovação apenas será exigível para fins de **assinatura de contrato**.

Bem, ao participar de uma licitação, a ME/EPP participante será habilitada ainda que conste algum débito fiscal contra ela, fato que conduz à inabilitação das demais concorrentes que não estejam favorecidas pela LC 123/06.

Mas, mesmo podendo se habilitarem com débito, as MEs e EPPs, quando da participação em licitações, devem apresentar todos documentos fiscais exigidos no edital, independentemente de estarem ou não regulares. A facilidade, portanto, não é de dispensa de apresentação de certidões nos envelopes de habilitação, mas sim de que as certidões fiscais ali juntadas demonstrem efetivamente situação de regularidade.

Tem muita empresa que faz confusão pensando que a liberalidade na habilitação se estende ao balanço patrimonial (Capítulo 6). Não é verdade! O balanço patrimonial está na lista de documentos relativos à qualificação econômico-financeira e não na lista de documentos da regularidade fiscal.

Essa liberalidade torna viável a participação de empresas que amargam débitos fiscais. Lembrando que uma das principais causas de mortalidade das empresas é a alta carga tributária e, considerando que a participação em licitações está invariavelmente condicionada à regularidade fiscal dos proponentes, uma ME/EPP que estivesse com suas atividades interrompidas, dificilmente poderia desfrutar do mercado governamental, pois, para isso, teria que primeiro pagar (ou parcelar) os débitos existentes a fim de reunir condições de habilitação.

Por isso mesmo, liberar a ME/EPP da obrigação de estar regular na data da licitação contribui decisivamente para o alcance dos objetivos do Estatuto da Microempresa.

Necessidade de regularização da situação fiscal

Uma vez que a ME/EPP tenha sido habilitada com os favores da LC 123/06, ou seja, constando débito fiscal em seu nome, este licitante terá o dever de regularizar-se no prazo de **02 dias úteis**, contados do ato que declara a empresa proponente vencedora da licitação.

Este prazo é efetivamente contado, no Pregão, logo após o exame da habilitação e antes da fase de recurso. Na prática, a sessão ficará suspensa para o cumprimento do dever de regularização e, somente após é que o Pregoeiro ouvirá as possíveis manifestações de recursos. Nas modalidades tradicionais, o prazo é logo após a classificação final, lembrando que a fase de habilitação antecede a da proposta, ao contrário do que ocorre no procedimento no Pregão.

Pode ser que a empresa não tenha tempo hábil para promover a regularização. Nesse caso, o proponente poderá solicitar ao Pregoeiro/Comissão de Licitação a prorrogação do prazo de regularização, que, a seu critério, poderá estender-se por mais dois dias úteis.

Todas as MEs e EPPs que estiverem participando da mesma licitação terão o direito à habilitação fiscal com irregularidade, quer dizer, mesmo irregulares, serão consideradas habilitadas. O dever de regularizar-se incide apenas na ME/

EPP vencedora. As demais não terão esse dever. Somente serão obrigadas a fazê-lo no caso de serem convocadas na ordem de classificação em razão de a vencedora ser inabilitada (não se regularizou dentro do prazo) ou, convocada, não compareceu para assinar o contrato.

CUIDADO

Caso a vencedora não regularize sua situação, perderá o direito à contratação. Mais ainda, poderá ser punida por falta grave contra a Administração, pois será considerada inadimplente integral do contrato.

NESTE CAPÍTULO

Entendendo o que é o empate ficto

Entendendo como resolver o caso de empate real entre MEs e EPPs

Capítulo 12
Preferência de Contratação das MEs e EPPs na Licitação

No Capítulo anterior, vimos como ficou facilitada a habilitação das MEs e EPPs e como isso se reflete em maior participação dessas empresas nas licitações. Entretanto, estar habilitada não significa, necessariamente, que a empresa favorecida ganhou o contrato. Para que haja efetiva inserção no mercado governamental, é preciso que as empresas pequenas não só participem, mas, principalmente, **ganhem** a licitação.

Como de um modo geral as grandes corporações e empresas mais estruturadas possuem melhores condições de competir (compram matéria-prima e maior quantidade, reduzindo custos; têm mais acesso ao crédito; possuem maior fôlego de capital de giro, entre outros fatores), era preciso que houvesse um mecanismo que reduzisse, ainda que em parte, essa diferença de poderio empresarial.

Daí, o Estatuto ter criado o conceito de empate ficto para, na sua ocorrência, a ME/EPP poder sagrar-se vitoriosa. A esse mecanismo, deu-se o nome de Direto de Preferência. Vejamos como ele funciona.

Empate Ficto: Última Oportunidade de Oferecer Lance

Segundo o artigo 44 da Lei Complementar 123/06, no caso de empate, na fase de propostas, entre uma ME/EPP e outra empresa fora desse enquadramento, será dada a preferência de contratação às primeiras, como critério de desempate.

Conforme explicamos no Capítulo 8, nas licitações, de um modo geral, o empate entre propostas se resolve por sorteio em sessão pública.

Mas não se trata de um empate real. A LC 123/06 considera empatadas as propostas apresentadas pelas MEs/EPPs que permanecerem, ao final da disputa, iguais ou **superiores**, até 10% sobre a proposta mais bem classificada, desde que esta não seja outra ME ou EPP, nas modalidades tradicionais. No Pregão, essa faixa percentual cai para 5%. Chamamos de "Empate Ficto", ou seja, é um empate fabricado. Quando ocorrer essa situação, a ME/EPP mais bem classificada, dentre as de mesma categoria presentes na licitação, poderá oferecer uma nova proposta (lance) que cubra a primeira classificada. E, valendo-se dessa condição (exercendo seu direito de preferência), se sagrará vencedora da licitação. Vamos a uma simulação para melhor compreensão, considerando a faixa percentual destinada às modalidades de Concorrência, Tomada de Preços e Convite:

TABELA 12-1 Simulação 1 — Sem Empate "Ficto"

Classificação		Proposta Final	% Sobre o Menor Preço
1ª	Empresa A	R$ 1.000,00	
2ª	Empresa B	R$ 1.050,00	5%
3ª	Empresa C	R$ 1.080,00	8%
4ª	Empresa D	R$ 1.084,00	8,4%
5ª	Empresa E	R$ 1.085,00	8,5%
6ª	**Empresa F-ME**	**R$ 1.110,00**	**11%**
7ª	Empresa G-EPP	R$ 1.200,00	20%
8ª	Empresa H	R$ 1.250,00	25%
9ª	**Empresa I-ME**	**R$ 1.300,00**	**30%**
10ª	Empresa J-EPP	R$ 1.350,00	35%

Perceba que nenhuma ME/EPP conseguiu ficar com sua proposta dentro da faixa de 10% da primeira classificada. Nesse caso a vencedora é a Empresa A.

TABELA 12-2 Simulação 2 — Sem Empate "Ficto" porque a ME é a vencedora

Classificação		Proposta Final	% Sobre o Menor Preço
1ª	**Empresa A-ME**	**R$ 1.000,00**	
2ª	**Empresa B-EPP**	**R$ 1.050,00**	**5%**
3ª	Empresa C	R$ 1.080,00	8%
4ª	Empresa D	R$ 1.084,00	8,4%
5ª	Empresa E	R$ 1.085,00	8,5%
6ª	**Empresa F-ME**	**R$ 1.110,00**	**11%**
7ª	**Empresa G-EPP**	**R$ 1.200,00**	**20%**
8ª	Empresa H	R$ 1.250,00	25%
9ª	Empresa I	R$ 1.300,00	30%
10ª	Empresa J	R$ 1.350,00	35%

Agora, apesar de haver uma EPP dentro da faixa de 10% acima da primeira classificada, esta é uma microempresa. Assim, não é aplicável o direito de preferência, pois a própria primeira colocada é uma ME. Caso a Empresa A e a Empresa B estivessem realmente empatadas (com o mesmo preço) o desempate seria resolvido da forma usual, ou seja, por meio de sorteio.

TABELA 12-3 Simulação 3 — Com Empate "Ficto"

Classificação		Proposta Final	% Sobre o Menor Preço
1ª	Empresa A	R$ 1.000,00	
2ª	Empresa B	R$ 1.050,00	5%
3ª	**Empresa C-ME**	**R$ 1.080,00**	**8%**
4ª	**Empresa D-EPP**	**R$ 1.084,00**	**8,4%**
5ª	Empresa E	R$ 1.085,00	8,5%
6ª	Empresa F	R$ 1.110,00	11%
7ª	**Empresa G-EPP**	**R$ 1.200,00**	**20%**
8ª	Empresa H	R$ 1.250,00	25%
9ª	Empresa I	R$ 1.300,00	30%
10ª	Empresa J	R$ 1.350,00	35%

Veja que a Empresa C-ME e Empresa D-EPP ficaram com suas propostas dentro da faixa de 10%, acima da primeira classificada, que não é ME ou EPP. Por essa razão, as regras do direito de preferência são aplicáveis.

Opera da seguinte forma: configurado o empate ficto (conforme quadro acima), a Comissão/Pregoeiro deverá oportunizar à empresa beneficiária mais bem classificada (no exemplo, a Empresa C) a faculdade de oferecer uma contraproposta a fim de cobrir o menor valor apresentado. A Empresa A, inicialmente classificada em primeiro lugar, não terá direito de formular uma nova contraproposta, permanecendo inalterado seu preço.

É bom recordar que o representante da ME/EPP pode não estar presente na sessão de julgamento das propostas, o que inviabilizaria o exercício do direito de preferência.

Caso a empresa beneficiária exerça seu direito de ofertar contraproposta, a classificação final será alterada para o seguinte:

TABELA 12-4 **Simulação 3 — Com Exercício do Direito de Preferência pela melhor Classificada**

Classificação		Proposta Final	Nova Proposta	Classificação Final	
1ª	Empresa A	R$ 1.000,00		**1ª**	Empresa C-ME
2ª	Empresa B	R$ 1.050,00		2ª	Empresa A
3ª	**Empresa C-ME**	**R$ 1.080,00**	**R$ 999,99**	**3ª**	**Empresa B**
4ª	**Empresa D -EPP**	**R$ 1.084,00**		**4ª**	**Empresa D**
5ª	Empresa E	R$ 1.085,00		5ª	Empresa E
6ª	Empresa F	R$ 1.110,00		6ª	Empresa F
7ª	Empresa G-EPP	R$ 1.200,00		7ª	Empresa G-EPP
8ª	Empresa H	R$ 1.250,00		8ª	Empresa H
9ª	Empresa I	R$ 1.300,00		9ª	Empresa I
10ª	Empresa J	R$ 1.350,00		10a	Empresa J

Note que bastou que ela reduzisse a sua proposta em um centavo abaixo da preliminarmente classificada em primeiro lugar para sagrar-se vencedora. Pode ocorrer, entretanto, que a Empresa C-ME não tenha condições de bater o vencedor. Neste caso, a Comissão/Pregoeiro passaria essa oportunidade para a próxima beneficiada que tivesse na condição de empate ficto. Vejamos:

TABELA 12-5 **Simulação 3 — Com Exercício do Direito de Preferência pela Segunda melhor Classificada**

Classificação		Proposta Final	Nova Proposta	Classificação Final	
1ª	Empresa A	R$ 1.000,00		**1ª**	Empresa D-EPP
2ª	Empresa B	R$ 1.050,00		2ª	Empresa A
3ª	**Empresa C-ME**	**R$ 1.080,00**	**RECUSOU**	**3ª**	**Empresa B**
4ª	**Empresa D -EPP**	**R$ 1.084,00**	**R$ 999,99**	**4ª**	**Empresa C**
5ª	Empresa E	R$ 1.085,00		5ª	Empresa E
6ª	Empresa F	R$ 1.110,00		6ª	Empresa F
7ª	Empresa G-EPP	R$ 1.200,00		7ª	Empresa G-EPP

8ª	Empresa H	R$ 1.250,00		8ª	Empresa H
9ª	Empresa I	R$ 1.300,00		9ª	Empresa I
10ª	Empresa J	R$ 1.350,00		10ª	Empresa J

Se ambas as beneficiadas recusassem, aí sim, a Empresa A seria declarada vencedora.

Pode ainda haver um empate real entre as empresas beneficiadas pela LC 123/06 e que estejam em situação de empate ficto. Vejamos o exemplo:

TABELA 12-6 **Simulação 4 — Com Empate Real entre MEs**

Classificação		Proposta Final	% Sobre o Menor Preço
1ª	Empresa A	R$ 1.000,00	
2ª	Empresa B	R$ 1.050,00	5%
3ª	**Empresa C-ME**	**R$ 1.080,00**	**8%**
4ª	**Empresa D-EPP**	**R$ 1.084,00**	**8%**
5ª	Empresa E	R$ 1.085,00	8,5%
6ª	Empresa F	R$ 1.110,00	11%
7ª	**Empresa G-EPP**	**R$ 1.200,00**	**20%**
8ª	Empresa H	R$ 1.250,00	25%
9ª	Empresa I	R$ 1.300,00	30%
10ª	Empresa J	R$ 1.350,00	35%

Aqui, antes de adotar o procedimento das simulações anteriores, a Comissão/Pregoeiro deverá realizar um sorteio entre a Empresa C-ME e a Empresa D-EPP para definição da ordem de classificação e, com isso, dar a oportunidade de contraproposta final.

NESTE CAPÍTULO

Conhecendo outras formas de preferências para as MEs e EPPs

Capítulo 13

Outras Regras de Preferência para as MEs e EPPs

Vimos no Capítulo anterior que as microempresas e empresas de pequeno portem gozam de certas facilidades quando competem com outras empresas nas licitações. Também vimos que essas facilidades têm finalidade de aquecer esse segmento tão importante da economia, para fins de desenvolvimento econômico sustentável. Mas ainda assim, o poderio econômico dos grandes grupos e empresas arriscaria abafar essa finalidade, pois são mais competitivas que as MEs e EPPs, Por outro lado, como o conceito de ME e EPP é baseado no faturamento bruto da empresa, nas licitações que envolvessem grandes projetos e vultosas quantias, muito provavelmente essas empresas não estariam aptas a usufruir desse mercado.

Por isso, além das vantagens que vimos acima, a LC 123/2006, com a recente regulamentação do Decreto no. 8.538/2015, traz em seu art. 47, a estipulação de que todos os órgãos e entidades públicas, quando contratarem obras, serviços ou compras de qualquer objeto, **devem** adotar outros mecanismos de tratamento diferenciado às MEs e EPPs e que representam verdadeiros privilégios para as empresas alcançadas por suas normas. É o que veremos a partir de agora.

Licitações de Participação Exclusiva de ME e EPP

Poderá haver licitações destinadas à participação exclusiva de microempresas e empresas de pequeno porte, desde que o valor estimado da contratação não ultrapasse R$ 80.000,00 (oitenta mil reais). Essa hipótese tornaria a licitação, de certa forma, assemelhada à Tomada de Preço (Capítulo 2), modalidade exclusiva para certo grupo de empresas (as empresas cadastradas).

Logicamente que, nas licitações exclusivas para MEs e EPPs, não se falará em "empate ficto", pois todas as empresas são beneficiárias do direito de contratação e entre elas não pode haver privilégios. Assim, a disputa será normal, vencendo a licitação aquela que cotar o menor preço.

Com a edição da Lei Complementar 147/2014, a promoção de licitações exclusivas para MEs e EPPS passou a ser obrigatória. Com o texto de 2006, a promoção de licitações exclusivas era apenas uma faculdade, na verdade, quase não vinha sendo utilizada. Outro entrave para a adoção dessa medida era a falta de regulamentação própria dos Estados e Municípios, cuja maioria ainda não tratou de editar suas normas para aplicação da Lei Complementar 123/2006. Sem essa regulamentação é impossível a aplicação das facilidades criadas para essas empresas e, com isso, o objetivo para o qual a norma foi criada não vinha sendo alcançado. Por isso o Congresso Nacional promulgou alteração que tornasse obrigatória.

O Decreto 8.538/2015, traz uma importante inovação, representadas pela inclusão da finalidade de promoção de desenvolvimento econômico e social **no âmbito local e regional**. Pode até parecer uma inclusão de pouca importância, mas, na prática, possibilitou os órgãos e entidades realizarem licitações exclusivas para as empresas enquadradas como ME, ou EPP cuja sede esteja localizada dentro de um determinado raio territorial. A ideia é possibilitar o desenvolvimento local ou da região onde a licitação será realizada, com a entrega para os empresários locais, das oportunidades e do poder de compra do governo. Dessa forma, uma licitação, ainda que de participação fechada (exclusiva para MEs e EPPs) não poderia ser disputada por empresas de outras cidades ou Estados, o que faria com que a circulação das riquezas e a geração de empregos decorrentes dos contratos com o Poder Público não permanecessem no próprio município ou região onde será executado o contrato posto em disputa.

ENTENDA MELHOR

O mesmo decreto traz a seguinte definição do que seria **no âmbito local e regional:**

> I – âmbito local – limites geográficos do Município onde será executado o objeto da contratação;
>
> II – âmbito regional – limites geográficos do Estado ou da região metropolitana, que podem envolver mesorregiões ou microrregiões, conforme definido pelo Instituto Brasileiro de Geografia e Estatística – IBGE;

Interessante notar que, mesmo numa licitação cujo preço total seja superior ao montante da exclusividade, caso processada no tipo *menor preço por item*, (Capítulo 2) caso existam itens isolados (ou lotes de itens) com valores iguais ou inferiores a R$80.000,00, para cada um deles, a licitação deverá ser exclusiva. Nessa mesma licitação, se houver itens com valor superior a esse limite, a disputa será aberta (não exclusiva).

Assim se entende em virtude de que, nas licitações *por item* ou *lotes de itens*, cada um deles representa uma espécie de disputa autônoma, apenas reunidas em um único procedimento. No item, cujo valor estimado for superior a R$ 80.000,00, poderá haver a situação de "empate ficto". Um quadro ilustrará bem o que estamos dizendo.

TABELA 13-1 Quadro Resumo de Itens — Pregão n XXX/2014

Item		Valor Estimado	Tipo de Disputa
1	Toner para impressora	R$ 70.000,00	EXCLUSIVA
2	Notebook	R$ 170.000,00	ABERTA
3	Tablet	R$ 80.000,00	EXCLUSIVA
4	Impressora laser	R$ 95.000,00	ABERTA
5	Projetor multimídia	R$ 45.000,00	EXCLUSIVA

DICA

O TCU reconheceu essa possibilidade no Acórdão 2957/2011, Plenário, assim se manifestando: 9.2.2. as licitações processadas por meio do Sistema de Registro de Preços, cujo valor estimado seja igual ou inferior a R$ 80.000,00, podem ser destinadas à contratação exclusiva de Microempresas e Empresas de Pequeno Porte, competindo ao órgão que gerencia a Ata de Registro de Preços autorizar a adesão à referida ata, desde que cumpridas as condições estabelecidas no art. 8º do Decreto nº 3.931, de 2001, e respeitado, no somatório de todas as contratações, aí incluídas tanto as realizadas pelos patrocinadores da ata quanto as promovidas pelos aderentes, **o limite máximo de R$ 80.000,00 em cada item da licitação**.

CUIDADO

Pode ocorrer que em uma licitação exclusiva para MEs e EPPs algum espertinho que não esteja assim enquadrado (e por isso não teria direito de participar da mesma) apresente proposta. Isso ocorre com alguma frequência principalmente nos pregões eletrônicos e configura fraude à licitação, é crime previsto tanto no Código Penal (art. 335 – impedir, perturbar ou fraudar concorrência pública) como na Lei Geral de Licitações (art. 90 – frustrar ou fraudar o caráter competitivo do procedimento licitatório). Caso isso venha ocorrer, os interessados podem recorrer tanto ao próprio órgão promotor da licitação, como ao Tribunal de Contas respectivo. Em casos análogos, o TCU tem tratado com bastante rigor, aplicando declaração de inidoneidade para as empresas e encaminhando o processo para o Ministério Público com o fim de instaurar-se ação penal, a exemplo do decidido no Acórdão 206/2013-P. Quer dizer, a empresa que tentou o artifício perderá o direito de participar de novas licitações e seus sócios serão processados criminalmente.

Cota exclusiva para MEs e EPPs nas grandes licitações

A licitação pode não ser exclusiva em razão do valor estimado elevado, mas a LC 123/2006 estabelece um regime de cotas destinadas à disputa exclusiva entre MEs e EPPs, desde que o objeto seja divisível.

Imaginando que o órgão gastará R$ 200.000,00 na aquisição de computadores, o edital deverá abrir a aquisição em dois lotes: um, com as quantidades em valor estimado de R$ 150.000,00 em que a disputa será aberta a todos os interessados; e outro, com valor estimado em R$ 50.000,00 para serem disputados apenas por MEs e EPPs.

ENTENDA MELHOR

Essa divisão para fins de cotação parcial dos quantitativos a serem adquiridos não é uma novidade, pois já contava com previsão na Lei Geral de Licitações, art. 23, § 7º da Lei Geral, que já vislumbrava possibilidade de dividir o tamanho dos contratos de forma que não somente as grandes distribuidoras pudessem participar das licitações.

Obrigatoriedade de Subcontratação de MEs e EPPS nos Contratos de Grande Complexidade

As regras de licitações exclusivas funcionam muito bem para as licitações de aquisição de produtos, insumos e equipamentos, mas raramente são úteis para as contratações de serviços, pois, normalmente, exigem grande estrutura das empresas contratadas. Pensando nessa situação, a LC 123/2006 criou a possibilidade de, nas licitações de obras e serviços, o edital destinar parcelas para serem executadas por ME/EPP sob o regime de subcontratação, garantindo assim, que, mesmo não participando do torneio, esse grupo de empresas possa se beneficiar da oportunidade de negócio oferecido pelo Poder Público.

ENTENDA MELHOR

Subcontratação é a transferência, pela contratada, de parte da obra ou do serviço a outras empresas. Assim, se uma empresa vence uma licitação para a construção de um prédio, que envolverá uma série de serviços específicos, alguns deles poderão ser executados, não pela empresa que venceu a licitação, mas por outra por ela indicada.

Se um órgão resolve licitar o serviço de limpeza, higiene e conservação e nele incluir o serviço de controle de pragas, o edital poderá indicar este último serviço como passível de subcontratação. O vencedor da licitação poderá executar integralmente o serviço ou associar-se a um parceiro para que este parceiro execute a parcela do controle de praga.

A subcontratação depende sempre de prévia disposição no edital. Trata-se de um ato que levará em conta a conveniência para a Administração. Independentemente do valor da contratação, até 30% do valor do contrato poderá ser destinado à subcontratação. A escolha do subcontratado compete à empresa vencedora, mas somente poderá escolher parceiros que sejam ME ou EPP..

Portanto, cada edital de obra ou serviço poderá conter disposição que imponha ao vencedor da licitação a subcontratação parcial — até 30% — do valor do contrato. É bom que se destaque que essa imposição só seria cabível no caso de o vencedor não ser uma ME ou EPP.

Limitações ao Tratamento Favorecido para as MEs e EPPs

Em que pese a louvável finalidade de aquecimento desse segmento empresarial, não será em todos os casos que as mesmas devem ser adotadas. Uma vez implementadas as regras, a Administração precisará planejar suas aquisições de forma minuciosa, pois o percentual máximo de 25% de todas as contratações do ano não poderá ser excedido.

Também não será aplicável, por absoluta impossibilidade, a regra de licitação exclusiva nas hipóteses em que não houver, na localidade ou na região, um mínimo de três enquadradas como ME ou EPP em condições de cumprir as obrigações contratuais.

Em relação à fixação de cota de 25% do total demandado, bem como da estipulação da obrigatoriedade de subcontratação, o princípio da seleção da proposta mais proveitosa condiciona a aplicação do tratamento diferenciado à demonstração de relação de vantagem em sua adoção, assim como de que não haverá prejuízo para o complexo da contratação com a subcontratação ou contratação em lotes.

Por fim, as regras especiais não são aplicáveis nas contratações diretas. Pode fazer algum sentido essa vedação na medida em que poderia terminar por redundar em violação da impessoalidade e da moralidade, por incentivo indireto à criação de uma ME ou EPP somente com o fim de receber as contratações diretas. Ademais, no caso das hipóteses do art. 25 a norma seria mesmo inócua, pois seu fundamento prático é justamente a indicação de um determinado particular por ser inviável a licitação. Entretanto, entendo que nem todas as hipóteses de dispensa precisariam estar afastadas do escopo da Lei Complementar. As dispensas do art. 24, I e II poderiam seguir o mesmo parâmetro do inciso III do art. 48, ou seja, serem destinadas a um percentual mínimo em razão do volume total das licitações, desde que, claro, não haja prejuízo para a Administração.

5

A Parte dos Dez

NESTA PARTE . . .

Chegamos à tão esperada "Parte dos Dez". Com um universo de informações tão novo, vamos aqui destacar cuidados e dicas úteis a você, interessado em participar de licitações públicas.

Daremos um conjunto de vinte "alertas", dividida em três Capítulos que consideramos essenciais para se obter sucesso nas licitações e fechar ótimos negócios.

Saiba como não ser atropelado pelos seus concorrentes e também como evitar eventuais quebras de legalidade do procedimento que terminem por prejudicá-lo.

NESTE CAPÍTULO

Estabelecendo os pontos cardeais para o sucesso nas licitações

Apontando as falhas mais comuns que os empresários cometem nas licitações

Capítulo 14

Dez Passos para se Obter Sucesso nas Licitações

Não é incomum o empresário se aventurar de cabeça no mundo das licitações e acabar muito rapidamente se decepcionando com o amargor de prejuízos. Muitas vezes essa decepção poderia ser evitada caso alguns cuidados fossem tomados, tanto na leitura e interpretação dos editais, como no preparo dos envelopes ou na formulação das propostas eletrônicas. Além disso, como em qualquer atividade que envolve relações interpessoais, a sessão pública presencial de uma licitação envolve circunstâncias que dependem muito de uma postura, um comportamento específico, tanto da Comissão de Licitação/Pregoeiro, como dos licitantes. Em um ambiente conturbado, normalmente, não se tomam decisões sensatas e serenas e é fundamental saber observar e manter o controle emocional.

Leia Atentamente Todos os Documentos que Integram o Edital

Sei bem que o empresário dispõe de pouco tempo livre, pois sua atividade lhe ocupa em demasia. Mas, se você vai participar de uma licitação, é de suma importância que leia todo o edital e todos os documentos que o integram. Como vimos no Capítulo 5, o edital é integrado ainda pelo Projeto Básico ou Termo de Referência, pela minuta do contrato e pode ainda conter planilhas de composição de custo e modelos de formulários que devem ser apresentados na licitação. Muitas vezes, certas cláusulas podem se repetir nos vários documentos e, muito frequentemente, podem ser conflitantes e causar infortúnios ao licitante.

Quando o órgão se utiliza de modelos-padrão de editais, as cláusulas básicas são repetidas de forma automática em todos os editais (do contrário, não faria sentido haver modelo-padrão). Porém, vez ou outra, por razões específicas, em um dado edital, estas cláusulas-padrão podem não ser totalmente pertinentes e exigirão adaptação para o caso específico. Se, em um edital-padrão de compra o prazo de entrega é fixado em 20, mas o setor demandante, necessitar do produto em tempo mais curto, e o fixa em 10 dias, pode ocorrer de o edital ser publicado na forma padrão e o Termo de Referência de forma diversa. Neste caso, teríamos uma situação muito deliciada. Você não leu o Termo de Referência, limitando-se ao edital e, ao vencer a licitação, se programa para entregar o produto no prazo do edital (padrão), enquanto o setor demandante espera a entrega do objeto em um prazo mais curto. Resultado disso é que, quando você for entregar (no vigésimo dia), o setor que vai recebê-lo, considerará a entrega com atraso, podendo multá-lo. Se ambos os documentos fossem lidos e analisados, você poderia formular um pedido de esclarecimento e não ser induzindo a erro, evitando assim, tais aborrecimentos.

Outro erro comum é a empresa separar os documentos do edital, encaminhar o edital para o setor administrativo ou jurídico (para separar documentos de habilitação) e o Termo de Referência para a área comercial ou técnica. Ora, ao separar um documento que deve ser lido na íntegra, é bem possível que alguma inconsistência ou ambiguidade não seja percebida. No "causo" que narrei no Capítulo 1 (o caso da *tecla de repetição*), a empresa, por pouco, não conseguiu se articular para impugnar o edital justamente porque o caderno com as especificações técnicas do equipamento havia sido separado do edital e encaminho para a área comercial.

Na Dúvida, Formule Pedido de Esclarecimento por Escrito

Não se intimide! Não tenha preguiça! Se não compreendeu alguma passagem do edital, faça imediatamente um pedido de esclarecimento de dúvidas à Comissão/Pregoeiro. O edital de licitações SEMPRE orienta a forma de o interessado solicitar esclarecimento de dúvidas. Em geral, você vai encontrá-la em um capítulo designado como *Disposições Gerais*. Caso não o faça e resolva interpretar "da sua cabeça", você poderá amargar sua inabilitação ou desclassificação.

Uma vez que tenha formulado tal pedido, fique atento à resposta. Como não há prazo certo para a Comissão/Pregoeiro dar a resposta, pode ser que a mesma somente seja divulgada muito próximo do horário da licitação (e muitas vezes isso acontece). Nesse caso, esteja preparado para formular a sua proposta a fim de possibilitar a sua participação.

No caso das licitações presenciais, a recomendação é que o interessado que formulou a consulta seja respondido de forma direta (por e-mail ou fax) e os demais possíveis interessados com publicação na imprensa oficial ou no Portal (esse último é mais comum). Contudo, é importante você dar atenção ao capítulo do edital das "Disposições Finais". Neste capítulo, sempre há as cláusulas que tratam de como serão divulgadas as respostas aos pedidos de esclarecimento, que podem ser tratadas por outros meios. Como o edital é a lei interna da licitação, se a resposta for divulgada na forma estabelecida e você não tomar conhecimento, não poderá reclamar posteriormente, pois a obrigação do interessado é ler o edital. Nas licitações eletrônicas, as respostas aos pedidos de esclarecimento (bem como demais avisos) somente são divulgadas por meio do portal do provedor do sistema (licitacoes-e; comprasnet etc). Quer dizer que não haverá comunicação direta nem a quem formulou a consulta, tampouco para os demais interessados.

No Pregão Eletrônico Fique Atento às Mensagens do Sistema, e no Presencial Acompanhe Pessoalmente

As licitações eletrônicas, atraem uma maior dificuldade de acompanhamento do processo, principalmente pelo imediatismo dos efeitos que as novas informações são inseridas no sistema. Por isso, uma vez que você tenha se interessado em participar de uma licitação eletrônica, é de suma importância que você visite o *link* da mesma a fim de verificar se houve alguma alteração ou informação novas. Uma resposta a um pedido de esclarecimento não lida pode contribuir para o seu fracasso no dia da licitação. Um adiamento do certame pode ocupar desnecessariamente o represente na frente da tela do computador.

Nas licitações presenciais, já vimos anteriormente que a presença do licitante na sessão não constitui condição de participação na sessão pública, basta a entrega dos envelopes. Contudo, é muito importante que a empresa se faça representar por uma série de razões. A fiscalização dos atos das Comissões/Pregoeiros é mais efetiva quando as empresas se fazem "presentes" com seus representantes legais, até mesmo para assinar o *Termo de Renúncia* do direito ao recurso e abreviar a contratação nos casos em que isso é possível.

Na modalidade pregão nem se fala! A presença do representante da empresa é fundamental para o sucesso na licitação, não só pela fase competitiva em que a empresa, por intermédio de seu representante, oferece lances verbais e sucessivos, como pelo fato de que, como já visto, a interposição de recursos depende da manifestação oral e imediata ao final da sessão. Se a empresa encaminha apenas os envelopes, não terá condições de formular lances verbais ou interpor recursos.

DICA

Além dessas situações, não raro o representante poderá "salvar" sua empresa da desclassificação da proposta ou da inabilitação. Muitas falhas e defeitos nas propostas e nos documentos de habilitação podem ser corrigidos a partir da intervenção do representante legal presente à sessão pública. Seria o caso, por exemplo, de a proposta ser formulada e não ser assinada. Se o Pregoeiro, ao abrir a proposta, percebe essa falha, poderá permitir a correção caso o representante esteja presente à sessão. Do contrário, ele será obrigado a desclassificar a proposta.

Mantenha Sempre Atualizados os Documentos de Habilitação

Não deixe para a última hora. Mantenha seus documentos de habilitação em dia. Quando próximo de expirar a validade, já providencie sua revalidação, principalmente se o documento for emitido na forma de papel, que, em geral, demanda mais tempo de emissão.

Já em relação aos atestados de capacidade técnica, é bom manter um arquivo bem organizado e providenciar a cópia da nota fiscal ou do contrato a que se refere cada atestado. Muitos editais começam a exigir essa documentação complementar. E quando não o faz, também tem sido muito comum as Comissões de Licitação/Pregoeiros exigirem como forma de diligência, quando há dúvidas sobre a veracidade dos atestados.

Evite Chegar com Atraso na Sessão Presencial

Não confie que a máxima brasileira de prazo de tolerância vale para as licitações!

Apesar de alguns Pregoeiros e Comissões adotarem essa prática de conceder prazo de tolerância para a entrega dos envelopes, tal procedimento não é regular. A hora marcada para a entrega dos envelopes deve ser considerada sagrada. Exatamente como se faz nos concursos públicos e vestibulares, procure chegar com no mínimo 40 minutos de antecedência, a fim de evitar que seus envelopes não sejam recebidos.

Também convém lembrar que muitos prédios têm acesso mais complicado, como é o caso de Universidade Estaduais e Federais, grandes hospitais entre outros. São órgãos com muitos prédios e nem sempre é fácil encontrar o lugar correto onde se realizará a licitação. Grandes filas na recepção para entrega de crachás de visitante ou nos elevadores também podem contribuir para o atraso na entrega dos envelopes. E, mais uma vez, insistimos, LEIA O EDITAL! Não vai adiantar argumentar que "na hora da licitação você já se encontrava no prédio". O horário é para ser atendido no local destinado à entrega. Não bastará "estar dentro do prédio". Entregou fora de hora....está fora da licitação!

Prefira o Preenchimento dos Formulários-padrão que Seguem como Anexo ao Edital

Todo edital traz como *anexos* uma série de formulários. São as declarações e, algumas vezes, o modelo de proposta que o licitante deve apresentar nos respectivos envelopes (ou encaminhar como anexo de e-mail nas licitações eletrônicas).

Muito embora você possa elaborar tais declarações de forma livre, desde que contenha os requisitos exigidos, ou seja, que o documento diga o que tem que ser dito, o recomendável é que você aproveite os modelos fornecidos junto com o edital. Essa medida evitará que você deixe de prestar alguma declaração exigida ou que o faça sem os termos e redação necessários, o que pode prejudicar a sua participação no torneio.

No Pregão Eletrônico, Altere a Chave e a Senha Sempre que Substituir o Representante da Empresa

CUIDADO

Nas licitações eletrônicas, o uso da chave e da senha de acesso é de inteira responsabilidade da empresa. Você, empresário, deve tomar o cuidado de alterar a chave e a senha sempre que o seu representante comercial for substituído, pois qualquer ato tomado em nome da empresa com o uso dessas insígnias acarretará responsabilidade para a empresa. Um funcionário inconformado com a sua demissão poderá, por vingança, simular a participação da empresa em uma licitação, cotando lance muito baixo ou desistir da proposta apenas para causar-lhe prejuízo.

Dispute a Licitação Procurando Terminar na Melhor Classificação Possível

DICA

O segundo lugar pode vir a se tornar o primeiro.

Essa dica vale principalmente para quem vai participar das licitações eletrônicas. Você não deve fixar-se apenas no menor preço ofertado durante a disputa, mas tentar terminar a fase de lances na melhor classificação possível.

É viável que o autor do lance mais baixo venha a ter a sua proposta desclassificada após o encerramento da disputa ou, ainda, venha a ser inabilitado. Não se esqueça de que na fase de recursos pode haver alteração na ordem de classificação e quem estiver mais bem classificado se beneficiará nesses casos.

Não se impressione ou, pior, se desestimule se a proposta declarada vencedora apresentar preço aparentemente inexequível (muito abaixo do mercado). Outra possibilidade, muito frequente aliás, é o vencedor mergulhar no preço e na hora de executar o contrato não suportar seu ônus e desistir da contratação. Nesses casos, se a licitação tiver sido realizada na modalidade pregão, o segundo classificado poderá ser convocado para assumir o contrato pelo seu próprio preço (muitos ainda acham que seria obrigatório praticar o preço do vencedor, o que, nesta modalidade, não é verdade).

Por tudo isso, brigue sempre pela melhor classificação possível!

Evite Lances Muito Curtos Durante o Tempo Randômico

Uma tática até hoje muito empregada nas licitações eletrônicas é aquela em que o licitante vai registrando lances no sistema de centavo em centavo, tentando, dessa forma, sagrar-se vencedor pelo maior preço possível. Mas esse expediente NUNCA foi recomendado.

Quando estudamos Negociação Estratégica, aprendemos que esses mecanismos são atitudes em que o negociador adota a tática para obtenção do resultado *ganha-ganha*, em que ele tenta extrair a maior vantagem possível do negócio. Ao encaminhar lances muito curtos, o que o licitante pretende é que seja vencedor sem ter que oferecer um lance mais agressivo.

Ocorre que a tática do *ganha-ganha*, invariavelmente, acaba conduzindo ao resultado *perde-ganha* ou *perde-perde*. Nestes, o negociador ávido acaba amargando prejuízo com o não fechamento do acordo. No nosso caso, seria não se tornar o vencedor, a despeito de ainda possuir excelente margem de negócio ao final da etapa de lances. Termina o tempo de disputa antes de o licitante registrar seu novo preço. Ainda mais que hoje em dia impera uma regra de que o sistema só aceita novos lances do mesmo licitante após o intervalo mínimo de 20 segundos (art. 2º da Instrução Normativa no. 03/2001, do MPOG/SLTI).

Prepare-se! Participe de Cursos e Treinamentos e de Grupos de Discussão nas Redes Sociais

Capacitação constante e troca de experiências são a chave mestra de um bom preparo em qualquer campo do conhecimento humano.

O tema "licitações públicas" é altamente complexo e volátil. Não só é orientado por um grande conjunto de normas, como também a todo momento surgem novas regulamentações e procedimentos. Por isso, é absolutamente necessário manter-se atualizado.

Para isso, recomendo que você fique sempre atento aos inúmeros cursos que o mercado oferece. Há treinamentos voltados para os iniciantes e outros para profissionais já experimentados. Alguns deles são específicos para profissionais da iniciativa privada.

Nesses cursos, além dos conhecimentos a serem adquiridos, você terá oportunidade de conhecer outros profissionais, trocar informações e experiências com eles e ampliar a sua rede de relacionamento, o que lhe renderá muitos frutos positivos.

Para as empresas de maior porte, pode ser recomendável a contratação de cursos no modelo *in company*, também chamados de "Curso Fechado". Nesse tipo de treinamento, a empresa poderá solicitar um treinamento voltado especificamente para a sua área de atuação comercial, focando nos problemas específicos das licitações do seu segmento. Para a hipótese de contratar curso *in company*, recomendamos que o mesmo não seja realizado no ambiente de trabalho, mas em outro local apropriado (hotéis, Centros de Convenções). Minha experiência de mais de 20 anos nessa área indica que os cursos fechados, quando realizados na sede da empresa ou do órgão, não alcançam bom aproveitamento, pois, como os participantes estão próximos de suas mesas de trabalho, a todo momento são interrompidos para resolverem problemas rotineiros.

Participar de grupos de discussão e fóruns nas redes sociais também é uma ótima medida para interagir com outros profissionais da área e trocar experiências. Há inúmeros disponíveis, mas recomendo que você procure aqueles que são moderados, ou seja, que tenham um profissional experiente no comando, regulando as postagens e orientando as discussões.

NESTE CAPÍTULO

Conhecendo alguns pontos sobre contratos administrativos

Reduzindo as incertezas

Capítulo 15

Dez Assuntos que Você Precisa Saber

Claro que estar bem preparado para participar de licitações é o passo essencial do seu sucesso. Mas não se pode esquecer que saber administrar bem o contrato também reduzirá o nível de decepções e prejuízos. É igualmente importante saber administrar os seus direitos na condução dos contratos e das atas de Registro de Preços. Os 10 temas propostas abaixo constituem *insigths* importantes e que vão possibilitar melhor aproveitamento dos negócios oriundos das licitações.

O Pregoeiro/Comissão Não tem Autoridade para Cancelar a Licitação

ENTENDA MELHOR

Uma vez publicada a licitação, o órgão promotor poderá desfazê-la de duas formas: anulando-a ou revogando-a. No primeiro caso, o fará sempre que verificar descumprimento de norma legal (ilegalidade); no segundo, quando a contratação pretendida, por algum motivo superveniente, deixar de ser conveniente.

Mas o desfazimento da licitação depende de uma decisão que ultrapassa a competência da Comissão/Pregoeiro. Segundo o art. 49, da Lei 8.666/93, somente a autoridade que deflagrou a licitação é que pode desfazê-la.

Infelizmente, em algumas situações, os licitantes são ameaçados pelas Comissões ou Pregoeiros de "cancelamento" da licitação (ou de determinado item da licitação) quando o preço não lhe satisfaz. Isso é impossível!

Claro que a Comissão/Pregoeiro pode *sugerir* o desfazimento da licitação, mas este somente poderá ser efetuado pela autoridade superior (em geral, os Presidentes, Secretários, Ministros, Diretores-presidentes dos órgãos e entidades), chamada de Ordenador de Despesa. E, assim mesmo, esse desfazimento deve ser precedido de oportunidade de recurso (aplicação dos princípios do contraditório e da ampla defesa).

Não se intimide com ameaças dessa natureza. Quando um Pregoeiro ameaça o cancelamento de uma licitação ou de um item, considere um blefe.

O Licitante Não É Obrigado a Reduzir Seus Preços a Pedido do Pregoeiro

Já vimos no Capítulo 2 que a modalidade Pregão, presencial ou eletrônica, inaugurou uma nova fase nas contratações governamentais, quando possibilitou que o Pregoeiro pudesse estabelecer processo de negociação direta com o vencedor do certame, visando à obtenção de melhores preços.

DICA

Mais um pouco adiante, o TCU reconheceu que a negociação também poderia ser empreendida pelas Comissões de licitações nas modalidades de Concorrência, Tomada de Preços e Convite, a exemplo do que era autorizado para o Pregão (Acórdão 1.401/2014-Segunda Câmara).

Mas negociar não é impor redução de preços! A negociação é um processo de comunicação em que as partes envolvidas buscam aproximação de ideias e interesses distintos, por meio de concessões recíprocas. Sendo assim, apesar de a lei autorizar o Pregoeiro e as Comissões a negociarem melhores condições, a palavra final será do autor da proposta, ou seja, do licitante.

Documentos que São Emitidos pela Internet Podem Ser Consultados em Tempo Real para Facilitar a Habilitação

Hoje em dia, negar que a internet não é uma fonte idônea de informação é tentar negar o óbvio ululante e permanecer na pré-história.

Boa parte dos serviços públicos hoje são prestados diretamente pelos órgãos nos seus respectivos portais. Dentre eles, está o de emissão de certidões e demais documentos dos interessados. Além disso, é disponibilizada para a sociedade uma gama de informações de domínio público.

Diante disso, não se pode mais argumentar que nas licitações os documentos de habilitação (e alguns relativos à fase de proposta) não possam ser conferidos por ato do Pregoeiro de forma direta, visitando os sites oficiais. Aliás, alguns documentos outrora fornecidos apenas por meio físico (CND INSS e FGTS) hoje, somente são entregues via internet.

Logo, não faria o menor sentido, em caso de dúvida ou mesmo de ausência de algum documento, o Pregoeiro ou a Comissão de Licitação deixar de consultar em tempo real a situação do licitante cuja informação esteja disponível em sítio da internet, permitindo o aproveitamento do maior número possível de propostas.

DICA

E essa atitude não é uma faculdade do Pregoeiro/Comissão, mas sim seu dever, como se vê do seguinte precedente do Tribunal de Contas da União: "...determinar ao Hospital Universitário – Fundação Universidade Federal de Grande Dourados (HU/UFGD) que, ao proceder ao julgamento de licitações na modalidade pregão eletrônico, observe o procedimento previsto no § 3º do art. 26 do Decreto nº 5.450/2005, quando verificado, nas propostas dos licitantes, erros ou falhas formais que não alterem sua substância, devendo, nesse caso, sanar de ofício as impropriedades, mediante despacho fundamentado, registrado em ata e acessível aos demais licitantes, atribuindo-lhes validade e eficácia para fins de habilitação e classificação" (Acórdão 2.564/2009-Plenário).

Formular a Proposta Acima do Valor Estimado Não É Motivo para Desclassificação da Proposta

Entende-se por *valor estimado* ou *de referência* de uma licitação a média de preço obtida a partir da pesquisa de mercado realizada na fase preparatória da licitação. É o preço em torno do qual a Administração dispenderá com a contratação. A obtenção do *valor de referência* serve à etapa do planejamento da contratação, permitindo que o órgão/entidade se prepare para a despesa que está por vir. É um dever, imposto por Lei a Administração se planejar de forma adequada. Logo, tanto pela obrigação legal imposta, como pela sua finalidade, a apuração do valor de referência é obrigatória em qualquer licitação. *Valor máximo* da contratação é instituto diverso do *valor estimado* ou *de referência*. Enquanto este é o preço médio de mercado, aquele é o preço a partir do qual a Administração já presume inconveniente à contratação. Constitui um limitador das propostas. Trata-se de um critério de aceitabilidade de propostas e sua formulação vem estatuída no art. 40, X da L. 8.666/1993, como visto no Capítulo 6.

Não havendo regra no edital que impeça o licitante de formular o preço que bem entender, não se falará em descumprimento do edital (art. 48, I). Tampouco será caso de preço inexequível (art. 48, II), pois inexequibilidade de preço é formação de proposta que não tenha condições de ser suportada, o que não seria o caso. Finalmente, para o crime de elevação arbitrária de preços (art. 96, I) não basta que o preço ofertado esteja acima da média, é necessário que esteja muito acima do *mercado*, que represente um preço vil. Logo, não pode o julgador do certame desclassificar proposta que tenha permanecido acima do *valor estimado* ou *de referência*, quando o edital não tiver fixado critério de aceitabilidade de preço máximo. Se o fizer, cometerá grave ilegalidade por afronta direta ao disposto no art. 44, §1º da Lei no. 8.666/1993:

> Art. 44. No julgamento das propostas, a Comissão levará em consideração os critérios objetivos definidos no edital ou convite, os quais não devem contrariar as normas e princípios estabelecidos por esta Lei.
>
> § 1o É vedada a utilização de qualquer elemento, critério ou fator sigiloso, secreto, subjetivo ou reservado que possa ainda que indiretamente elidir o princípio da igualdade entre os licitantes

O Órgão/Entidade Contratante Tem o Direito de Rescindir o Contrato Antes do Prazo por Ato Unilateral

Uma vez declarado vencedor de uma licitação, o licitante, que passa a se chamar *adjudicatário*, poderá ser convocado pela órgão/entidade para assinar e executar o contrato. A partir daí, entram em cena algumas regras que são muito particulares dos contratos (chamados de contratos administrativos). Tais regras, que não existem nos demais tipos de contratos (locação imobiliária, comodato, arrendamento, compra e venda etc), podem, em alguma medida, vir a causar certa surpresa e até mesmo prejuízo para você (que, após assinado o contrato, será chamado de *contratado*). Uma dessas regras é a de que o órgão contratante pode, **a qualquer momento,** encerrar o contrato, mesmo antes do prazo! E não precisará da sua concordância para fazê-lo. Basta um ato unilateral e o contrato estará rescindido.

ENTENDA MELHOR

A rescisão unilateral está prevista no art. 79, inciso I da Lei 8.666/93: "A rescisão do contrato poderá ser: I – determinada por ato unilateral e escrito da Administração...". De um modo geral, o órgão contratante poderá rescindir o contrato em virtude de duas situações: por falha na execução contratual por parte da empresa contratada; ou por motivos de caso fortuito, força maior ou ainda por uma razão que possa ser alegada de interesse público.

As expressões *Caso Fortuito* e *força Maior* dizem respeito a fatos ou ocorrências imprevisíveis ou difíceis de prever, que geram efeitos ou consequências inevitáveis pela parte envolvida. Não vamos desdobrar aqui um conceito separado de um e outro termo, porquanto os próprios estudiosos do direito não são unânimes nesses conceito. E além disso, não se diferenciam seus efeitos

Imagine que um hospital, estando próximo de concluir uma obra de ampliação de suas instalações, realiza uma licitação para adquirir um equipamento de grande porte, justamente para ser instalado nas novas instalações. Porém, por falha na execução do projeto por parte da empreiteira, a obra não é concluída e apresenta grande fragilidade na estrutura, o que exigirá ser totalmente refeita. A compra do equipamento ficará prejudicada, pois, se as instalações tão cedo estarão prontas para recebê-lo, de nada adiantaria adquiri-lo agora. Situação típica de caso fortuito/força maior. O descumprimento do contrato de ampliação era de difícil previsão e a consequência inevitável.

Já a expressão "razões de interesse público" é um pouco mais complexa, mas envolve, fundamentalmente, um fato ou ocorrência que, caso mantido o contrato, provocará prejuízo para a sociedade por via reflexa. Mais uma vez, um exemplo ilustrará bem o que estou dizendo.

Em janeiro de 2011, a Região Serrana do Estado do Rio de Janeiro foi assolada por uma catástrofe de proporções épicas. Fortes chuvas colocaram vários municípios totalmente submersos, provocaram enormes deslizamentos de terra e quase mil pessoas morreram e mais de trezentas ficaram desaparecidas. Mais de 35 mil pessoas ficaram desalojadas com as enchentes daquele ano. Os municípios atingidos, precisavam canalizar todos os seus esforços (e recursos financeiros) para o atendimento às vítimas e na reconstrução da cidade. Esse foi o motivo de interesse público que, à época, justificou a rescisão unilateral de inúmeros contratos que estes municípios tinham com empresas privadas. Não faria sentido algum manter o contrato em vigor e deixar de atender à população vitimada pelas enchentes. O interesse público sempre prevalecerá sobre o particular.

ENTENDA MELHOR

Contudo, apesar de ser prevista a rescisão por ato unilateral do órgão contratante, a rescisão deve ser precedida de observância dos princípios do contraditório e da ampla defesa, ou seja, garantir que o contratado possa discutir a rescisão do contrato e pleitear eventuais indenizações pela rescisão antecipada (exceto se a rescisão foi por culpa do próprio contratado).

As Quantidades Licitadas Podem Ser Alteradas Durante a Execução do Contrato por Imposição do Órgão Contratante

Outra característica dos contratos administrativos é que, uma vez celebrado o contrato, o órgão contratante poderá alterar as quantidades contratadas para mais ou para menos. E essa alteração **também é unilateral**. Quer dizer que o licitante vencedor não poderá recusar a solicitação de alteração após a assinatura do contrato.

ENTENDA MELHOR

Os acréscimos nos quantitativos são permitidos até 25% do valor do contrato, podendo chegar a 50% no caso de reforma de prédio ou equipamento. Já as supressões nas quantidades inicialmente contratadas, só podem ser impostas até o limite de 25% do valor inicial do contrato.

Se a licitação era para uma compra de 500 cadeiras para equipar um auditório, e o órgão resolveu ampliar esse auditório, poderá aproveitar essa licitação para comprar mais cadeiras, desde que esse acréscimo não supere 25% do valor do contrato. Se o contrato original (500 cadeiras) foi celebrado por cem mil reais, o órgão poderá usar mais vinte e cinco mil reais para comprar, do mesmo fornecedor, mais cadeiras, ou seja, mais 125 cadeiras.

Muitos Contratos de Prestação de Serviços Admitem Prorrogação, Tornando-se Mais Vantajosos

Os contratos, em geral, são celebrados por, no máximo, 12 meses. Porém, se a licitação tiver por objeto a prestação de um serviço, o prazo inicialmente programado para durar o contrato pode ser estendido, o que representaria um negócio muito mais vantajoso do que aquele proposto de início no edital. Por isso, é de suma importância que o interessado leia atentamente o edital para ver se há cláusula de prorrogabilidade. Em havendo, é recomendável que o interessado projete sua proposta e sua margem de lances já visualizando esse desdobramento.

É extremamente raro um órgão, podendo prorrogar um contrato, preferir realizar nova licitação para o período seguinte ao prazo inicial. Isso só ocorre quando o contratado executa mal o contrato. Por isso, caso haja possibilidade contratual de prorrogação, é bom o interessado brigar pela licitação com todas as forças, pois, provavelmente, permanecerá até 60 meses na execução, prazo máximo a que os contratos podem chegar.

ENTENDA MELHOR

Na verdade, a questão dos prazos de prorrogação é um pouco mais complexa. O prazo máximo de prorrogação de 60 meses serve à maioria dos contratos de prestação de serviços e estes, mesmo após decorridos os 60 meses, podem ser acrescido de mais 12 meses em situações excepcionalíssimas. Há ainda os casos de contratos cujo objeto atende a uma meta de planejamento estratégico do órgão. Para estes, o prazo máximo será igual ao do próprio plano de ação estratégica, que nunca é superior a 4 anos, como é o caso do Plano Plurianual--PPA do Poder Executivo. E, finalmente, no caso de aluguel de equipamentos de automação ou *softwares*, o prazo máximo poderá ser de 48 meses.

No SRP, se o Preço Registrado Ficar Defasado, o Beneficiário Deve Solicitar o Cancelamento do Registro

Conforme vimos no Capítulo 4, no Sistema de Registro de Preços, o vencedor da licitação não faz um fornecimento direto, mas apenas deixa registrado o preço em uma Ata para o período de vigência que, no geral, é de doze meses (prazo máximo). Ao longo desse período, o órgão poderá requisitar a entrega das quantidades registradas ao preço consignado na Ata.

Se a licitação era para Registro de Preços, o vencedor (chamado de *Beneficiário da Ata*) terá que manter o preço final da licitação pelo período de doze meses e **não poderá recusar nenhuma convocação!** Terá que manter seu preço inalterado. Por isso o licitante deve ser muito responsável na formulação de sua proposta.

Ocorre que, ao longo de um ano, é possível ocorrerem situações que venham a alterar as condições do mercado, tornando o preço registrado defasado. Isso pode causar dificuldade ao *Beneficiário* ou seja, manter o fornecimento regular de acordo com as convocações do Órgão Gerenciador e dos Órgãos Participantes do registro de preços, a quem não se pode negar o fornecimento.

Em tal situação, o *Beneficiário* poderá pedir o **cancelamento** do registro. Para isso, deverá formular pedido de cancelamento, endereçado ao Órgão Gerenciador (só ele poderá liberar o *Beneficiário* do compromisso assumido), justificando as razões do pedido e anexando todos os documentos que possam fundamentá-lo, tais como notas fiscais, pesquisa de mercado, notícias na imprensa e outros que julgar valiosos.

CUIDADO

O Órgão Gerenciador somente liberará o *Beneficiário* se houver efetiva comprovação da elevação do preço do produto no mercado e **se o pedido for feito antes da solicitação de fornecimento!** Caso o *Beneficiário* receba a solicitação do Gerenciador ou de um Órgão Participante sem que tenha pedido a liberação do compromisso, será obrigado a manter o preço registrado e fornecer as quantidades solicitadas, mesmo que o preço de mercado esteja defasado.

A Inabilitação no Pregão Pode Gerar Sanção Administrativa ao Licitante

A inabilitação nas licitações por concorrência, tomada de Preços e Convite é um ato normal e faz parte do processo licitatório, não sendo considerado um ato ilícito provocado pelo licitante. Mas na modalidade pregão, não é bem assim. O art. 7º., da Lei 10.520/2002, que instituiu tal modalidade, aponta como sendo conduta passível de punição administrativa o fato de o licitante se apresentar em uma licitação e, sagrando-se vencedor, vier a ser inabilitado.

Essa punição é uma suspensão temporária do direito de licitar que pode se estender a até 5 anos. E alcança **todos** os órgãos que pertençam ao ente da federação (União, Estados, Distrito Federal, Município) de que faça parte o órgão/entidade promotor da licitação. Se a licitação era promovida por uma Secretaria Municipal, o impedimento de participar de novas licitações será em relação a todos os órgãos daquele município, não só àquele que aplicou a pena administrativa.

O Vencedor da Licitação Não Pode Recusar a Convocação

O art. 64, §3º, da Lei 8.666/93, considera que, após decorridos 60 dias da entrega da proposta, o licitante fica liberado do compromisso assumido na licitação. Se o órgão vier a convocar o vencedor da licitação após esse prazo, o mesmo poderá recusar a contratação.

Porém, se a convocação for feita dentro dos 60 dias, o licitante vencedor **não poderá recusar o contrato**. Não tem o direito de desistir da sua proposta. Caso insista em não aceitar o contrato, conforme determina o art. 81 da Lei 8.666/93, o *adjudicatário* será considerado **inadimplente integral do contrato!**. Significa que, mesmo não tendo assinado o contrato, sua recusa injustificada será tratada como um dos atos mais graves que o particular pode cometer contra a Administração Pública e, com isso, receber as mais graves punições, tais como multas pesadas e até Declaração de Inidoneidade, que impedirá permanentemente o licitante de participar de qualquer licitação realizada neste país.

Apêndice

Glossário

Apesar de apresentarmos o mundo das licitações de forma o mais simplificada possível, alguns termos técnicos não podem ser desprezados. Mesmo porque, meu caro leitor, tão logo inicie sua vida nas licitações públicas, terá que lidar com essas expressões. Visando facilitar a compreensão, colocamos abaixo alguns termos que utilizaremos nesta obra com seus respectivos significados.

Acórdão – Termo que representa a decisão sobre um caso levado a exame do Tribunal (de Justiça ou de Contas) e julgado por uma turma de Conselheiros/Ministros.

Câmara, Turma – Nomes que recebem as turmas de Conselheiros, Ministros ou Desembargadores, quando reunidos para decidir sobre um processo. As turmas julgadoras julgam os processos a partir da análise feita por um Conselheiro/Ministro designado como Relator. O Relator analisa e opina sobre a legalidade do ato que lhe fora submetido e apresenta para a Turma julgadora que, após ouvir seu parecer, inicia a votação sobre o processo.

Conhecer do recurso – Expressão utilizada para significar que o recurso interposto foi recebido e será processado e julgado. Quando a autoridade "não conhece do recurso", significa que o recurso sequer será examinado. Isso ocorre quando não estão presentes os requisitos obrigatórios para seu *conhecimento*, como estar fora do prazo, por exemplo.

Juntada – Termo que representa o ato de o agente público inserir no processo algum documento. Diz-se *fazer juntada* ou *juntar aos autos*.

Jurisprudência – É o termo jurídico que nomeia o conjunto das decisões (acórdãos) e interpretações das leis feitas pelos tribunais (de Justiça ou de Contas), quer dizer que representa o entendimento daquele Tribunal em relação a determinado caso concreto, adaptando as normas às situações de fato. Uma decisão que seja contrária a um entendimento adotado pela jurisprudência de um tribunal provavelmente será anulada pelo mesmo tribunal.

Petição – Significa um pedido escrito. Pode ser um recurso, uma impugnação, ou mesmo um pedido de vistas dos autos ou de expedição de certidão.

Plenário – Nome que recebe a turma de julgamento nos Tribunais de Contas os quais reúnem todos os integrantes daquele Tribunal.

Relator – Expressão que designa o Conselheiro/Ministro a quem coube a análise do processo submetido a julgamento.

Súmula – Um texto resumido que representa a interpretação pacífica ou majoritária adotada por um Tribunal a respeito de um tema específico, a partir do julgamento de diversos casos análogos, com a dupla finalidade de tornar pública a jurisprudência para a sociedade bem como de promover a uniformidade entre as decisões.

Tempestivo ou tempestividade – Utilizado mais frequentemente no processamento de impugnações e recursos, são termos que indicam que o recurso ou impugnação foi interposto dentro do prazo legal. Quando a autoridade diz que o *recurso é intempestivo*, quis dizer que foi interposto fora do prazo. E, nesse caso, não será examinado (conhecido).

Tribunal de Contas – É um órgão público integrante do Poder Legislativo, responsável pelo acompanhamento e controle da legalidade dos gastos da Administração Pública dos três Poderes (Executivo, Legislativo e Judiciário). Cada Estado da Federação possui um Tribunal de Contas Estadual, que é o responsável pelo acompanhamento dos gastos daquele mesmo Estado e de seus Municípios. Alguns Municípios têm seu próprio Tribunal de Contas, como é o caso do Rio de Janeiro. Para os órgãos da União (Federais), o responsável por este controle é o Tribunal de Contas da União. Os Tribunais de Contas são formados por membros vitalícios, que são os Conselheiros nos Tribunais de Contas dos Estados e dos Municípios; no Tribunal de Contas da União, seus membros são Ministros. Os Tribunais de Contas "julgam" os atos de despesas dos entes da federação que estão sob sua jurisdição por meio de turmas julgadoras ou pelo Plenário, que é a reunião de todos os Conselheiros ou Ministros, conforme o caso. As decisões dos Tribunais de Contas são muito importantes porque representam o pensamento do órgão de controle sobre como devem ser aplicadas as normas que regem os gastos da Administração Pública, principalmente, as relativas às licitações públicas.

Vista dos autos – Termo que significa *ter acesso* ao processo. Assim, quando se diz que a "vista dos autos encontra-se franqueada", quer dizer que o processo está disponível para consulta pelos interessados. Quando se diz "Fulano teve vista do processo", significa que o Fulano teve acesso, manuseou o processo.

Voto – Expressão que representa a análise e a opinião do Relator sobre o processo a ele submetido.

Índice

A

abertura de prazo para recurso, 130
acolhimento de propostas, 165
adjudicação, 160
Adjudicação, 143
adjudicação e homologação da licitação, 143
adjudicatário, 207
Administração Pública, 11, 24, 68
Administrador Público, 11
afastamento da licitação, 116
agente público, 106
Alemanha, 177
Alteração do Edital, 114
Amigo Secreto, 143
amostra do produto, 110
ampla liberdade, 10
análise de aceitabilidade, 165
análise de propostas, 11
andamento da sessão, 127
anexos, 106
área de risco, 100
associação comercial, 43
Associação de Empresas Brasileiras de Software e Informática (Assespro), 71
Ata de julgamento, 160
Ata de Registro de Preços, 189
atestado, 71
Atestado de Responsabilidade Técnica, 101
atividades privadas, 15
ato administrativo, 25
Ato Constitutivo, 93
ato convocatório, 34
Ato de adjudicação, 160
atos de gestão, 15
ato solene, 142
ato unilateral, 208
ato vinculado, 33
ausência de competidores, 65
Ausência de interessados, 65
autoridade julgadora, 90
Autorização de Compra, 85
autorização para funcionamento, 95

B

balanço patrimonial, 179
Balanço patrimonial, 104
Banco do Brasil, 19, 28
Barbosa, Rui, 27
beneficiário, 75
Beneficiário da Ata, 210
bens inservíveis, 54

C

Cadastro de Fornecedores, 18, 63
Caixa Econômica Federal, 19
Câmara Brasileira do Livro (CBL), 71
Câmaras Municipais, 68
Campus, 91
capacitação, 17
capacitação técnico-operacional, 102
Capital Social, 104
caráter competitivo, 31, 45
caráter competitivo da licitação, 32
Carona, 76
carta-convite, 42
Carta de Credenciamento, 93
Cartório Distribuidor, 105
cartório do Registro Civil de Pessoas Jurídicas, 177
caso da tecla de repetição, 196
caso de empate, 182
Caso Fortuito, 207
Certidão de Tributos Federais, 97
Certidão Negativa de Débito em relação ao ICMS, 97
Certidão Negativa de Débito em relação ao ISS, 97
Certidão Negativa de Débitos Trabalhista, 97
Certidão Positiva com Efeito de Negativa, 98
Certificado de Registro Cadastral, 19
chave mestra da democracia, 26
check list, 128
Cláusula de Gerência, 127
cláusula de prorrogabilidade, 209
Clube dos Diretores Logistas(CDL), 71
CNPJ, 87
Código Penal, 190
Comissão de Licitação, 33, 128, 135, 137
Comissão Especial, 57
Comissão Especial de Licitação (CEL), 11
Comissão Julgadora, 56
comissão permanente, 57
Comissão Permanente de Licitação, 11
Comissão Permanente de Licitação (CPL), 11
Comissões de Licitação, 56, 91

competição, 12
competitividade, 16, 31
competitividade da empresa, 16
comprasnet, 94
Comprasnet, 19
Comprovação de aptidão, 99
comprovação de exclusividade, 71
comprovação de ordem técnica, 84
Concorrência, 41
condições de competir, 182
Congresso Nacional, 68, 188
Conselho Profissional, 100
Conselho Regional de Engenharia e Arquitetura (CREA), 99
Conselho Regional de Química (CRQ), 33
Constituição de 1988, 26
Constituição Federal, 13, 22
consulta em tempo real, 128
conteúdo da proposta, 142
contrarrazões, 159
contratação de pessoal, 15
contratação direta, 60
Contratação Sem Licitação, 62
Contratações emergenciais, 64
contratado por pregão, 43
contrato social, 91
Contrato social, 126
Convênio público, 16
convênios, 15
Convite, 40
Copa do Mundo, 21
Cotação Eletrônica, 74
Cotação Eletrônica de Preços, 74
Cota exclusiva, 190
credenciamento dos representantes, 148
credenciamento recusado, 158
critério de preço máximo, 109
critérios de aceitabilidade, 12
critérios pertinentes, 53
custo de reprodução, 87

D

data agendada, 121
decisões da Comissão, 132
decretação de falência, 105
desburocratizou, 44
desclassificação, 155
desclassificação da proposta, 136
desclassificada, 12
descumprimento do contrato, 207
desempate, 54
desfazimento da licitação, 204
Diário Oficial, 15, 114
diligência externa, 141
dinheiro público, 13
direito da sociedade, 13
direito de recorrer, 134
direito do licitante, 118
Direito Processual Penal, 23
discricionários, 25
dispensa de licitação, 64
Dispensa de Licitação, 60
Disposições Finais, 197
Disposições Gerais, 197
divisibilidade, 53
divulgação da licitação, 40
documentos de habilitação, 205
Dornelas, José, 16
download do edital, 94, 106

E

ecretaria Municipal de Educação, 15
efeito jurídico do ato de adjudicação, 143
Efeito Vinculante, 146
empate, 54
empate entre duas ou mais ofertas, 54
Empate Ficto, 182
empresa de pequeno porte (EPP), 177
encerramento da fase de habilitação, 130
entidades do Governo, 14
entidades sem fins lucrativos, 15
entrega dos envelopes, 199
Equipe de Apoio, 58
Errata, 115
Esclarecimento ao Edital, 116
escolha da modalidade, 39
esgotamento do prazo recursal, 134
essência da licitação, 30
estádios de futebol, 22
estado de calamidade pública, 60
Estados Unidos, 177
estatuto da empresa, 91
Exame de Habilitação, 157
exclusividade de fornecimento, 70
Exigências de Habilitação, 94
exigências editalícias, 33

F

faixa normal do mercado, 139
falhas na documentação, 128
falhas nas propostas, 141
falta de capacitação, 17
Fase Competitiva, 152
Fase de Classificação, 145
fase de credenciamento, 92
fase de entrega dos envelopes, 148
fase de exame, 135
fase de habilitação, 141
Fase de Habilitação, 128, 145
fase de proposta, 12
Fase de Propostas, 135
Fase de recurso, 130
fase recursal, 158
fato superveniente, 132
FIFA, 21
final do julgamento, 158
flexibilização dos preços, 155
força Maior, 207
Forças Armadas, 68

forma de execução, 137
forma do sorteio, 143
formulário de proposta, 94
formular lances verbais, 198
fracionamento, 40
França, 177

G

Garantia de proposta, 105
gerência de forma isolada, 127
Gerenciador o órgã, 76
Governo Federal, 18
grande licitação, 39
grave ilegalidade, 110
grupo de empresas, 188
Guarda Municipal, 84

H

Habilitação com Regularidade Fiscal Facilitada, 178
habilitação jurídica, 94
homologação, 160
horário da licitação, 197
hospital público, 11
hospital público quebra, 11

I

IBGE, 16
ILC (índice de liquidez corrente), 104
ILG (índice de liquidez geral), 104
impedimentos de licitar, 20
imprensa, 114
Imprensa Oficial, 135
Impugnação, 119
impugnação ao edital, 118
Impugnação ao recurso, 131
impugnação dentro do prazo, 119
impugnar o edital, 31
inabilitação, 169, 198
inabilitada, 12
índices de rentabilidade, 103
inexequibilidade, 139
Inexequibilidade, 137
Inexigibilidade de Licitação, 61
Instituição Científica e Tecnológica — ICT, 69
Instituto de Pesquisas Econômicas (IPEA), 17
integridade de bens públicos, 64
interesse coletivo, 100
IPTU, 97
IPVA, 97

J

julgamento da licitação, 28
julgamento global, 52
Junta Comercial, 177
jurisprudência no Tribunal de Contas da União, 83
Justiça do Trabalho, 97

L

Legitimidade, 133
legitimidade para impugnar um edital, 133
Lei 8.666/93, 44, 84, 141, 211
Lei 8.666/1993, 96
Lei 10.520/2002, 169
Lei Complementar, 13
Lei Federal, 13
Lei Federal nº. 8.666/93, 60
Lei Geral, 14
Lei Geral de Licitações, 125, 190
Lei nº. 8.666/93, 94
Lei nº 8.666/1993, 61, 75
Lei nº 10.520/2002, 44
Licitação, 10
Licitação anterior regular, 65
Licitação deserta, 65
Licitação Deserta, 127
Licitação Fracassada, 130
licitação inexigível, 60
licitação irrecorrida, 160
Licitação Pública, 13
LICITAÇÃO PÚBLICA, 11
licitações eletrônicas, 12, 45, 108
licitações em disputa, 29
Licitações sem interessados, 65
licitante vencedor, 157
limites legais, 74
lotes de itens, 189
Lucia Vale Figueiredo, 27

M

macroeconomia de crescimento, 175
manifestação eletrônica, 165
margem de negociação, 93
matéria prima, 10
média de preço obtida, 206
Medida Provisória 2.026/2000, 67
Meirelles, Hely Lopes, 24
melhor custo-benefício, 53
Melhor técnica, 53
membros da Comissão, 56
menor preço global, 51
Menor preço por item, 49
mercado imobiliário, 66
microempreendedorismo, 175
microempresa (ME), 177
microempresas, 13
Ministério da Justiça, 46
Ministério da Saúde, 43
Ministério das Minas e Energia, 14
modalidade convite, 39
Modalidade Convite, 42
modalidade de competição, 38
modalidade licitatória, 13
Modalidade licitatória, 38
modalidade pregão, 67, 85
modalidade Pregão, 44, 204
modalidades tradicionais, 39, 46
modelo in company, 202
Morte Súbita, 168

N

não aceitar a impugnação, 119
Não Participantes, 77

natureza comum, 46
negociação com o Pregoeiro, 154
negociação do licitante, 168
nicho de negócio, 17
Nota de Empenho, 85
Nota Fiscal (NF), 103

O

obras e serviços sem licitação, 60
oferta de empregos, 17
ONG, 15
ONGs, 15, 95
oportunidade de negócio, 12
ordem cronológica, 57
ordem de classificação, 186, 200
órgão contratante, 71
órgão Gerenciador, 76
órgão julgador, 11
órgão promotor, 11
Órgãos do Poder Executivo da União, 14
Órgãos do Poder Judiciário, 14
órgãos estatais, 15
órgãos públicos, 10
ornecedores de matéria-prima, 17

P

padrão de vida, 17
Participação em Consórcio, 21
patrimônio líquido, 104
pedido de esclarecimento, 116
penetração no mercado, 10
pilares da democracia, 13
Poder Público, 11
poder vinculante, 118
ponto de vista absoluto, 140
ponto de vista relativo, 140
prazo inicial, 209
prazo máximo, 118
prazo recursal, 135
preâmbulo do edital, 126
preço excessivo, 138
preço inexequível, 139
Preço máximo, 109
pregão, 13
pregão eletrônico, 18, 120
pregão presencial, 108
Pregão presencial, 169
Pregão Presencial e Eletrônico, 44
Pregoeiro, 58
Pregoeiro habilidoso, 153
pregões eletrônicos, 93
prejuízos, 17
Presidente da Comissão, 127
primazia do caráter competitivo, 45
Princípio da competitividade, 30
Princípio da igualdade, 26
Princípio da Indisponibilidade do Interesse Público, 23
Princípio da legalidade, 24
Princípio da Livre Iniciativa, 95
Princípio da vinculação ao edital, 33
Princípio do julgamento objetivo, 35
Princípio do Julgamento Objetivo, 46
Princípios Jurídicos, 23
Procedimentos de Julgamento, 145
Produto Interno Bruto (PIB), 17
Programa Nacional de Assistência Técnica, 69
Projeto Básico, 196
Projeto Básico (PB), 85
proposta mais vantajosa, 45, 54
propostas técnicas, 53
próprio contratado, 208
punição administrativa, 106

Q

qualificação econômico-financeira, 179
Qualificação técnica, 98
questão vanguardista, 148

R

ratificação da habilitação, 106, 169
razões de interesse público, 207
Recebendo Lances Verbais, 152
receita bruta, 177
recuperação judicial, 105
recurso hierárquico, 133
recurso intempestivo, 131
Recurso protocolado, 131
recursos públicos, 15
Registro Cadastral, 18
regra da vinculação, 25
regra licitatória, 15
regra no edital, 206
regras de adaptação, 163
regras de habilitação, 169
Regularidade fiscal, 96
renúncia, 134
Republicação, 114
rescisão unilateral, 207
resultado ganha-ganha, 201
Rio de Janeiro, 43

S

Sala de Disputa, 166
saúde financeira, 103
Secretaria Municipal de Educação, 64
Secretarias Estaduais, 68
Segunda Guerra Mundial, 176
segundo lugar, 200
Sérgio Ferraz, 27
serviço comum, 47
serviço de manutenção, 11
serviços comuns, 46
serviços específicos, 66
serviço social autônomo, 14
sicaf, 18
Sistema de Registro de Preços, 209
Sistema de Registro de Preços (SRP), 75
Sistema "S", 14
Sistema Único de Saúde - (SUS), 70

sociedade, 13
Spínola, André, 174
ssociação Comercial e Industrial de Florianópolis (Acif), 71
Subcontratação, 190, 191
superfaturamento, 139
Superior Tribunal de Justiça, 138
Supremo Tribunal Federal, 138
SUS, 62
suspensão do direito de licitar, 169
sustentabilidade ambiental, 10

T

taxa de participação, 87
tempo de disputa, 167
Tempo Randômico, 201
Terceiro Setor, 15
termo contratual, 85
Termo de Referência, 82, 85
Termo de Renúncia, 143, 198
Tipo de Licitação, 38
Tipos de Licitação, 48
Tomada de Preço, 41, 188
tomada de preços, 39
Tomada de Preços, 40
trabalhos da Comissão, 137
transparência, 13
Tribunais de Contas, 39
Tribunal de Contas da União, 46, 64

U

Universidade Estaduais e Federais, 199

V

valor de referência, 206
valor estimado, 109, 206
valor máximo, 109
Valor máximo da contratação, 206
valor máximo para a contratação, 138
vanguardismo tecnológico, 27
variação do tipo menor preço, 51
vencedor, 210
Vencedor da Licitação, 211
Vender" Sem Licitar, 73
vinculação, 25
Vinculação ao Instrumento Convocatório, 137
Vinculado, 25
Visita técnica, 102
voto de minerva, 57